# 신주 사마천 사기 23

## 공자세가

## 진섭세가

이 책은 롯데장학재단의 지원을 받아 번역, 출간되었습니다.

신주 사마천 사기 23 / 공자세가·진섭세가

**초판 1쇄 인쇄** 2022년 6월 15일
**초판 1쇄 발행** 2022년 6월 30일

**지은이** (본문) 사마천
(삼가주석) 배인·사마정·장수절
**번역 및 신주** 한가람역사문화연구소 사기연구실

**펴낸이** 이덕일
**펴낸곳** 한가람역사문화연구소

**등록번호** 제2019-000147호
**주소** 서울특별시 종로구 김상옥로17 대호빌딩 신관 305호
**전화** 02) 711-1379
**팩스** 02) 704-1390
**이메일** hgr4012@naver.com

**ISBN** 979-11-90777-33-9 94910



값은 뒤표지에 있습니다.

세계 최초
삼가주석
완역

# 신주
# 사마천
# 사기

㉓

## 공자세가
## 진섭세가


**지은이**
본문_ 사마천
삼가주석_ 배인·사마정·장수절

**번역 및 신주**
한가람역사문화연구소 사기연구실



한가람역사문화연구소

# 차례

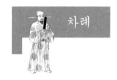

# 사기 제48권 史記卷四十一八
# 진섭세가 陳涉世家

新註史記

| | | | |
|---|---|---|---|
| **신주사기17** | 사기 31권 | 오태백세가 | 편 |
| | 사기 32권 | 제태공세가 | 편 |
| **신주사기18** | 사기 33권 | 노주공세가 | 편 |
| | 사기 34권 | 연소공세가 | 편 |
| | 사기 35권 | 관채세가 | 편 |
| | 사기 36권 | 진기세가 | 편 |
| | 사기 37권 | 위강숙세가 | 편 |
| **신주사기19** | 사기 38권 | 송미자세가 | 편 |
| | 사기 39권 | 진세가 | 편 |
| **신주사기20** | 사기 40권 | 초세가 | 편 |
| | 사기 41권 | 월왕구천세가 | 편 |
| **신주사기21** | 사기 42권 | 정세가 | 편 |
| | 사기 43권 | 조세가 | 편 |
| **신주사기22** | 사기 44권 | 위세가 | 편 |
| | 사기 45권 | 한세가 | 편 |
| | 사기 46권 | 전경중완세가 | 편 |
| **신주사기23** | | | ◀ |
| | | | ◀ |
| **신주사기24** | 사기 49권 | 외척세가 | 편 |
| | 사기 50권 | 초원왕세가 | 편 |
| | 사기 51권 | 형연세가 | 편 |
| | 사기 52권 | 제도혜왕세가 | 편 |
| | 사기 53권 | 소상국세가 | 편 |
| | 사기 54권 | 조상국세가 | 편 |
| | 사기 55권 | 유후세가 | 편 |
| **신주사기25** | 사기 56권 | 진승상세가 | 편 |
| | 사기 57권 | 강후주발세가 | 편 |
| | 사기 58권 | 양효왕세가 | 편 |
| | 사기 59권 | 오종세가 | 편 |
| | 사기 60권 | 삼왕세가 | 편 |

원 사료는 중화서국中華書局 발행의 《사기》와 영인본 《백납본사기百衲本史記》를 기본으로 삼고, 인터넷 사료로는 대만 중앙연구원 역사어언연구소歷史語言研究所에서 제공하는 한적전자문헌자료고漢籍電子文獻資料庫의 《사기》를 참조했다.

**일러두기**

❶ 네모 상자 안의 글은 사기 본문 및 삼가주석 서문의 글이다.
❷ 한글 번역문 바로 아래 한문 원문을 실어 쉽게 대조할 수 있게 했다.
❸ 삼가주석 아래 신주를 실어 우리 연구진의 새로운 해석을 달았다.
❹ 사기 분문뿐만 아니라 삼가주석도 필요할 경우 신주를 달았다.
❺ 직역을 원칙으로 삼고 의역은 최대한 피했다.
❻ 한문 원문의 ( )는 빠져야 할 글자를, [ ]는 추가해야 할 글자를 나타낸다.

# 《사기》〈세가〉에 관하여

## 1. 〈세가〉의 여섯 유형

《사기》〈본기本紀〉가 제왕들의 사적이라면 〈세가世家〉는 제후들의 사적이다. 〈본기〉가 모두 12편으로 1년의 열두 달을 상징한다면 〈세가〉는 모두 30편으로 한 달을 상징한다. 훗날 북송北宋의 구양수歐陽修(1007~1072)가 《신오대사新五代史》를 편찬하면서 〈열국세가列國世家〉 10편을 저술했지만 반고班固는 《한서漢書》를 편찬할 때 〈열전〉만 저술하고 〈세가〉는 두지 않았다. 반고는 천하의 군주는 황제 1인이라고 다른 왕들의 존재를 인정하지 않았지만, 사마천은 〈세가〉를 설정해 각 지역의 제후도 독자적 영역을 가진 군주로 인정했다. 따라서 〈세가〉는 사마천이 역사를 바라보는 독특한 시각이 담긴 체제이다. 물론 《사기》의 중심은 〈본기〉로 제왕들이 중심이자 축이지만 그 중심이자 축은 혼자서는 기능하지 못하고 다른 기구들의 보좌가 있어야 제 역할을 할 수 있는데, 그중에서 제후로서 보좌한 인물들의 사적이 〈세가〉이다.

사마천이 〈세가〉를 편찬할 수 있었던 제도의 뿌리는 주나라의 봉건제라고 할 수 있다. 주나라는 제후들을 분봉할 때 공작, 후작, 백작, 자작, 남작의 다섯 작위를 주었는데 이들이 기본적으로 〈세가〉에 분류될 수 있는 제후들이다. 그러나 사마천은 주나라 이래의 수많은 제후 중에서 일부를 추려 30편의 〈세가〉를 저술했다. 〈세가〉는 대략 여섯 유형으로 나눌 수 있다.

〈세가〉의 유형별 분류

| 유형 | 목록 | 편수 | 내용 |
|---|---|---|---|
| 1 | 오태백吳太伯, 제태공齊太公, 노주공魯周公, 연소공燕召公, 관채管蔡, 진기陳杞, 위강숙衛康叔, 송미자宋微子, 진晉, 초楚, 월왕구천越王句踐, 정鄭 | 12 | 주나라 초기 분봉 제후 |
| 2 | 조趙, 위魏, 한韓, 전경중완田敬仲完 | 4 | 춘추전국 시기 제후가 된 인물들 |
| 3 | 공자孔子 | 1 | 유학의 종주 |
| 4 | 진섭陳涉 | 1 | 진秦 멸망 봉기의 단초 |
| 5 | 외척外戚, 초원왕楚元王, 형연荊燕, 제도혜왕齊悼惠王, 양효왕梁孝王, 오종五宗, 삼왕三王 | 7 | 한나라 외척 및 종친 |
| 6 | 소상국蕭相國, 조상국曹相國, 유후留侯, 진승상陳丞相, 강후주발絳侯周勃 | 5 | 한나라 초 개국공신 |

## 2. 〈세가〉의 대부분은 동이족 혈통

여섯 유형 중 가장 중요한 것은 제1유형으로 모두 열두 편이다. 주로 주나라 초기에 분봉된 제후들의 사적인데, 제1유형을 특징하는 가장 중요한 요소는 혈통이다. 사마천은 열두 편의 〈세가〉를 모두 오제의 후손으로 설정했다. 사마천이 《사기》를 지은 가장 중요한 목적은 황제黃帝를 시작으로 삼는 한족漢族의 천하사를 서술하려는 것이었는데, 이 목적을 더욱 세밀하게 이루려는 이유로 〈세가〉를 서술한 것이다. 사마천은 《사기》에서 동이족의 역사를 한족의 역사로 대체하고자 했는데, 〈세가〉도 이 목적 내에서 벗어나서는 안 되었다.

이런 의도에서 사마천은 〈세가〉의 대부분을 주나라 왕실의 후예로 설정했다. 상商(은)나라는 동이족 국가임이 명확했기에 상나라를 꺾고 중원을 차지한 주나라를 한족의 역사를 만든 최초의 나라로 간주하고 대부분의 〈세가〉를 주나라 왕실의 후예로 설정한 것이다. 이것은 비단 사마천의 의도뿐만 아니라 주나라 자체에도 이런 성격이 있었다. 주나라는 상나라를 꺾고 중원을 차지한 후 자국의 수도를 천하의 중심이라고 인식하기 시작했다. 여기에서 하락河洛이란 개념이 나온다. 낙양 북쪽으로 흐르는 황하黃河에서 하河 자를 따고 수도 낙양洛陽에서 낙洛 자를 딴 것이 '하락河洛'인데, 이곳이 주나라의 중심부였고 이 지역을 주족周族들이 중국中國이라고 부른 것이 중국의 탄생이었다.

그러나 〈세가〉의 시조 대부분을 주나라 왕실의 후예로 만들어 한족漢族의 역사를 서술하려는 사마천의 의도가 성공을 거두기는 쉽지 않았다. 해석이 사실을 너무 뛰어넘었기 때문이다. 역사의 사실을 바꾸는 것은 쉽지 않은 일이어서 사마천이 서술한 〈세가〉의 이면을 연구하면 각 나라의 시조들이 사실은 한족이 아니라 동이족임을 간파할 수 있다.

특히 주나라의 시조 후직后稷도 한족이 아닌 동이족이라는 점에서 사마천의 의도가 성공을 거두기는 쉽지 않은 일이었다. 후직에 대해 《사기》 〈주본기〉에서는 후직의 어머니 강원姜原이 제곡帝嚳의 원비元妃라고 말하고 있는데, 오제의 세 번째 제왕인 제곡은 동이족 소호少昊 김천씨의 손자로 동이족임이 명확하다. 그러므로 그 후예인 주나라 왕실은 동이족의 후예인 것이다. 그러니 사마천이 〈세가〉의 대부분을 주 왕실의 후예로 설정해 한족의 역사를 만들려고 했던 의도는 처음부터 빗나갈 수밖에 없었다. 사마천의 이런 의도를 간파하는 역사학자가 나타난다면 말이다.

주나라 시조 후직이 동이족이라면 사마천이 주왕실의 후예로 설정한 〈세가〉의 주요 인물들인 오태백, 노주공, 연소공, 관채(관숙 선, 채숙 도) 위강숙, 진강숙, 정환공 등도 모두 동이족의 후예일 수밖에 없다.

이는 실제의 혈통을 바꾸는 것이 얼마나 어려운 것인가를 말해주는 것이다. 〈세가〉의 두 번째 주인공인 제태공 여상이 동이족이라는 점이 이를 말해준다. 여상이 살았다는 '동해 위쪽[東海上]'에 대해서 배인裵駰이 《집해》에서 "《여씨춘추呂氏春秋》에는 '동이東夷의 땅이다.'라고 했다."고 쓴 것처럼 제태공은 명백한 동이족이자 상나라의 후예였다. 또한 진기(진陳나라와 기杞나라)는 맹자가 동이족이라고 말했던 순임금의 후예이고, 송미자는 동이족 국가였던 은나라 왕족이니 동이족일 수밖에 없다. 사마천은 초나라의 시조를 전욱 고양의 후손으로 설정했다. 전욱은 황제黃帝의 손자이자 창의昌意의 아들인데, 창의는 어머니와 아버지가 같은 형 소호의 동생이므로 역시 동이족이다. 월왕 구천은 우禹임금의 후예로 설정했는데, 남조南朝 유송劉宋의 유의경劉義慶이 5세기에 편찬한 《세설신어世說新語》에서 "우禹는 동이족이고 주나라 문왕은 서강西羌족이다."라는 구절이 있는 것처럼 하夏, 상商, 주周는 모두 이족夷族의 국가였다. 이는 중국의 삼대, 즉 하, 상, 주의 역사가 동이족의 역사임을 말해준다.

〈세가〉의 가장 중요한 제1유형에 속하는 열두 편의 주인공들은 모두 동이족의 후예였다. 사마천은 주나라부터는 한족이 역사의 주인공인 것처럼 서술했지만 서주西周가 멸망하는 서기전 771년의 사건에 대해 〈정세가〉에서 "견융犬戎이 유왕幽王을 여산驪山 아래에서 살해하고 아울러 정환공도 살해했다."라고 말하는 것처럼 이족夷族들은 제후국뿐만 아니라 주나라 왕실의 운명을 좌우할 정도로 주나라 왕실 깊숙이 뒤섞여 살았다. 동이족의 역사를 배제하면 〈세가〉를 이해할 수 없고, 〈세가〉가 존재할 수도 없다.

## 3. 유학적 관점의 〈세가〉 배열과 〈공자세가〉

사마천은 제후가 아니었던 공자를 세가 반열에 포함시킬 정도로 유학을 높였다. 비록 〈화식貨殖열전〉 등을 《사기》에 편찬해 의義보다 이利를 앞세웠다는 비판도 받았지만 사마천과 아버지 사마담司馬談은 기본적으로 유학자였다. 이런 사마천의 의도는 〈세가〉를 오태백부터 시작한 것에서도 드러난다. 유학에서 최고의 가치로 여겼던 선양禪讓을 높이기 위해서 주周나라 고공단보의 장남이지만 후사를 동생 계력에게 양보한 오태백을 〈세가〉의 첫 번째로 설정한 것이다.

그러나 〈세가〉는 각국의 시조를 모두 오제나 주나라 왕실의 후예로 설정한 모순이 드러난다. 태백과 동생 중옹이 도주한 형만은 지금의 강소성江蘇省 소주蘇州로 비정하는데, 태백과 중옹이 주나라 강역이 아니었던 남방 오나라의 군주가 되었다는 서술은 많은 검증이 필요하다. 마찬가지로 월나라에 대해 "월왕 구천은 그 선조가 우禹임금의 먼 자손으로 하후夏后 제소강帝少康의 서자庶子이다."라고 말하고 있는데 하나라 강역이 아니었던 월나라의 시조를 하나라 시조의 후손으로 설정한 것도 많은 검증이 필요하다.

### 4. 흥망성쇠의 역사

〈세가〉는 사실 《사기》의 어느 부분보다 역동적이다. 사마천은 비록 제왕은 아니었지만 한 나라를 세우거나 다스렸던 군주들의 흥망성쇠를 현장감 있게 전해주었다. 한 제후국이 어떻게 흥하고 망하는지는 지금도 많은 교훈과 생각거리를 준다. 진晉나라가 일개 호족들이었던 위魏, 한韓, 조趙씨의 삼진三晉에 의해 멸망하는 것이나, 제나라를 세운 태공망 여씨呂氏의 후손들이 전씨田氏들에 의해 멸망하고 선조들의 제사마저 폐해지는 장면 등은 내부를 장악하지 못한 왕실의 비극적 종말을 보여준다.

또한 같은 동이족이자 영성嬴姓이었던 진秦과 조趙의 양측 100만여 군사가 전사하는 장평지전長平之戰은 때로는 같은 혈통이 다른 혈통보다 더 적대적임을 말해주는 사례이다. 이 장평지전으로 진나라와 1대 1로 맞서는 국가가 사라졌고, 결국 진秦나라가 중원을 통일했다. 만약 장평지전이 없었다면 중원은 현재의 유럽처럼 여러 나라가 공존하는 대륙으로 남을 수 있지 않았을까라는 의문이 든다.

이렇게 중원을 통일한 진나라가 일개 농민이었던 진섭陳涉의 봉기로 무너지는 것은 한 필부匹夫의 한이 역사를 바꾼 사례라는 점에서 동서고금의 위정자들이 새겨야 할 교훈이 아닐 수 없다.

〈세가〉는 한나라 왕실 사람들도 그리 행복한 인생은 아니었다는 사실을 잘 말해주고 있다. 황후들의 운명 또한 그리 행복하지 않았다는 사실을

〈외척세가〉는 잘 보여주고 있다. 특히 한문제가 훗날 소제의 생모 구익부인을 죽이는 장면은 미래의 황제를 낳은 것이 행복의 시작이 아니라 개인적 불행의 정점이라는 점에서 역사의 냉혹함을 느끼게 한다.

효경제孝景帝의 다섯 명의 비妃에게서 난 열세 명의 아들에 대해 서술한 〈오종세가五宗世家〉 역시 황제의 아들이라는 신분이 때로는 축복이 아니라 저주일 수도 있다는 사실을 잘 말해준다. 무제의 세 아들 유굉劉閎, 유단劉旦, 유서劉胥에 대해 서술한 〈삼왕세가三王世家〉도 마찬가지이다. 〈삼왕세가〉는 청나라 양옥승梁玉繩이 《사기지의》에서 저소손褚少孫이 끼워 넣은 것이라고 비판했지만, 이와는 별도로 세 아들은 모두 풍요로운 땅에 봉해졌지만 나라가 없어지거나 자살해야 했으니 이 또한 고귀한 혈통일수록 겸손하고 자제해야 한다는 역사의 교훈을 말해주고 있다.

〈세가〉에서 서술한 각국, 각 제후 명칭과 연도는 그간 숱한 논쟁의 대상이 되어 왔다. 학자들에 따라서 1~2년 정도씩 차이가 나는 경우가 적지 않았다. 우리 해역진은 현재 중국 학계에서 인정하는 연표를 기본으로 서술했다. 그러나 이런 연표들이 다른 사료와 비교 검증했을 때 실제 연도와 다른 경우도 적지 않았다. 이 경우 〈수정 연표〉를 따로 제시했다. 〈수정 연표〉 작성은 이 분야를 오래 연구한 이시율 해역자가 주로 작성했고, 다른 해역자들의 검증도 거쳤음을 밝힌다.

# 사기 제47권 史記卷四十七

# 공자세가 孔子世家

## 사기 제47권 공자세가① 제17

## 史記卷四十七 孔子世家① 第十七

색은 공자는 제후의 지위에 있지 않았으나 세가로 일컬어졌다. 이는 성인聖人으로서 교화의 기둥이 되었고, 또 그를 이어서 현인賢人과 철인哲人이 있었기 때문에 그렇게 일컬은 것이다.

孔子非有諸侯之位 而亦稱系家者 以是聖人爲教化之主 又代有賢哲 故稱系家焉

정의 공자는 후작이나 백작의 지위가 없었는데도 세가로 일컬어졌다. 태사공이 "공자께서 벼슬 없는 학자로 10여 세를 전해왔는데, 학자들이 종주宗主로 여겼다. 천자에서 왕후에 이르기까지 중국에서 육예[1]를 말하는 자는 부자를 종주로 삼았으므로 지성至聖이라고 할 수 있다."라고 했다. 그래서 세가로 삼았다.

孔子無侯伯之位 而稱世家者 太史公以孔子布衣傳十餘世 學者宗之 自天子王侯 中國言六藝[1] 者宗於夫子 可謂至聖 故爲世家

1 六藝육예

신주 '육예'는 고대에 사인士人을 교육시키던 여섯 가지 과목. 즉 예禮, 악樂, 사射, 어御, 서書, 수數를 말한다.

① 孔子世家공자세가

**신주** 공자는 제후가 아니었다. 그럼에도 사마천은 신하들의 사적인 〈열전〉이 아니라 제후들의 사적인 〈세가〉로 분류했다. 사마정은 성인으로 여겼기 때문이라고 했고, 장수절은 천자에서 왕후에 이르기까지 스승으로 여겼기 때문이라고 했다. 하지만 이는 후대의 평가이다. 공자 생시에 유가儒家는 제자백가 중의 하나였을 뿐이다. 공자가 죽은 후 노나라 애공哀公은 이보尼父라고 호칭했을 뿐이고, 사마천이 죽은 후 서한의 평제平帝 원시 원년(서기 1)에는 포성선니공褒成宣尼公이라고 높였을 뿐이다. 제후의 시호를 받지 못했던 것이다. 그 후 동한의 화제和帝가 영원 4년(서기 92)에 포존후褒尊侯로 높인 이래 북위北魏, 북주北周, 수조隋朝에서 각각 문성니보文聖尼父, 추국공鄒國公, 선사니보先師尼父로 높였고, 이후 당나라 현종 개원 27년(서기 739)에 문선왕文宣王으로 높이면서 비로소 제후의 지위를 획득하게 되었다.

사마천은 부친의 유지를 높이는 한편 공자도 높였으므로 〈세가〉에 편입시켰다. 공자의 선조는 은나라 왕족이었다. 그 16세손은 상나라 제을帝乙이었고, 15세손은 송나라 2대 군주 송공중宋公仲이었고, 12세조는 송나라 전민공前閔公이었다. 그리고 11세조는 불보하弗父何였는데 군주 지위를 송나라 여공厲公에게 양보하고 상경上卿이 되었다. 7세조는 대부 공보가孔父嘉로서 대사마大司馬를 역임했고, 그 아들 목금보木金父는 노나라로 망명하여 추읍鄒邑에 정착해 노나라의 대부가 되었다.

공자의 부친 숙량흘叔梁紇은 노나라 창평향 추읍의 대부였다. 숙량흘의 본부인은 시씨施氏였는데 딸만 아홉이었다. 그래서 다른 여성을 취해 맹피孟皮를 낳았는데 병이 있었고, 다시 안징재顔徵在를 취해서 노나라 양공襄公 21년(서기전 551)에 공자를 낳았다. 안징재는 일찍이 니구산尼丘山 산신에게 아들을 갖게 해달라고 기도해서 그 소원을 풀었는데, 그이가 공자이다. 그래서 이름을 구丘, 자를 중니仲尼라고 했다.

공자는 노나라에서 잠시 국정을 맡을 때 노나라 군주와 제나라 군주의 회맹을 도왔고, 삼손씨를 제거하려다가 실패하고 망명해서 중원을 주유했다. 자신을 써줄 군주를 만나 도를 펼치려고 했으나, 패자霸者를 꿈꾸는 군주들에게 자신의 도가 맞지 않아 끝내 그 뜻을 이루지 못했다.

정치에는 실패했지만 학문에는 성공해서 그때까지 내려오던 고전을 집대성했고, 유학儒學을 창시했다. 또한 천하의 도가 사라진 것을 우려해서 《춘추》를 지었다. 이에 대해 맹자는 "왕자王者의 자취가 사라지자 《시》(《시경》)가 없어졌고, 《시》가 없어진 연후에 《춘추》가 지어졌다. 《춘추》가 지어지자 난신적자가 두려워했다."라고 평가했다.

공자는 자신이 은나라 왕족의 후예라는 생각을 갖고 있었다. 그러던 그가 주나라 도읍 낙양을 답사한 후 "주나라는 하나라와 은나라를 거울로 삼았으니 그 문화가 찬란하도다! 나는 주나라를 따르겠노라.[周監於二代郁郁乎文哉 吾從周]"(《논어》 〈팔일〉)라면서 주나라를 수긍했다. 그러나 공자는 73세에 세상을 떠나면서 "나는 은나라 사람에서 비롯되었다."라는 유언을 남겼으니, 죽을 때는 동이족 은나라의 정체성으로 다시 회귀했던 것이다. 중국공산당의 문화대혁명 구호는 '비림비공批林批孔'이었다. 이 내용은 임표林彪와 공자孔子를 비판하는 것이었지만 지금은 중국공산당이 전 세계에 공자학당을 열고 공자를 빙자해서 중화 패권주의 사상을 설파하고 있다. 공자가 세상을 떠난 지 2,500여 년이 지난 지금, 그는 여전히 우리 주위에 살아 숨쉬고 있다.

# 공자의 초년

공자는 노나라 창평향昌平鄕 추읍陬邑①에서 태어났다. 그의 선조는 송나라 사람으로 공방숙孔防叔이라고 했다.② 방숙은 백하伯夏를 낳았고, 백하는 숙량흘叔梁紇③을 낳았다.

孔子生魯昌平鄕陬邑① 其先宋人也 曰孔防叔② 防叔生伯夏 伯夏生叔梁紇③

① 昌平鄕陬邑창평향추읍

집해 서광이 말했다. "陬의 발음은 '추騶'이다." 공안국이 말했다. "추陬는 공자의 아버지 숙량흘이 다스렸던 읍이다."

徐廣曰 陬音騶 孔安國曰 陬 孔子父叔梁紇所治邑

색은 추陬는 읍 이름이고, 창평은 향鄕의 이름이다. 공자는 노나라 추읍 창평향의 궐리에서 살았다.

陬是邑名 昌平 鄕號 孔子居魯之鄒邑昌平鄕之闕里也

정의 《괄지지》에서 말한다. "옛날 추성鄒城은 연주 사수현 동남쪽 60리에 있다. 창평산은 사수현 남쪽 60리에 있다. 공자는 창평향에서 태어났는데, 아마 산의 이름을 취해 향鄕을 삼았을 것이다. 그러므로 궐리는 사수현 남쪽 50리에 있다. 《여지지》에는 추성 서쪽 경계의 궐리에 니구산尼丘山이 있다고 한다." 살펴보니 지금 니구산은 연주 추성에 있는데, 궐리가 곧 이곳이다. 《괄지지》에서 말한다. "연주 곡부현 노성 서남쪽 3리에 궐리가 있는데, 안에 공자의 집이 있고 그 안에 묘廟가 있다. 오읍지伍緝之의 《종정기》에서 '궐리는 주邾를 등지고 사수를 앞에 두고 있다.'라고 했으니, 곧 이곳이다." 그래서 살펴보니 선생님께서 태어나 추鄒에 계시다가 성장해서 곡부로 옮겼으며, 거듭 궐리라고 불렀다.

括地志云 故鄒城在兗州泗水縣東南六十里 昌平山在泗水縣南六十里 孔子生昌平鄉 蓋鄉取山爲名 故闕里在泗水縣南五十里 輿地志云鄒城西界闕里有尼丘山 按 今尼丘山在兗州鄒城 闕里即此也 括地志云 兗州曲阜縣魯城西南三里有闕里 中有孔子宅 宅中有廟 伍緝之從征記云闕里背邾面泗 即此也 按 夫子生在鄒 長徙曲阜 仍號闕里

② 孔防叔공방숙

색은 《공자가어》에서 말한다. "공자는 송나라 미자微子의 후예이다. 송나라 양공襄公이 불보하弗父何를 낳았는데, 아우 여공厲公에게 자리를 양보했다. 불보하는 송보주宋父周를 낳았다. 송보주는 세자 승勝을 낳았다. 승은 정고보正考父를 낳았다. 정고보는 공보가孔父嘉를 낳았다. 5세五世의 친함이 다하여(4대봉사의 범주를 벗어나자) 갈라져 공족公族이 되었고, 이에 공씨孔氏를 성으로 삼았다. 공보가는 아들 목금보木金父를 낳았다. 목금보는 역이睪夷를 낳았다. 역이는 방숙防叔을 낳았는데, 화씨華氏(당시 송나라 실권자)의 핍박이 두려워 노나라로 달아났다. 그래서 공씨는 노나라 사람이 되었다."

家語 孔子 宋微子之後 宋襄公生弗父何 以讓弟厲公 弗父何生宋父周 周生世

子勝 勝生正考父 考父生孔父嘉 五世親盡 別爲公族 姓孔氏 孔父生子木金父 金父生睪夷 睪夷生防叔 畏華氏之逼而奔魯 故孔氏爲魯人也

**신주** 예법에 조祖에서 5대를 지나면 친족의 친함이 다하며, 4대 8촌이 넘어가면 상복을 입지 않고 5대 10촌이 되면 동성에서 멀어지며, 6대가 되면 친속이 아니라고 한다.

③ 叔梁紇숙량흘

**정의** 《괄지지》에서 말한다. "숙량흘묘는 또한 이름이 니구산사尼丘山祠인데 연주 사수현 50리 니구산의 동쪽 터에 있다. 〈지리지〉에 따르면 노현에는 니구산이 있고 숙량흘묘가 있다."

括地志云 叔梁紇廟亦名尼丘山祠 在兗州泗水縣五十里尼丘山東趾 地理志云 魯縣有尼丘山 有叔梁紇廟

> 숙량흘은 안씨顔氏의 딸과 야합해 공자를 낳았다.① 니구산에 기도하여 공자를 얻었다.
> 노나라 양공襄公 22년에 공자가 태어났다.② 태어났을 때 머리 위에 오정圩頂③이 있었다. (그 모양이 니산尼山을 닮았으므로) 이름을 구丘라고 했다. 자는 중니仲尼, 성은 공씨孔氏이다.
> 紇與顔氏女野合而生孔子① 禱於尼丘得孔子 魯襄公二十二年而孔子生② 生而首上圩頂③ 故因名曰丘云 字仲尼 姓孔氏

① 紇與顔氏女野合而生孔子흘여안씨녀야합이생공자

색은 《공자가어》에서 말한다. "숙량흘은 노나라 시씨施氏에게 장가들어 9명의 딸을 낳았다. 그의 첩은 맹피孟皮를 낳았는데, 맹피는 발에 병이 있었다. 이에 안씨顏氏 징재徵在에게 혼인할 것을 구했는데 (안씨는) 아버지의 명을 따라 혼인을 했다." 그 글이 매우 명백하다. 지금 이를 '야합'이라고 하는 것은, 아마 숙량흘은 늙었고 안징재는 어렸기에 결혼할 나이에 걸맞지 않아서 처음 비녀 꽂는 예를 하지 않았기 때문이지, 예의에 합당하지 않았기 때문은 아니다. 그러므로 《논어》에서는 "거칠구나 유由(자로)야!"라고 했고, 또 《논어》 〈선진先進〉에서는 예악禮樂에 대해 야인野人이라고 했다. '야野'라고 말한 것은 모두 예에 합당하지 않았기 때문이다.

家語云 梁紇娶魯之施氏 生九女 其妾生孟皮 孟皮病足 乃求婚於顏氏徵在 從父命爲婚 其文甚明 今此云 野合者 蓋謂梁紇老而徵在少 非當壯室初笄之禮 故云野合 謂不合禮儀 故論語云 野哉由也 又先進於禮樂 野人也 皆言野者是不合禮耳

정의 남자가 태어난 지 8개월이면 이가 나고, 8세면 젖니를 갈고, 16세면 양도陽道가 통하고, 64세면 양도가 단절된다. 여자는 7개월이면 이가 나고, 7세면 젖니를 갈고, 14세면 음도陰道가 통하고, 49세면 음도가 단절된다. 혼인이 이를 지나치면 모두 야합野合이라고 한다. 그러므로 《공자가어》에서는 "숙량흘이 노나라 시씨의 딸에게 장가들어 딸만 아홉을 낳자, 이에 안씨에게 혼인을 구했다. 안씨는 딸 셋을 두었는데 막내딸이 징재徵在였다."라고 한다. 이에 근거하면 혼인한 때가 64세를 넘어서였다.

男八月生齒 八歲毁齒 二八十六陽道通 八八六十四陽道絶 女七月生齒 七歲毁齒 二七十四陰道通 七七四十九陰道絶 婚姻過此者 皆爲野合 故家語云梁紇娶魯施氏女 生九女 乃求婚於顏氏 顏氏有三女 小女徵在 據此 婚過六十四矣

② 魯襄公二十二年而孔子生노양공이십이년이공자생

색은 《공양전》에서는 양공 21년(서기전 552) 11월 경자일에 공자가 탄생했다고 한다. 지금 양공 22년(서기전 551)이라고 했는데 대개 주나라의 정월인 11월은 이듬해에 속하므로 잘못이다. 뒤에 공자가 세상을 떠난 것을 서술하면서 72세라고 했으니 매번 1년을 적게 한 것이다.

公羊傳襄公二十一年十有一月庚子 孔子生 今以爲二十二年 蓋以周正十一月屬明年 故誤也 後序孔子卒 云七十二歲 每少一歲也

신주 《논어》에서 하나라는 인월寅月을 첫달로 삼아 인통人統이라 하고, 상나라는 축월丑月을 첫달로 삼아 지통地統이라 하고, 주나라는 자월子月을 첫달로 삼아 천통天統이라 하는데, 지금 우리가 쓰는 태음태양력은 하력夏曆을 따른다고 한다. 자월은 11월, 축월은 12월, 인월은 1월이다. 한나라 이후로 거의 일관되게 하력을 따랐으므로 사마천이 거기에 맞추었다고 볼 수도 있다.

③ 圩頂오정

색은 圩의 발음은 '오烏'이고, 頂의 발음은 '정鼎'이다. 오정圩頂이란 정수리가 우묵하게 파인 것을 말하므로 공자의 정수리가 반우反宇와 같았다. 반우란 집의 처마처럼 가운데가 낮고 사방이 높은 것이다.

圩音烏 頂音鼎 圩頂言頂上窳也 故孔子頂如反宇 反宇者 若屋宇之反 中低而四傍高也

정의 《괄지지》에서 말한다. "여릉산은 곡부현 남쪽 28리에 있다. 간보干寶(동진東晉 때의 문사)의 《삼일기》에는 '안징재가 공자를 빈 뽕밭에서 낳았는데, 지금의 이름은 공두空竇고 노국 남산의 공두 안에 있다. 물이 없어서 제사를 지낼 때 술로 청소하며 고하자, 갑자기 맑은 샘이 석문에서 나와서 두루 풍족하게 사용했는데 제사가 끝나자 샘이 말랐다.'고 한다. 지금 세속에서 여릉산이라고 한다."

括地志云 女陵山在曲阜縣南二十八里 干宝三日紀云 徵在生孔子空桑之地 今名空竇 在魯南山之空竇中 無水 當祭時酒掃以告 輒有清泉自石門出 足以周用祭訖泉枯 今俗名女陵山

> 구丘가 태어나고 숙량흘이 죽자① 방산防山②에 장례를 지냈다. 방산은 노나라 동쪽에 있었다. 이 때문에 공자가 그의 아버지 묘소가 어디에 있는지 알지 못했다. 어머니가 숨겼기 때문이다.③
> 공자는 어려서 놀이를 할 때, 늘 조두俎豆(제기)④를 차려놓고 예의 모습을 갖추었다. 공자의 어머니가 죽었다. 이에 오보五父의 사거리⑤에 빈소를 차렸으니 (훗날 아버지 묘소에 합장할 것을 생각해서) 근신한 것이다.⑥ 추郰⑦ 사람 만보輓父의 어머니가 공자에게 아버지의 묘소를 가르쳐주었다. 그런 연후에 방산에 가서 합장했다.
> 丘生而叔梁紇死① 葬於防山② 防山在魯東 由是孔子疑其父墓處 母諱之也③ 孔子爲兒嬉戲 常陳俎豆④ 設禮容 孔子母死 乃殯五父之衢⑤ 蓋其愼也⑥ 郰⑦人輓父之母誨孔子父墓 然後往合葬於防焉

① 叔梁紇死숙량흘사

색은 《공자가어》에서 말한다. "공자가 태어나 3세 때 숙량흘이 죽었다."

家語云生三歲而梁紇死

② 防山방산

정의 《괄지지》에서 말한다. “방산은 연주 곡부현 동쪽 25리에 있다. 《예기》에 따르면 공자의 어머니를 방산에 합장했다.”

括地志云 防山在兗州曲阜縣東二十五里 禮記云孔子母合葬於防也

③ 母諱之也모휘지야

색은 공자는 어려서 고아가 되었고, 아버지 묘가 있는 곳을 정확히 알지 못했다고 했는데, 이는 그 영지塋地를 알지 못했다고 한 것이 아니다. 징재는 처음 비녀를 꽂는 나이(15세)에 숙량흘에게 시집을 갔는데, 얼마 지나지 않아 숙량흘이 늙어서 죽으니 젊은 과부가 되었다. 아마도 이를 꺼려서 장사를 지내는 데 따라가지 않았을 것이다. 그래서 묘지가 있는 곳을 알지 못해서 마침내 알리지 않은 것뿐이지 감춘 것은 아닐 것이다.

謂孔子少孤 不的知父墳處 非謂不知其塋地 徵在笄年適於梁紇 無幾而老死 是少寡 蓋以爲嫌 不從送葬 故不知墳處 遂不告耳 非諱之也

④ 俎豆조두

정의 조두는 나무로 만드는데, 4되를 담을 수 있고 높이는 한 자 두 치이다. 대부 이상은 적운기赤雲氣이고, 제후는 상아를 덧대어 두족豆足을 장식했고, 천자는 옥玉으로 꾸몄다.

俎豆以木爲之 受四升 高尺二寸 大夫以上赤雲氣 諸侯加象飾足 天子玉飾也

⑤ 五父之衢오보지구

정의 《괄지지》에서 말한다. “오보 사거리는 연주 곡부현 서남쪽 2리에 있다. 노성魯城 안의 사거리다.”

括地志云 五父衢在兗州曲阜縣西南二里 魯城内衢道也

⑥ 蓋其愼也개기신야

집해 서광이 말했다. "노현에 궐리가 있는데 공자가 살던 곳이다. 또 오보의 사거리가 있다."

徐廣曰 魯縣有闕里 孔子所居也 又有五父之衢也

색은 공자는 아버지의 묘를 알지 못했기에 장차 그 어머니의 빈소를 오보의 사거리에 차렸으니 곧 근신한 것이다.

謂孔子不知父墓 乃且殯其母於五父之衢 是其謹愼也

정의 신愼이란 상여줄로 관棺을 당겨 빈소로 나아가는 것을 일컫는다.

愼謂以紼引棺就殯所也

⑦ 郰추

정의 郰의 발음은 '추鄒'이다.

上音鄒

> 공자는 요질要絰①을 했다. 계씨季氏가 사인士人을 위한 잔치를 열었다. 공자도 거기에 참석하러 갔다.② 가신 양호陽虎가 쫓아내면서 말했다.③
> "계씨는 사인을 향응하고 있는 것이지 너 같은 자를 위한 잔치가 아니다."
> 공자는 물러나 돌아왔다.

孔子要絰[①] 季氏饗士 孔子與往[②] 陽虎絀曰[③] 季氏饗士 非敢饗子也 孔子由是退

① 要絰요질

색은 《공자가어》에서 '공자는 어머니의 상喪에 연복練服을 입고 가서 뵈었다.'라고 했는데, 틀린 것이 아니다. 지금 여기서 이르기를 공자가 실제로 요질要絰을 하고 연회에 참석했다가 양호에게 내쫓기게 되었다는 것은 거짓에 가깝다. 다른 판본에는 '요경要經'으로 되어 있다. 요경은 대경帶經(경서를 지님)과 같다. 그래서 유씨가 학문의 뜻을 즐겼다고 했는데 이를 뜻한다.

家語孔子之母喪 旣練而見 不非之也 今此謂孔子實要絰與饗 爲陽虎所絀 亦近誣矣 一作要經 要經猶帶經也 故劉氏云嗜學之意是也

신주 요질은 허리에 매는 상복 끈이다. 머리에 매는 것을 수질首絰이라고 한다. 우리말 '질끈'의 어원이기도 하다. 연練이란 연복을 뜻하는데, 소상小祥 다음부터 담제禫祭 전까지 입는 상복이다. 소상은 죽은 지 한 돌에 지내는 제사를 말하고, 담제는 죽은 지 27개월 만에 대상大祥을 치른 그다음 다음달 하순의 정일丁日이나 해일亥日에 지내는 제사를 말한다.

② 孔子與往공자여주

정의 與의 발음은 '예預'이다. 계씨季氏가 노나라의 문학하는 사인을 위해 음식을 차려 연회를 했다. 공자는 참석하면 맞이할 것으로 생각해 갔지만, 양호는 공자가 어리다고 여겼으므로 그를 제지했다.

與音預 季氏爲饌飮魯文學之士 孔子與迎而往 陽虎以孔子少 故折之也

③ 陽虎絀曰양호출왈

**신주** 당시 노나라는 서기전 711년에서 서기전 510년까지 환공桓公 → 장공莊公 → 민공閔公 → 희공僖公 → 문공文公 → 선공宣公 → 성공成公 → 양공襄公 → 소공昭公으로 이어졌다. 그중 환공의 세 아들 경보慶父를 맹손孟孫, 숙아叔牙를 숙손叔孫, 계우季友를 계손씨季孫氏로 삼았는데 이들을 삼환 또는 삼손이라고 한다. 노나라의 국정은 이들 삼환씨가 장악했는데, 특히 계손씨가 주도했다. 양호는 계손씨의 가신으로 막강한 실력자였는데 결국 삼환씨의 권력도 사실상 이들 가신들이 독점했다.

> 공자의 나이 17세였다(서기전 535, 소공 7). 노나라 대부 맹희자孟釐子가 병이 들어 죽게 되었다.① (맹희자는) 그의 후계자 의자懿子에게 경계하는 말을 했다.
> "공구는 성인의 후예다.② (그의 가계는) 송나라에서 멸망했다.③ (그래서 노나라로 옮겨왔다.) 그의 선조는 불보하弗父何다. 처음 송나라를 가질 수 있었으나 후사를 여공厲公에게 사양했다.④ 정고보正考父⑤는 (송나라) 대공戴公과 무공武公과 선공宣公을 보좌해서 세 번의 명을 받았는데, 지위가 높아질수록 더욱 공손했다.
> 孔子年十七 魯大夫孟釐子病且死① 誡其嗣懿子曰 孔丘 聖人之後② 滅於宋③ 其祖弗父何始有宋而嗣讓厲公④ 及正考父佐戴武宣公⑤ 三命茲益恭

① 孟釐子病且死맹리자병차사

색은 《좌전》 소공 7년(서기전 535)에 따르면 "(소공이 초나라에서 돌아왔다.) 맹희자가 (수행하여) 예절의 일을 제대로 돕지 못한 것을 부끄럽게 여기고 예의를 강학했는데, 죽음에 이르러 대부들을 불렀다."라고 운운했다. 살펴보니 병病이란 예를 다할 수 없음을 그렇게 여긴 것이지 아파서 곤란한 상황을 이른 것이 아니다. (소공) 24년에 맹희자는 죽었다. 가규가 이르기를 '중니는 이때 나이가 35세였다.'라고 했으니, 여기 문장이 잘못된 것이다.

昭公七年左傳云孟僖子病不能相禮 乃講學之 及其將死 召大夫云云 按 謂病者不能禮爲病 非疾困之謂也 至二十四年僖子卒 賈逵云仲尼時年三十五矣 是此文誤也

② 聖人之後성인지후

집해 복건이 말했다. "성인은 상나라 탕임금을 말한다."

服虔曰 聖人謂商湯

③ 滅於宋멸어송

집해 두예가 말했다. "공자의 6대조 공보가孔父嘉가 송나라 화독華督에게 죽임을 당하자, 그의 아들은 노나라로 달아났다."

杜預曰 孔子六世祖孔父嘉爲宋華督所殺 其子奔魯也

신주 《사기지의》에서는 《좌전》 소공 7년에 달린 두예의 주석이라고 말한다. 그리고 대부분의 전적과 달리 노나라로 달아난 사람은 공방숙이 아니라 그의 조부 목금보라고 주장한다.

④ 嗣讓厲公사양여공

집해 두예가 말했다. "불보하弗父何는 공보가의 고조할아버지이고 송나라 민공의 장자이며 여공厲公의 형이다. 불보하는 정식 부인의 소생으로 대를 이을 아들[嫡嗣]이므로 즉위하는 것이 마땅하지만 여공에게 양보했다."
杜預曰 弗父何 孔父嘉之高祖 宋愍公之長子 厲公之兄也 何嫡嗣 當立 以讓厲公也

⑤ 正考父정고보

집해 복건이 말했다. "정고보는 불보하의 증손이다."
服虔曰 正考父 弗父何之曾孫

> 그러므로 정명鼎銘①에 이르기를 '일명一命에 몸을 숙이고, 재명再命에 허리를 굽히고, 삼명三命에 머리를 숙여② 담장을 따라 걸었으므로③ 또한 감히 나를 업신여기지 못하게 했다.④ 이 솥에 된죽을 쑤고, 이 솥에 미음죽을 쒀서 내 입에 풀칠을 한다.⑤'라고 했으니 그의 공손함이 이와 같았다.
> 故鼎銘①云 一命而僂 再命而傴 三命而俯② 循牆而走③ 亦莫敢余侮④ 饘於是 粥於是 以餬余口⑤ 其恭如是

① 鼎銘정명

집해 두예가 말했다. "삼명은 상경上卿이다. 정고보묘의 공적을 새긴 솥이다."
杜預曰 三命 上卿也 考父廟之鼎

② 一命而僂 再命而傴 三命而俯일명이루 재명이구 삼명이부

집해 복건이 말했다. "누僂, 구傴, 부俯는 모두 공경하는 모습이다."

服虔曰 僂 傴 俯 皆恭敬之貌也

③ 循牆而走순장이주

집해 두예가 말했다. "감히 편안하게 행동하지 않는 것을 말한다."

杜預曰 言不敢安行

④ 亦莫敢余侮역막감여모

집해 두예가 말했다. "그의 공손함이 이와 같아서 다른 사람도 감히 업신여기거나 교만하게 굴지 않았다."

杜預曰 其恭如是 人亦不敢侮慢

⑤ 饘於是 粥於是 以餬余口전어시 죽어시 이호여구

집해 두예가 말했다. "어시於是는 솥에서 죽을 쑤는 것이다. 전죽饘粥은 죽의 종류다. 지극히 검소한 것을 뜻한다."

杜預曰 於是鼎中爲饘粥 饘粥 餬屬 言至儉也

> 내가 듣자니 성인의 후예는 비록 세상을 담당한 자가 아니더라도, 반드시 달관한 자가 있다고 했다.① 지금의 공구는 나이가 어린데도 예를 좋아하니, 그는 달인이리라! 내가 죽으면 반드시 스승처럼 대하라."

맹희자가 죽음에 이르자 의자懿子와 노나라 사람 남궁경숙南宮敬叔[2]이 가서 예를 배웠다. 이해에 계무자가 죽고 계평자가 대신 즉위했다.[3]

吾聞聖人之後 雖不當世 必有達者[1] 今孔丘年少好禮 其達者歟 吾即沒若必師之 及釐子卒 懿子與魯人南宮敬叔[2]往學禮焉 是歲 季武子卒 平子代立[3]

① 雖不當世 必有達者수불당세 필유달자

집해 왕숙이 말했다. "불보하는 은나라 탕임금의 후예인데, 대를 이어 송나라 군주가 되지 못한 것을 이른 것이다." 두예가 말했다. "성인의 후예로 뚜렷한 덕이 있는데도 대위大位를 담당하지 못했으니, 정고보를 일컬은 것이다."

王肅曰 謂若弗父何 殷湯之後 而不繼世爲宋君也 杜預曰 聖人之後 有明德而不當大位 謂正考父

② 懿子與魯人南宮敬叔의자여노인남궁경숙

색은 《좌전》과 《세본》에 따르면 남궁경숙과 의자는 모두 맹희자의 아들이므로 응당 다시 노나라 사람이라고 말하지 말았어야 했는데, 태사공이 소략했을 뿐이다.

左傳及系本 敬叔與懿子皆孟僖子之子 不應更言魯人 亦太史公之疏耳

③ 是歲 季武子卒 平子代立시세 계무자졸 평자대립

신주 〈노주공세가〉에서는 계무자가 소공 7년에 죽었다고 했다. 계무자는 계문자 행보行父를 이어 노나라를 담당한 계손숙季孫宿이다. 계평자는 계무자의 손자다. 이름은 의여意如이다. 계무자의 아들은 계도자季悼子이다. 《좌전》에 따르면 소공 12년에 계평자가 후계자가 되었다. 그래서 평자가 무자를 이어 정사를 맡은 것을 가리킨다. 5년간의 공백이 있다.

> 공자는 가난하고 또 천했다. 성장하고 나서 일찍이 계씨季氏의 사史①가 되었는데, 저울질하는 것이 공평했다. 일찍이 우마를 사육하는 관리가 되었는데, 가축은 잘 번식했다. 이로 말미암아 사공司空②이 되었다. 노나라를 떠나고 나서는 제나라에서 배척당했고, 송나라와 위衛나라에서 쫓겨났으며, 진陳나라와 채蔡나라 사이에서 곤욕을 당하고, 다시 노나라로 돌아왔다.
> 공자는 몸길이가 9척 6치였는데, 사람들이 모두 장인長人이라며 특이하게 여겼다. 노나라에서 다시 잘 대우하자, 이로 말미암아 노나라로 돌아왔다.③
> 孔子貧且賤 及長 嘗爲季氏史① 料量平 嘗爲司職吏而畜蕃息 由是爲司空② 已而去魯 斥乎齊 逐乎宋衛 困於陳蔡之間 於是反魯 孔子長九尺有六寸 人皆謂之長人而異之 魯復善待 由是反魯③

① 史사

색은 다른 판본에는 '위리委吏'로 되어 있다. 살펴보니 조기가 말했다. "위리는 창고에 재물을 쌓는 것을 담당하는 관리다."

有本作委吏 按 趙岐曰委吏 主委積倉庫之吏

② 司空사공

**신주** 수토水土의 일을 담당하는 관리이다.

③ 魯復善待 由是反魯노복선대 유시반노

**신주** 〈공자세가〉는 일반적인 세가 형식과 달리 〈열전〉에 가깝다. 따라서 기사의 배열도 시간순이 아니라 뒤의 일을 앞에서 설명한 것이 가끔 있는데, 인생 후반부의 일을 설명한 이 경우도 마찬가지다.

> 노나라 남궁경숙이 노나라 군주에게 청해서 말했다.
> "청컨대 공자와 함께 주周나라에 가게 해주십시오.①"
> 노나라 군주가 수레 한 대와 말 두 마리, 종 한 명을 주었다. 주나라에 가서 예를 물어 배웠고, 어쩌면 노자老子를 만났을 것이라 일컬어진다. 사례하고 떠날 때 노자가 송별하면서 말했다.
> "내가 듣자니 부귀한 자는 사람을 송별하는 데 재물로 하고,② 어진 자는 사람을 송별하는 데 말로 한다고 했소. 나는 부귀하지 못하니 어진 사람의 호칭을 훔쳐③ 그대를 보내는 데 말로 하려고 하오. '총명하고 깊게 살피는 자는 죽음에 가까운데, 남을 따지기 좋아하기 때문이다. 두루 많이 알고 말을 잘하는 자는 그 몸이 위태로운데, 남의 나쁜 점을 발설하기 때문이다. 사람의 아들이 된 자는 자기(아집)를 지님이 없어야 하고,④ 남의 신하가 된 자도 자기(아집)를 지님이 없어야 한다.⑤'라고 했소."
> 공자가 주나라에서 노나라로 돌아오자 제자가 점차 많아졌다.⑥

魯南宮敬叔言魯君曰 請與孔子適周① 魯君與之一乘車 兩馬 一豎子俱適周問禮 蓋見老子云 辭去 而老子送之曰 吾聞富貴者送人以財② 仁人者送人以言 吾不能富貴 竊仁人之號③ 送子以言 曰 聰明深察而近於死者 好議人者也 博辯廣大危其身者 發人之惡者也 爲人子者毋以有己④ 爲人臣者毋以有己⑤ 孔子自周反于魯 弟子稍益進焉⑥

① 與孔子適周여공자적주

색은 《장자》에서 말한다. "공자의 나이 51세에 남쪽에서 노담老聃을 만났다." 대략 〈세가〉도 이에 의거해 설명하고 있지만 그 취지를 궁구하지 않았으니 결국 모두 오류다. 왜일까? 공자가 주나라에 가는데 어찌 예를 물으러 방문한 시기가 곧 17세였겠는가? 또 공자가 노담을 만나보고 이르기를 "심하도다! 도를 행하기가 어렵구나."라고 했다. 이는 17세 사람의 말이 아니라 이미 벼슬한 뒤의 말일 뿐이다.

莊子云孔子年五十一 南見老聃 蓋系家亦依此爲說而不究其旨 遂俱誤也 何者孔子適周 豈訪禮之時即在十七 且孔子見老聃 云甚矣道之難行也 此非十七之人語也 乃既仕之後言耳

신주 이때 갔던 주나라는 수도 낙양을 뜻한다. 은나라 후예였던 공자는 주나라가 은나라를 멸망시킨 데 대해 회의를 품고 있었으나 낙양에 가서 주나라가 하夏, 은殷의 문화를 계승했다는 사실을 알게 되었다. 그래서 《논어》 〈팔일〉에서는 "주나라는 하나라와 은나라를 거울로 삼았으니 그 문화가 찬란하도다. 나는 주나라를 따르겠노라.[周監於二代郁郁乎文哉 吾從周]"라고 말한 것이다. 은나라 왕족의 후예로서 주나라를 인정해야 하는가를 고민하던 공자는 낙양 답사를 계기로 주나라를 받아들인 것이다.

② 富貴者送人以財부귀자송인이재

색은 《장자》에는 '재財'가 '헌軒'으로 되어 있다.

莊周財作軒

③ 竊仁人之號절인인지호

집해 왕숙이 말했다. "인자仁者 이름을 훔쳤다고 겸손하게 말한 것이다."

王肅曰 謙言竊仁者之名

④ 爲人子者毋以有己위인자자무이유기

집해 왕숙이 말했다. "몸은 부모의 소유다."

王肅曰 身父母之有

색은 《공자가어》에는 "자기를 지니면서 남의 자식이 된 자는 없다."라고 되어 있다.

家語作 無以有己爲人子者

⑤ 爲人臣者毋以有己위인신자무이유기

색은 《공자가어》에는 "자기 몸을 미워하고 남의 신하된 자는 없다."라고 되어 있다. 왕숙이 말했다. "말을 들어주면 벼슬하고, 쓰이지 않으면 떠나서 몸을 보호하고 행동을 온전하게 하는 것이 신하의 절개이다."

家語作無以惡己爲人臣者 王肅云 言聽則仕 不用則去 保身全行 臣之節也

신주 총명하여 남을 살피기 좋아하는 자는 다른 사람의 미움을 받아 죽임을 당하기 쉽다는 뜻이고, 말이 많은 자는 남의 나쁜 점을 말하기 쉽기 때문에 몸이 위태롭다는 뜻이다. 자식의 도리로 아집을 부리지 말고, 군주의 신하가 되어도 아집을 부리지 말라는 뜻이다. 여기서 아집이란 너무 깊이 살피고, 남의 말을 하는 것을 좋아한다는 것이다.

⑥ 孔子自周反于魯 弟子稍益進焉공자자주반우노 제자초익진언

신주 《장자》에는 51세 때 공자가 노자를 만났다고 하는데, 이것도 사실로 믿기 어렵다. 그때 공자는 노나라에 있었기 때문이다.

이 당시 진晉나라 평공平公은 음탕해져서 6경[①]이 권력을 멋대로 하고 동쪽의 제후들을 정벌했다. 초나라 영왕靈王은 군사력이 강해서 중원을 업신여기고 억눌렀다. 제나라는 대국인데 노나라와 가까웠다. 노나라는 소국이고 약해서 초나라를 따르면 진晉나라가 노하고, 진晉나라를 따르면 초나라가 공격해왔다. 제나라에 대비하지 않으면 제나라 군사가 노나라를 침략했다.

是時也 晉平公淫 六卿[①]擅權 東伐諸侯 楚靈王兵彊 陵轢中國 齊大而近於魯 魯小弱 附於楚則晉怒 附於晉則楚來伐 不備於齊 齊師侵魯

① 六卿육경

신주 범范, 중항中行, 지知, 조趙, 위魏, 한韓의 6씨氏를 이른다.

노나라 소공昭公 20년, 공자는 내략 30세였다.① 제나라 경공景公이 안영晏嬰과 함께 노나라에 왔다. 경공이 공자에게 물었다.②
"옛날 진秦나라 목공穆公은 국가가 작고 벽지에 처했었는데도 패자가 될 수 있었던 것은 어찌된 일인가?"
공자가 대답했다.
"진秦나라는 비록 작았지만 그 뜻은 위대했고, 비록 위치하는 곳은 벽지였지만 하는 일은 치우치지 않고 정직했습니다. 목공 스스로 오고五羖(백리해)③를 등용해 대부의 벼슬을 주고 죄인 속에서 기용해④ 함께 이야기를 나눈 지 사흘이 지나 정사를 맡겼습니다. 이렇게 해서 패자가 될 수 있었던 것입니다. 비록 왕이 될 수 있었지만 패자가 된 것은 작다고 해야겠지요."
경공은 기뻐했다.
魯昭公之二十年 而孔子蓋年三十矣① 齊景公與晏嬰來適魯 景公問孔子曰② 昔秦穆公國小處辟 其霸何也 對曰 秦 國雖小 其志大 處雖辟 行中正 身擧五羖③ 爵之大夫 起纍紲之中④ 與語三日 授之以政 以此取之 雖王可也 其霸小矣 景公說

① 魯昭公之二十年 而孔子蓋年三十矣노소공지이십년 이공자개년삼십의

**신주** 이해에 정나라 재상 자산子産이 세상을 떠난다. 공자는 주나라에 가는 길에 정나라에 들렀을 것이고, 또 〈정세가〉에 자산과 형제처럼 친했다고 한다. 그의 죽음을 듣고 눈물을 흘렸다고 했으니 공자는 20대 후반에 주나라를 다녀왔다고 보아야 한다.

② 齊景公與晏嬰來適魯 景公問孔子曰제경공여안영래적노 경공문공자왈

신주 〈십이제후연표〉와 〈제태공세가〉에서는 아울러 사냥하다가 노나라로 들어와 예를 물었다고 한다. 《사기지의》에서는 망령된 기록이라고 했다. 《좌전》에서는 이때 경공이 패沛에서 사냥하고 안영과 말을 길게 나누는 기록이 있다. 아마 사마천은 패沛를 노나라 땅으로 여긴 듯하다. 그러나 이 패沛 땅을 노나라로 볼 증거는 없다.

③ 五羖오고

정의 백리해이다.

百里奚也

신주 백리해는 우虞나라 사람인데, 우나라를 떠나 진秦나라로 가서 노예 생활을 했다. 진목공은 다섯 장의 염소 가죽으로 백리해를 사서 국정을 맡겼는데, 이때 일흔 살에 가까웠다. 그래서 오고대부五羖大夫라고도 불린다.

④ 起纍紲之中기류설지중

색은 《공자가어》에는 이 구절이 없는데, 맹자는 그렇지 않다(감옥에 있지 않았다)는 말로 여겼다.

家語無此一句 孟子以爲不然之言也

신주 류설은 잡혀 있다는 뜻이다. 즉, 감옥 안이다.

제二장

# 세상에 뜻을 두다

공자 35세 때의 일이다. 계평자는 후소백郈昭伯과 닭싸움을 벌이다가① 서로 증오하게 되어 소공에게 고했다. 소공은 군사를 이끌고 계평자를 쳤다. 계평자는 맹씨孟氏, 숙손씨叔孫氏와 더불어 세 집안이 함께 소공을 공격했다. 소공은 군이 패하자 제나라로 달아났다. 제나라는 소공을 건후乾侯 땅에 살게 했다.② 그 뒤 잠깐 노나라는 어지러워졌다.

공자는 그 어지러움을 피해 제나라로 가서 고소자高昭子의 가신이 되어 경공을 만나려고 했다. 제나라 태사太師와 음악에 대해 서로 이야기하고, 소韶 음악을 듣고 배운 지 석 달, (착하고 아름다움에 이끌려) 고기 맛을 잊을 정도였다.③ 제나라 사람들이 이를 칭송했다.

孔子年三十五 而季平子與郈昭伯以鬪雞故①得罪魯昭公 昭公率師擊平子 平子與孟氏叔孫氏三家共攻昭公 昭公師敗 奔於齊 齊處昭公乾侯② 其後頃之 魯亂 孔子適齊 爲高昭子家臣 欲以通乎景公 與齊太師語樂 聞韶音 學之 三月不知肉味③ 齊人稱之

① 鬪雞故투계고

정의 郈의 발음은 '후后'이다. 《괄지지》에서 말한다. "(닭싸움하던) 투계대는 두 곳이 있는데 서로의 거리는 15보이다. 연주 곡부현 동남쪽 3리 노성魯城 안에 있다. 《좌전》 소공 25년(서기전 517)에는 '계씨와 후소백郈昭伯이 닭싸움을 벌였다. 계씨는 닭 날개에 겨자를 발랐고, 후씨는 쇠발톱을 만들어 덧댔다.'라고 한다."

郈音后 括地志云 鬪雞臺二所 相去十五步 在兗州曲阜縣東南三里魯城中 左傳昭二十五年 季氏與郈昭伯鬪雞 季氏芥雞翼 郈氏爲金距之處

② 乾侯건후

정의 상주 성안현 동남쪽 30리이다. 척구고성斥丘古城은 본래 춘추시대에 건후乾侯의 읍이었다.

相州成安縣東南三十里 斥丘故城 本春秋時乾侯之邑

③ 三月不知肉味삼월부지육미

집해 주씨가 말했다. "공자께서 제나라에 계실 때 소악韶樂이 훌륭하고 아름답다는 것을 익히 들었다. 그러므로 고기 맛을 잃었다고 한 것이다."

周氏曰 孔子在齊 聞習韶樂之盛美 故忘於肉味也

색은 《논어》에 의거하면 공자는 노나라 태사太師와 음악에 관해 이야기한 것이지 제나라 태사가 아니었다. 또 "공자께서 제나라에 계실 때 소韶 음악을 듣고 석 달 동안 고기 맛을 알지 못했다."라고 했지만 '배웠다[學之]'라는 문장은 없었다. 지금 《논어》의 제齊(제론)와 노魯(노론) 양쪽의 글을 합해서 이렇게 말을 만들었는데, 아마 사실을 오인한 듯하다.

按論語 子語魯太師樂 非齊太師也 又子在齊聞韶 三月不知肉味 無學之 文 今此合論語齊魯兩文而爲此言 恐失事實

**신주** 《논어》 〈술이〉에서는 "공자께서 제나라에 계실 때 소 음악을 듣고 석달 동안 고기 맛을 잃고 음악이 여기에 이를 줄은 몰랐다.[子在齊 聞韶 三月 不知肉味 日 不圖爲樂之至於斯也]"라고 했다. 《논어》 〈팔일〉에서는 "공자가 소음악에 대해서 매우 아름답고 선하다. 무 음악에 대해서는 매우 아름답지만 매우 선하지는 않다.[子謂韶 盡美矣 又盡善也 謂武 盡美矣 未盡善也]"라고 했다. 소악韶樂은 순임금의 음악을 뜻하고, 무악武樂은 주나라 무왕의 음악을 뜻한다. 주나라 무武는 임금으로 모셨던 은나라 주왕을 멸망시켰으므로 매우 선하지는 않다고 한 것이다.

《논어》는 세 개의 판본이 있다. 남북조시대의 양나라 황간皇侃은 《논어의소서論語義疏序》에서 "노나라 사람들이 배운 것은 《노론》이고, 제나라 사람들이 배운 것은 《제론》이며, 옛 벽속에서 나와 전하는 것은 《고론古論》이다."라고 했다. 지금 가장 많이 사용하는 것은 《노론》으로 20편인데 증자曾子와 그 제자들이 편찬했다. 《제론》은 〈문왕問王〉과 〈지도知道〉 2장이 더 있어서 모두 22편인데, 자장과 자하子夏와 자유子游가 편찬했다.

경공이 공자에게 정치를 물었다. 공자가 대답했다.

"주군은 주군다워야 하고 신하는 신하다워야 하며, 아버지는 아버지다워야 하고 아들은 아들다워야 합니다.①"

경공이 말했다.

"좋은 말씀이오. 진실로 주군이 주군답지 못하고 신하가 신하답지 못하며, 아버지가 아버지답지 못하고 자식이 자식답지 못하면,

비록 곡식이 있더라도 내 어찌 그것을 편히 먹을 수 있겠는가?②"
어느 날 또 공자에게 정치를 물었다. 공자가 대답했다.
"정치는 재물을 절약하는 데 있습니다."
경공은 달가워하고 이계尼谿의 전답을 공자에게 봉하고자 했다.③
景公問政孔子 孔子曰 君君 臣臣 父父 子子① 景公曰 善哉 信如君不君 臣不臣 父不父 子不子 雖有粟 吾豈得而食諸② 他日又復問政於孔子 孔子曰 政在節財 景公說 將欲以尼谿田封孔子③

① 君君~子子군군~자자

집해 공안국이 말했다. "이때 진항陳恒(전상田常)이 제나라를 지배해서 군주가 군주답지 못했고 신하가 신하답지 못했다. 그러므로 이로써 대답한 것이다."
孔安國曰 當此之時 陳恆制齊 君不君 臣不臣 故以此對也

신주 아래 주석과 더불어 잘못된 주석이다. 진항이 집권한 것은 이로부터 30여년 이후다. 아마도 이때 노나라 소공이 쫓겨나고 계씨들이 노나라의 정사를 장악한 것이 부당하다고 생각해서 이런 대답을 하였을 것이다.

② 吾豈得而食諸오기득이식제

집해 공안국이 말했다. "장차 위태로울 것이라는 말이다. 진씨陳氏가 끝내 제나라를 멸망시켰다."
孔安國曰 言將危也 陳氏果滅齊

③ 將欲以尼谿田封孔子장욕이니계전봉공자

색은 이 이야기는 《안사》와 《북자》에서 나왔는데, 그 글이 약간 다르다.

此說出晏子及墨子 其文微異

안영晏嬰이 앞으로 나아가 말했다.[①]

"대저 유자儒者란 교묘하게 꾸며대며 말을 잘 하니 그 말을 규범으로 삼을 수 없습니다. 거만하고 공손하지 못하며 자신의 의지에 따르므로 아랫사람으로 쓸 수 없습니다. 상례를 높이고 애도를 다하려고 재산을 파산시키면서 장례를 후하게 하니 풍속으로 삼을 수 없습니다. 사방에 유세하면서 재물을 구걸하거나 빌리기도 하므로 나라를 맡길 수 없습니다. 대현大賢이 사라진 후 주나라 왕실은 이미 쇠하고 예악이 무너진 지 오래되었습니다.[②]

지금 공자는 성대한 용모와 번거로운 꾸밈으로 계단을 오르고 내리는 예와 보행의 예절[③]을 번잡하게 하고 있습니다. 이는 비록 여러 세대를 걸쳐도 그 학문을 다 배울 수 없고 1년 안에 그 예를 다 터득할 수 없습니다. 주군께서 이를 채용하여 제나라의 풍속을 바꾸려고 하시는 것은 가난한 백성을 이끄시는 이유가 될 수 없습니다."

晏嬰進曰[①] 夫儒者滑稽而不可軌法 倨傲自順 不可以爲下 崇喪遂哀 破産厚葬 不可以爲俗 游說乞貸 不可以爲國 自大賢之息 周室旣衰 禮樂缺有間[②] 今孔子盛容飾 繁登降之禮 趨詳之節[③] 累世不能殫其學 當年不能究其禮 君欲用之以移齊俗 非所以先細民也

① 晏嬰進曰안영신왈

신주 안영은 제나라 경공景公 때의 재상이다. 그에게는《안자춘추晏子春秋》라는 저서가 있다.《사기지의》에서는 안자가 공자와 벗으로 잘 지냈다고 한다. 이 말은 본래《묵자》에서 유가의 성인을 비난한 말이다. 후대 사람들이 뒤섞어《안자춘추》에 삽입했을 뿐이라고 하는데, 그 견해도 일리가 있다.

② 大賢之息～禮樂缺有間대현지식～예악결유간

색은 '식息'은 태어나다는 뜻이다. 상고시대에는 대현大賢이 태어나서 예악이 있었는데 주나라 왕실이 미약해지자 비로소 무너져 틈이 있다는 말이다.

息者 生也 言上古大賢生則有禮樂 至周室微而始缺有間也

신주 '식息'에는 태어나다는 뜻이 없다. 오히려 사라지다는 뜻에 가깝다.

③ 趨詳之節추상지절

신주 추상趨詳은 추창趨蹌과 같은 뜻이다. 예전에는 조정에서 군주를 배알할 때 일정한 규칙에 따라 걸어야 했는데, 이것이 추창의 절차다. 예법에 맞춰 허리 굽혀 빨리 걷는 예절이다.

그 후 경공은 공경하며 공자를 만났지만, 그 예를 묻지 않았다. 다른 날, 경공은 공자를 만류하며 말했다.

"그대를 예우하건대, 계씨季氏를 대하는 예우①와 똑같이 할 수는 없지만, 계씨와 맹씨 중간쯤으로 대우하고 싶소.②"
제나라 대부가 공자를 해치려고 했다. 공자가 이를 들어 알고 있었다. 경공이 말했다.
"나는 늙어서 등용할 수 없소."
공자는 마침내 제나라를 떠나 노나라로 돌아왔다.
後景公敬見孔子 不問其禮 異日 景公止孔子曰 奉子以季氏① 吾不能以季孟之間待之② 齊大夫欲害孔子 孔子聞之 景公曰 吾老矣 弗能用也 孔子遂行 反乎魯

① 奉子以季氏봉자이계씨

색은 유씨는 奉의 발음을 '봉[扶用反]'이라고 했는데, 틀렸다. 지금 봉의 발음은 가장 통상적인 발음이다. 공자를 높여 대우하는 것이 노나라 계씨季氏의 직책과 같게 하는 것을 이른다. 그래서 아래 문장에 '계씨와 맹씨 사이로 대접했다'고 한 것이다.
劉氏奉音扶用反 非也 今奉音如字 謂奉待孔子如魯季氏之職 故下文云以季孟之間待之也

② 季孟之間待之계맹지간대지

집해 공안국이 말했다. "노나라에는 3경이 있다. 계씨는 상경上卿으로서 가장 귀하고, 맹씨는 하경下卿으로서 권력을 갖지 못했다. 이 두 사람 사이로 대우하겠다는 말이다."
孔安國曰 魯三卿 季氏爲上卿 最貴 孟氏爲下卿 不用事 言待之以二者之間也

공자의 나이 42세, 노나라 소공이 건후에서 죽고 정공定公이 즉위했다.
정공 5년 여름, 계평자가 죽고 환자桓子가 뒤를 이어 즉위했다.① 계환자는 우물을 파다가 흙으로 만든 병을 손에 넣었다. 그 속에 양과 같은 것이 있었다.② 공자에게 물어 말했다.
"개를 손에 넣었는데.③"
중니가 말했다.
"제가 들은 대로라면 양일 것입니다. 저는 그렇게 들었습니다. 나무와 돌의 괴물은 기夔, 망량罔閬④이고, 물의 괴물은 용龍, 망상罔象⑤이며, 흙의 괴물은 분양墳羊⑥이라고 했습니다."
孔子年四十二 魯昭公卒於乾侯 定公立 定公立五年 夏 季平子卒 桓子嗣立① 季桓子穿井得土缶 中若羊② 問仲尼云得狗③ 仲尼曰 以丘所聞羊也 丘聞之 木石之怪夔罔閬④ 水之怪龍罔象⑤ 土之怪墳羊⑥

① 桓子嗣立환자사립

신주 계환자는 계평자의 아들이며, 이름은 사斯이다.

② 桓子穿井得上缶中若羊환자천정득상부중약양

집해 위소가 말했다. "양羊인데 살아 있는 양이었다. 그래서 괴이하다고 이른 것이다."
韋昭曰 羊 生羊也 故謂之怪也

색은 《공자가어》에서 "환자桓子가 비費 땅에서 우물을 파다가 흙으로 만든 장군과 같은 물건을 손에 넣었는데, 그 안에 양이 있었다."라고 한 것이 이것이다.

家語云桓子穿井於費 得物如土缶 其中有羊焉是也

③ 得狗득구

집해 위소가 말했다. "양을 손에 넣고 '개'라고 말한 것은 공자가 여러 사물에 대해 많이 아는지를 헤아려본 것이다."

韋昭曰 獲羊而言狗者 以孔子博物 測之

④ 木石之怪夔罔閬목석지괴기망량

집해 위소가 말했다. "목석木石은 산山을 말한다. 어떤 이는 기夔는 외발 짐승으로 발이 하나인데, 월나라 사람들은 산도깨비라 한다고 했다. 어떤 이는 발이 하나인 것이 망량魍魎이고 산정山精인데, 사람의 소리를 배우기를 좋아하고 사람을 미혹시킨다고 했다."

韋昭曰 木石謂山也 或云夔 一足 越人謂之山繅也 或言獨足魍魎 山精 好學人聲而迷惑人也

색은 夔의 발음은 '규逵'이고, 閬의 발음은 '량兩'이다. 《공자가어》에는 '망량魍魎'으로 되어 있다. 繅의 발음은 '소騷'이다. 그러나 산도깨비는 유독 발이 하나인데 이는 산신山神의 이름이다. 그래서 기夔라고 했다. 기夔는 다리가 하나인 짐승인데 생김새가 사람처럼 생겼다.

夔音逵 閬音兩 家語作魍魎 繅音騷 然山繅獨一足是山神名 故謂之夔 夔 一足獸 狀如人也

⑤ 龍罔象용망상

집해 위소가 말했다. "용은 신수神獸인데 늘 나타나는 것은 아니다. 그래서 괴怪라고 했다. 어떤 이는 '망상罔象(물귀신)은 사람을 먹는데 일명 목종沐腫이다.'라고 한다."

韋昭曰 龍 神獸也 非常見 故曰怪 或云 罔象食人 一名沐腫

색은 沐腫의 발음은 '목종木踵'이다.

沐腫音木踵

⑥ 墳羊분양

집해 당고가 말했다. "분양墳羊은 암수가 아직 이루어지지 못한 것이다."

唐固曰 墳羊 雌雄未成者也

오나라는 월나라를 공격해서 회계會稽를 함락시키고[1] 뼈를 발견했다. 뼈 한 마디의 크기가 수레에 가득 찼다.[2] 오나라는 사람을 보내 중니에게 물었다.

"뼈는 어떤 것이 가장 큽니까?"

중니가 말했다.

"우임금이 제후를 회계산에 소집했습니다.[3] 방풍씨防風氏가 늦게 왔습니다. 우임금이 그를 죽여서 전시했는데[4] 그의 뼈마디가 수레에 가득 찼습니다. 그것이 가장 큽니다."

오나라의 객客이 말했다.

"누가 신이라는 것입니까?"

吳伐越 墮會稽[1] 得骨節專車[2] 吳使使問仲尼 骨何者最大 仲尼曰 禹致群神[3]於會稽山 防風氏後至 禹殺而戮之[4] 其節專車 此爲大矣 吳客曰 誰爲神

① 墮會稽타회계

집해 왕숙이 말했다. "타墮는 무너뜨리는 것이다."

王肅曰 墮 毁也

색은 회계를 무너뜨렸다는 것이다. 회계는 산 이름이고 월나라의 도읍지이다. 휴隳는 무너뜨린다는 뜻이다. 오나라에서 월나라를 정벌한 것은 노애공 원년(서기전 494)이다.

隳會稽 會稽 山名 越之所都 隳 毁也 吳伐越在魯哀元年

신주 오왕 부차가 월왕 구천을 사로잡은 사건은 공자가 진陳나라에 머물던 때이다. 오나라 왕의 사신이 노나라까지 간 것은 아니다.

② 得骨節專車득골절전거

집해 위소가 말했다. "뼈 한마디의 길이가 수레를 차지했다. 전專은 차지한다는 뜻이다."

韋昭曰 骨一節 其長專車 專 擅也

③ 群神군신

집해 위소가 말했다. "군신群神은 산천을 주관하는 군주를 가리키는 것으로 여러 신을 주관한다. 그래서 신神이라고 일렀다."

韋昭曰 群神謂主山川之君爲群神之主 故謂之神也

신주 《사기지의》에는 다른 문헌들에서 군신群神이 아니라 '군신君臣'으로 기록되었다고 했다.

④ 防風氏後至 禹殺而戮之방풍씨후지 우살이륙지

집해 위소가 말했다. "방풍씨防風氏는 명을 어기고 뒤늦게 이르렀다.

그래서 우임금이 살해했다. 시체를 진열하는 것을 육戮이라고 한다."
韋昭曰 防風氏違命後至 故禹殺之 陳尸爲戮

중니가 말했다.
"산과 하천의 신령神靈은 천하를 잘 조절해서 다스리는 데 족하지만, 그 신령을 지키는 것을 신神이라고 합니다.① 봉토를 지키는 사社와 직稷 두 신의 제사를 담당하는 사람을 공후公侯라고 합니다.② 둘 다 왕자王者에게 속합니다."
객이 말했다.
"방풍씨는 무엇을 지킵니까?"
중니가 말했다.
"왕망씨汪罔氏의 군주는 봉산封山과 우산禺山을 지켰으며③ 희성釐姓이 되었습니다.④ 우와 하와 상나라 시대에는 왕망汪罔이라 했고, 주나라 시대에는 장적長翟이라 했으니, 지금 대인大人을 이르는 것입니다.⑤"
仲尼曰 山川之神足以綱紀天下 其守爲神① 社稷爲公侯② 皆屬於王者
客曰 防風何守 仲尼曰 汪罔氏之君守封禺③之山 爲釐姓④ 在虞夏商爲汪罔 於周爲長翟 今謂之大人⑤

① 其守爲神기수위신

집해 왕숙이 말했다. "산천의 제사를 지키는 자를 신神이라고 하는데 이는 제후를 이른다." 위소가 말했다. "천하의 기강을 잡는다는 것은 명산名山 대천大川에서 구름을 일으키고 비를 내리게 해서 천하를 이롭게 하는 것을 이른다."

王肅曰 守山川之祀者爲神 謂諸侯也 韋昭曰 足以綱紀天下 謂名山大川能興雲致雨以利天下也

② 社稷爲公侯사직위공후

집해 왕숙이 말했다. "단지 사직만 지키고 산천에 제사를 지내지 않는 자는 바로 공후公侯일 뿐이다."

王肅曰 但守社稷無山川之祀者 直爲公侯而已

③ 封禺봉우

집해 위소가 말했다. "봉封은 봉산이고 우禺는 우산이다. 오군 영안현에 있다." 살펴보니 진晉나라 태강 원년(서기 280)에 영안永安을 고쳐 무강현으로 삼았다. 지금은 오흥군吳興郡에 속한다.

韋昭曰 封 封山 禺 禺山 在吳郡永安縣 駰案 晉太康元年改永安爲武康縣 今屬吳興郡

④ 釐姓희성

색은 釐의 발음은 '희僖'이다. 《공자가어》에서는 성姓을 칠漆이라고 했는데, 아마 잘못일 것이다. 《세본》에는 칠漆이라는 성姓이 없다.

釐音僖 家語云姓漆 蓋誤 系本無漆姓

신주 《산해경》에서 "대황 중에 대인의 나라가 있는데 희성이다.[大荒之中有大人之國 釐姓]"라고 했다. 《국명기》에서는 "제홍의 후예이다.[帝鴻之後也]"라고 했다. 《사기지의》에서 《국어》 〈노어〉, 《공자가어》, 《좌전》 문공

11년 두예 주석에 모두 '칠성'이라고 했다고 한다.

⑤ 於周爲長翟 今謂之大人어주위장적 금위지대인

집해 왕숙이 말했다. "주나라 초기와 공자 시대에는 그 이름이 달랐다."

王肅曰 周之初及當孔子之時 其名異也

객이 말했다.

"사람의 신장은 어느 정도였습니까?"

중니가 말했다.

"초요씨僬僥氏①는 3척이니 단인短人의 극이었습니다. 큰 사람도 그 열 배②를 넘지 못합니다. 그것이 숫자의 극한입니다."

이에 오나라의 객이 말했다.

"좋은 말씀이오. 성인이십니다."

客曰 人長幾何 仲尼曰 僬僥氏①三尺 短之至也 長者不過十之② 數之極也 於是吳客曰 善哉聖人

① 僬僥氏초요씨

집해 위소가 말했다. "초요는 서남만西南蠻의 별명이다."

韋昭曰 僬僥 西南蠻之別名也

정의 살펴보니 《괄지지》에서 "대진국大秦國의 남쪽에 있다."라고 한다.

按 括地志在大秦國(北)[南]也

② 十之십지

집해 왕숙이 말했다. "십지十之는 삼장三丈(30자)을 이른 것이며, 이것에서 수가 끝난다."

王肅曰 十之 謂三丈也 數極於此也

신주 십지十之는 3장丈(30척尺)인데 방풍씨防風氏를 뜻한다. 《사부비요본四部備要本》에는 '지之' 자가 없다. 왕원손汪遠孫은 《국어명도본교이國語明道本攷異》에서 '지之' 자가 있어야 한다고 했다. '지之'가 있어야 '열 배가 된다'라는 의미를 충족시키기 때문이다.

계환자가 총애하는 신하 중에 중양회仲梁會라는 자가 있었는데, 양호陽虎와 사이가 틀어져 있었다. 양호는 중양회를 쫓아내려 했지만 공산불뉴公山不狃[①]가 중지시켰다.

그해 가을, 중양회가 더욱 교만해지자 양호는 중양회를 체포했다. 계환자가 화를 냈다. 양호는 이로 인해 계환자를 체포해서 가두었다가 함께 맹약한 후 환자를 풀어주었다.[②] 양호는 이 때문에 계씨를 더욱 가볍게 여겼다.

계씨도 주제넘게 공실公室에서 배신陪臣이 되어 국정을 잡았다. 이 때문에 노나라는 대부부터 그 이하가 모두 참람하게 되어 바른 도에서 떠났다. 그래서 공자가 벼슬하지 않고 물러나서 시詩, 서書, 예禮, 악樂을 닦자 더욱 많이 몰려들었는데, 먼 지방에서 올라와 공자에게 학업을 받지 않는 자가 없을 정도였다.

桓子嬖臣曰仲梁懷 與陽虎有隙 陽虎欲逐懷 公山不狃[①]止之 其秋 懷益

驕 陽虎執懷 桓子怒 陽虎因囚桓子 與盟而醳[②]之 陽虎由此益輕季氏 季氏亦僭於公室 陪臣執國政 是以魯自大夫以下皆僭離於正道 故孔子不仕 退而脩詩書禮樂 弟子彌衆 至自遠方 莫不受業焉

① 公山不狃공산불뉴

집해 공안국이 말했다. "불뉴는 계씨의 가신이다."

孔安國曰 不狃爲季氏宰

색은 狃의 발음은 '누[女久反]'이다. 추씨는 다른 판본에 '유蹂' 자로 되어 있다고 했다. 《논어》에는 '불요弗擾'로 되어 있다.

狃音女久反 鄒氏云一作蹂 論語作弗擾

② 醳석

정의 醳의 발음은 '석釋'이다.

醳音釋

신주 醳은 '독한 술'을 뜻할 때는 '역'으로 읽고 '석방하다'라는 뜻일 때는 '석'으로 읽는다. 독한 술은 순주醇酒라고도 한다. 《사기》 〈장의열전〉에는 장의를 체포해 수백 대의 태를 내렸으나 승복하지 않자 석방했다고 썼는데, 주석에서 석醳은 '석釋' 자라고 했다.

정공 8년(서기전 502), 공산불뉴는 계씨에게 뜻을 얻지 못하자, 양호와 난을 일으켜 삼환三桓의 적자[①]들을 폐하고 그들의 서자 중에서 양호와 평소 잘 지내는 자들로 바꾸어 세우려고 했다. 마침내 계환자를 체포하려고 했다. 그러나 계환자가 속임수를 써서 탈출했다.

정공 9년, 양호는 이기지 못하고 제나라로 달아났다. 이때 공자 나이 쉰이었다.

定公八年 公山不狃不得意於季氏 因陽虎爲亂 欲廢三桓之適[①] 更立其庶孽陽虎素所善者 遂執季桓子 桓子詐之 得脫 定公九年 陽虎不勝 奔于齊 是時孔子年五十

① 適적

정의 適의 발음은 '적嫡'이다.

適音嫡

신주 맹손孟孫, 숙손叔孫, 계손季孫의 적자嫡子를 말한다.

# 노나라에 출사하다

공산불뉴가 비費 땅에서 계씨에게 반란을 일으키고 사람을 보내 공자를 불렀다. 공자는 도道를 닦은 지 이미 오래되었다. (도를) 익히고 익혔지만 그것을 시험할 기회가 없었고, 또 자신을 써주는 곳도 없었다. 공자가 말했다.
"대개 주나라 문왕과 무왕은 풍豊과 호鎬 땅에서 일어나 왕이 되었는데, 지금 비費 땅이 비록 작지만 거기에 가깝게 될 수 있을 것이다.①"
공자는 가려 했으나 자로가 기뻐하지 않아 말렸다. 공자가 말했다.
"무릇 나를 부르는 자가 어찌 헛된 자이겠는가? 나를 등용한다면 주나라의 도를 동주東周에서 흥하게 하리라!②"
그러나 역시 끝내 가지 않았다.
公山不狃以費畔季氏 使人召孔子 孔子循道彌久 溫溫無所試 莫能己用 曰 蓋周文武起豐鎬而王 今費雖小 儻庶幾乎① 欲往 子路不說 止孔子 孔子曰 夫召我者豈徒哉 如用我 其爲東周乎② 然亦卒不行

① 蓋周文武起豐鎬而王～儻庶幾乎 개주문무기풍호이왕～당서기호

색은 《공자가어》와 공자의 글을 조사해 보았는데 모두 이런 말이 없다. 그래서 환담桓譚도 왜곡된 것으로 여겼다.
檢家語及孔子之書 竝無此言 故桓譚亦以爲誣也

② 其爲東周乎기위동주호

집해 하안이 말했다. "주나라의 도를 동방에서 일으키는 것이다. 그러므로 동주東周라고 했다."
何晏曰 興周道於東方 故曰東周也

그 뒤 정공이 공자를 중도재中都宰로 삼았다. 1년 만에 사방이 모두 본받았다.① 그래서 중도재에서 사공司空이 되고, 사공에서 대사구大司寇가 되었다.
其後定公以孔子爲中都宰 一年 四方皆則之① 由中都宰爲司空 由司空爲大司寇

① 四方皆則之사방개칙지

색은 《공자가어》에는 서방西方이라고 썼다. 왕숙이 말했다. "노나라는 동쪽에 가깝다. 그래서 서방의 제후들이 모두 법을 취했다고 말한 것이다."
家語作西方 王肅云 魯國近東 故西方諸侯皆取法則焉

정공 10년(서기전 500) 봄, 제나라와 화친했다.①
여름에 제나라의 대부 여서黎鉏가 경공에게 말했다.
"노나라에서 공구孔丘를 등용했으니, 그 세력이 제나라를 위태롭게 할 것입니다."
이에 사신을 보내 노나라에 우호적 만남을 갖자고 알리고 협곡夾谷②에서 회맹하기로 했다. 노나라 정공은 또 수레 타고 가는 것을 좋아했다. 공자가 섭상攝相③의 일을 하면서 말했다.
"신이 듣기에 문사文事가 있는 곳은 반드시 무武를 갖추어야 하고, 무사武事가 있는 곳은 반드시 문文을 갖추어야 한다고 했습니다. 옛날 제후들이 국경을 나갈 때는 반드시 문무 관직을 따르게 했습니다. 청컨대 좌우의 사마司馬를 갖추고 가십시오."
정공이 말했다.
"그렇게 하시오."
이에 좌우의 사마司馬를 준비시켜 출발했다.
定公十年春 及齊平① 夏 齊大夫黎鉏言於景公曰 魯用孔丘 其勢危齊 乃使使告魯爲好會 會於夾谷② 魯定公且以乘車好往 孔子攝相③事 曰 臣聞有文事者必有武備 有武事者必有文備 古者諸侯出疆 必具官以從 請具左右司馬 定公曰 諾 具左右司馬

① 及齊平급제평

색은 '급及'은 여與이다. '평平'은 성成이다. 제나라와 사이가 좋은 것을 이른 것이다. 그러므로 평平이라고 했다.
及 與也 平 成也 謂與齊和好 故云平

② 夾谷협곡

집해 서광이 말했다. "사마표는 지금 축기현에 있다고 했다."
徐廣曰 司馬彪云今在祝其縣也

③ 攝相섭상

신주 섭상은 대리 재상을 뜻한다. 그러나 양옥승은 《사기지의》에서 '섭상'이란 서로 회맹의 일에서 인도하는 것이라고 한다. 그래서 사마천이 《사기》 〈오태백세가〉를 비롯한 여러 곳에서 '공자상로孔子相魯(공자가 노나라의 재상이 되었다)'라고 잘못 썼다고 했다. 그래서 후대 사람들도 이 때문에 거듭 잘못했다고 주장했다. 그러나 《좌전》에도 '공구상孔丘相(공구가 재상이 되었다)'이라고 썼으니 양옥승의 주장이 맞다고 볼 수는 없다.

> 제나라 후작과 협곡에서 모여 단壇의 위치를 정하여 흙으로 세 단의 계단을 쌓고, 만남의 예로 서로 보고① 읍하고 사양하며 단에 올랐다. 술잔을 주고받는 예를 마치자 제나라 담당관이 종종걸음으로 나아가 말했다.
> "청컨대 사방의 음악을 연주하게 하십시오."
> 제나라 경공이 말했다.
> "그렇게 하시오."
> 이에 오색의 깃털로 장식한 오색기와 창과 검과 방패를 들고 북을 치면서 이르렀다.② 공자는 종종걸음으로 나아가 한 계단을 한 발씩 딛고③ 오르다가 한 계단을 남겨두고 소매를 들어 말했다.

"우리 두 군주께서 우호의 만남을 하는데 이적夷狄의 음악을 어찌 여기에서 연주합니까? 청컨대 담당관에게 명을 내리십시오."

會齊侯夾谷 爲壇位 土階三等 以會遇之禮①相見 揖讓而登 獻酬之禮畢 齊有司趨而進曰 請奏四方之樂 景公曰 諾 於是旍旄羽袚矛戟劍撥鼓噪而至② 孔子趨而進 歷階③而登 不盡一等 擧袂而言曰 吾兩君爲好會 夷狄之樂何爲於此 請命有司

① 會遇之禮회우지례

집해 왕숙이 말했다. "만남의 예에서 예를 간략하게 한 것이다."

王肅曰 會遇之禮 禮之簡略也

② 旍旄羽袚矛戟劍撥鼓噪而至정모우불모극검벌고조이지

색은 《공자가어》에서 "래인萊人이 병기와 북을 친 것으로 정공定公을 겁박했다."라고 한 것이다. 袚의 발음은 '불弗'이며, 춤을 추는 자가 쥐는 것을 말한다. 그래서 《주례》에서는 음악에 불무袚舞가 있다고 했다. 撥의 발음은 '벌伐'이며, 큰 방패를 가리킨다.

家語作萊人以兵鼓噪劫定公 袚音弗 謂舞者所執 故周禮樂有袚舞 撥音伐 謂大楯也

신주 래인萊人은 래국萊國 사람이다. 래국은 구이九夷가 건국했는데 상주商周 시기의 동이 고국古國이다. 치소는 산동성 북부에 있던 임구현臨朐縣 부근의 창락昌樂이었다. 상나라에서 처음 봉했다. 주나라 때는 대국이 되어 후작侯爵에 봉해졌다가 후에 공작公爵이 되었다. 춘추 초에 그 강역은 서쪽은 임구, 동쪽은 교동膠東반도, 북쪽은 발해에 이르렀고, 남쪽은 지금의 제성諸城과 교주膠州까지였다. 주나라 초에 강태공姜太公이 제나라에 봉해져 영구營丘에 도읍했는데 창락 부근이어서 래국에서 자주 공격했다. 춘추 때는 제나라가 강성해지자 래국은 부득이 용구龍口로 천도해서 동래東萊라고 불렀다. 《좌전》 양공 6년(서기전 567)에 따르면 동래는 제나라에 망했다. 이때에야 제나라는 산동반도를 완전히 장악했다. 동이족 상나라 후예인 공자가 래인의 음악을 배척한 것이다.

③ 歷階역계

색은 한 계단씩 오르는 것을 이른다. 그래서 왕숙이 말했다. "역계歷階는 계단을 오르는데 발을 모으지 않는 것이다."

謂歷階級也 故王肅云歷階 登階不聚足

신주 고대의 예법에 계단을 오를 때는 두 발을 모은 다음에 다음 계단으로 올라가야 한다. 그러나 이때는 비상시국이므로 공자는 예를 무시하고 한 걸음씩 성큼성큼 계단을 올랐다.

담당관이 공자를 물러가라고 했지만, 물러가지 않고 좌우의 안자晏子와 경공을 바라보았다. 경공은 마음으로 부끄러워하고 손을 휘저어 물러가게 했다. 한참 있다가 제나라 담당관이 종종걸음으로 나아가 말했다.

"청컨대 궁중의 음악을 연주하게 해주십시오."

경공이 말했다.

"그렇게 하라."

배우들과 어릿광대들이 놀면서 앞에 이르렀다. 공자는 종종걸음으로 나아가 한 계단씩 밟고 올라 한 계단을 남겨두고 말했다.

"필부가 현혹시키면① 제후는 죄를 물어 마땅히 죽여야 합니다. 청컨대 담당관에게 명을 내리십시오."

담당관이 법을 가해서 손과 발이 다른 곳에 있게 되었다.

경공은 두려워하면서 동요했고 도의가 (노나라에) 미치지 못함을 알았다. 귀국하고 나서 크게 걱정하며 신하들에게 말했다.

"노나라는 군자의 도로써 그 군주를 보좌하는데 그대들은 오직 이적夷狄들의 도로써 과인을 가르쳐 노나라 군주에게 죄를 범하게 만들었다. 이를 어찌하는가?"

담당관이 나아가 대답했다.

"군자는 과실이 있을 때는 실질적으로 사죄하고, 소인은 허물이 있으면 글로만 사죄합니다. 군주께서 마음이 쓰이면 실질적으로 사죄하시면 됩니다."

이에 제나라 후작은 노나라에서 빼앗은 운鄆, 문양汶陽, 구음龜陰의 경작지를 돌려주면서 사죄했다.②

有司卻之 不去 則左右視晏子與景公 景公心怍 麾而去之 有頃 齊有司趨而進曰 請奏宮中之樂 景公曰 諾 優倡侏儒爲戲而前 孔子趨而進 歷階而登 不盡一等 曰 匹夫而營惑① 諸侯者罪當誅 請命有司 有司加法焉 手足異處 景公懼而動 知義不若 歸而大恐 告其群臣曰 魯以君子之道輔其君 而子獨以夷狄之道教寡人 使得罪於魯君 爲之柰何 有司進對曰 君子有過則謝以質 小人有過則謝以文 君若悼之 則謝以質 於是齊侯乃歸所侵魯之鄆汶陽龜陰之田② 以謝過

① 營惑영혹

색은 경영하는 것이 현혹되어 어지러운 것을 이른 것이다. 《공자가어》에는 '형모熒侮(현혹하고 업신여김)'로 되어 있다.

謂經營而惑亂也 家語作熒侮

② 鄆汶陽龜陰之田운문양구음지전

집해 복건이 말했다. "세 땅은 문양 땅이다. 구龜는 산 이름이다. 음지전陰之田이란 그 경작지만 얻고 그 산을 얻지 못한 것이다." 두예가 말했다. "태산군 박현 북쪽에 구산龜山이 있다."

服虔曰 三田 汶陽田也 龜 山名 陰之田 得其田不得其山也 杜預曰 太山博縣北有龜山

색은 《좌전》에서 "운鄆과 환讙과 구음龜陰의 경작지이다."라고 했으니, 곧 삼전은 모두 문양에 있다.

左傳鄆讙及龜陰之田 則三田皆在汶陽也

정의 운鄆은 지금의 운주 운성현이다. 연주 공구현 동북쪽 54리에 있다. 옛 사성謝城은 공구현 동쪽 70리에 있다. 제나라가 노나라 구음의 경작지를 빼앗았다가 돌려주는 것으로 노나라에 사례하자, 노나라는 이곳에 성을 쌓아 공자의 공을 드러냈다. 이 때문에 이름을 사성謝城이라고 했다.

鄆 今鄆州鄆城縣 在兗州龔丘縣東北五十四里 故謝城在龔丘縣東七十里 齊歸侵魯龜陰之田以謝魯 魯築城於此 以旌孔子之功 因名謝城

정공 13년 여름,① 공자가 정공에게 고해 말했다.

"신하는 병기를 감추어서는 안 되고, 대부는 100치雉의 도성都城을 지녀서는 안 됩니다.②"

(정공은) 중유仲由를 시켜 계씨季氏 일족의 장로長老로 삼아 삼가三家의 도성③을 헐려고 했다. 이에 숙손씨가 먼저 그 (도성의) 후郈④를 파괴했다. 계씨도 (도성인) 비費를 헐려고 하자, 공산불뉴와 숙손첩叔孫輒이 비 땅 사람들을 인솔해서 노나라 (국도인 곡부)를 습격했다. 정공은 세 집안의 계씨들과 함께 궁으로 도망가⑤ 무자대武子臺에 올랐다. 비 땅 병사들은 그것을 공격해 이기지는 못했지만, 어떤 자는 정공이 있는 누대 가까운 곳까지 진입했다.⑥

定公十三年夏① 孔子言於定公曰 臣無藏甲 大夫毋百雉之城② 使仲由爲季氏宰 將墮三都③ 於是叔孫氏先墮郈④ 季氏將墮費 公山不狃叔孫輒率費人襲魯 公與三子⑤入于 季氏之宮 登武子之臺 費人攻之 弗克入及公側⑥

① 定公十三年夏정공십삼년하

신주 정공定公은 이름이 송宋으로 노나라 25대 군주이다. 소공昭公의 서제庶弟로 군주의 지위에 올랐는데, 정공은 그의 시호이다. 《춘추》와 《좌전》과 〈노주공세가〉에서는 모두 정공 12년이라고 했다.

② 百雉之城백치지성

집해 왕숙이 말했다. "높이도 열 자 길이도 열 자인 것을 도堵라 하고, 삼도三堵를 치雉라고 한다."

王肅曰 高丈長丈曰堵 三堵曰雉

③ 三都삼도

집해 복건이 말했다. "세 도시는 삼가의 읍이다."

服虔曰 三都 三家之邑也

④ 郈후

집해 두예가 말했다. "동평군 무염현 동남쪽의 후향정이다."

杜預曰 東平無塩縣東南郈鄕亭

정의 《괄지지》에서 말한다. "후정은 운주 숙성현 동쪽 32리에 있다."

括地志云 郈亭在鄆州宿城縣東三十二里

신주 노나라 수도인 곡부 서북쪽에 있었다.

⑤ 三子삼자

집해 복건이 말했다. "삼자는 계손, 맹손, 숙손이다."

服虔曰 三子 季孫孟孫叔孫也

⑥ 入及公側입급공측

집해 복건이 말했다. "사람들이 쳐들어와 정공의 누대 곁에 이르렀다."

服虔曰 人有入及公之臺側

공자는 신구수申句須와 악기樂頎①에게 명하여 내려가 정벌하게 했다. 비 땅 사람들이 패주했다. 노나라 사람들이 추격하여 고멸姑蔑②에서 쳐부수었다. 공산불뉴와 숙손첩 두 사람은 제나라로 달아났다. 마침내 비의 성을 파괴했다. 이어 (맹손씨)의 성성成城③을 헐려고 하자, 공렴처보公斂處父④가 맹손씨에게 일러 말했다.

"성성成城을 헐면 제나라 사람들이 반드시 (노나라의) 북문에 (공격해) 올 것입니다. 또 성성은 맹씨孟氏를 떠받치는 땅입니다. 성成이 없어지면 맹씨도 없어지게 됩니다. 우리는 헐게 해서는 안 된다고 생각합니다."

12월, 노공은 성성을 포위했지만 이기지 못했다.

孔子命申句須樂頎①下伐之費人北 國人追之 敗諸姑蔑② 二子奔齊 遂墮費 將墮成③ 公斂處父④謂孟孫曰 墮成 齊人必至于北門 且成 孟氏之保鄣 無成是無孟氏也 我將弗墮 十二月 公圍成 弗克

① 申句須樂頎신구수악기

집해 복건이 말했다. "신구수와 악기는 노나라 대부다."

服虔曰 申句須樂頎 魯大夫

② 姑蔑고멸

집해 두예가 말했다. "노국 변현 남쪽에 고멸성이 있다."

杜預曰 魯國卞縣南有姑蔑城

정의 《괄지지》에서 말한다. "고멸 옛성은 연주 사수현 동쪽 45리에 있다." 살펴보니 사수현은 본래 한나라 변현 땅이다."

括地志云 姑蔑故城在兗州泗水縣東四十五里 按 泗水縣本漢卞縣地

신주 곡부 동쪽에 있었다.

③ 成성

집해 두예가 말했다. "태산군 거평현 동남쪽에 성성이 있다."

杜預曰 泰山鉅平縣東南有成城也

정의 《괄지지》에서 말한다. "옛 성성은 연주 사수현 서북쪽 50리에 있다."

括地志云 故郕城在兗州泗水縣西北五十里

신주 곡부 동북쪽에 있었다.

④ 公斂處父공렴처보

집해 복건이 말했다. "성성成城에 있던 (맹손씨의) 가신이다."

服虔曰 成宰也

정공 14년, 공자 나이 56세였다. 대사구로 말미암아 섭상攝相을 했는데① 기쁜 것처럼 보였다. 문하생이 말했다.
"듣자니 군자는 재앙이 이르러도 두려워하지 않고, 복이 이르러도 기뻐하지 않는다고 했습니다."
공자가 말했다.
"그런 말도 있지만, '그것을 즐기니 아랫사람을 귀하게 한다.' 라고 이르지 않았는가?"
이에 노나라 대부로 정치를 어지럽힌 소정묘少正卯를 주벌하고②

노나라 국정에 참여했다. 3개월이 지나자, 죽과 양과 돼지를 파는 자는 가격을 속이지 않았고, 남자와 여자가 길을 갈 때는 따로 갔으며, 길에 물건이 떨어져 있어도 주워가지 않았다. 사방(의 나라)에서 (노나라) 읍에 온 여행객이 관리에게 허가를 구하지 않아도[③] 모두 필요한 것을 손에 넣어 돌아갔다.[④]

定公十四年 孔子年五十六 由大司寇行攝相事[①] 有喜色 門人曰 聞君子禍至不懼 福至不喜 孔子曰 有是言也 不曰樂其以貴下人乎 於是誅魯大夫亂政者少正卯[②] 與聞國政三月 粥羔豚者弗飾賈 男女行者別於塗 塗不拾遺 四方之客至乎邑者不求有司[③] 皆予之以歸[④]

① 由大司寇行攝相事유대사구행섭상사

**신주** 《좌전》에는 이때 정공이 제나라 및 위衛나라 군주와 비脾와 상량上梁 사이에서 만났다고 한다. 《좌전》과 《사기》 기록이 같다면 공자가 회맹을 인도한 것이 된다. 또한 공자가 노나라를 떠난 것도 정공 14년이 된다.

② 誅魯大夫亂政者少正卯주노대부난정자소정묘

**신주** 소정묘는 노나라 대부였다. 양옥승은 《사기지의》에서 이 사건은 《순자》와 《윤문자》에서 비롯된 것으로 소정묘를 죽인 일은 없었다고 주장한다. 그러나 《설원說苑》에서는 제자들이 모두 이 사건에 의문을 품고 있었는데 자공子貢이 "소정묘는 노나라의 이름난 사람인데 선생님이 처음 정사를 하시면서 어찌 이 사람을 먼저 죽이십니까?"라고 물었다고 나온다. 공자는 "사賜(자공)야, 네가 알 수 있는 일이 아니다."라면서 제왕이 주살하는 다섯 종류의 사람이 있는데, 소정묘는 이 다섯 가지를 모두 범했다고 대답했다. 공자가 래인 악사를 죽게 하고 소정묘를 죽인 사건은 평소 인仁의 정치를 주장한 것과 맞지 않기 때문에 많은 논쟁을 불렀다.

③ 不求有司불구유사

집해 왕숙이 말했다. "유사有司(담당관)는 그 직책이 늘 공급해야 하는 것이어서 객이 허가를 구할 때 자리에 있어야 했다."

王肅曰 有司常供其職 客求而有在也

④ 皆予之以歸개여지이귀

색은 《공자가어》에는 '개여귀皆如歸'로 되어 있다.

家語作皆如歸

제나라 사람들이 이 소문을 듣고 두려워하며 말했다.

"공자가 정치를 하면 반드시 패자霸者가 될 것이다. 패자가 되면 우리나라 땅이 (노나라에) 가까우니 먼저 병탄될 것이다. 어찌 땅을 주고 노나라와 사이좋게 지내지 않겠는가?"

여서黎鉏가 말했다.

"청컨대 먼저 일찍 저지합시다. 저지해도 안 되면 땅을 주어도 어찌 늦겠습니까?"

이에 제나라의 미녀 80인을 뽑아서 모두 아름다운 옷을 입혀 강악康樂[1]을 추게 하면서 장식한 말 120마리와 함께 노나라 군주에게 보냈다. 여악女樂과 문마文馬를 노나라 성 남쪽 고문高門 밖에 진열했다.

계환자는 다른 사람의 눈에 띄지 않는 옷을 입고 가서 세 번 보고 받아들이려고 생각했다. 그래서 노나라 군주에게 말하여 길에서 노닐자고 하고,② 가서 종일 관람하면서 정사를 게을리했다. 자로가 말했다.

"선생님께서 떠나시는 것이 좋겠습니다."

공자가 말했다.

"노나라에 지금 교제를 올리려 하고 있다. 만일 대부에게 제육③을 나눠준다면 나는 아직 머물러도 좋다고 생각한다."

齊人聞而懼 曰 孔子爲政必霸 霸則吾地近焉 我之爲先幷矣 盍致地焉 黎鉏曰 請先嘗沮之 沮之而不可則致地 庸遲乎 於是選齊國中女子好者八十人 皆衣文衣而舞康樂① 文馬三十駟 遺魯君 陳女樂文馬於魯城南高門外 季桓子微服往觀再三 將受 乃語魯君爲周道游② 往觀終日 怠於政事 子路曰 夫子可以行矣 孔子曰 魯今且郊 如致膰③乎大夫 則吾猶可以止

① 康樂강악

색은 《공자가어》에는 '용기容璣'라고 되어 있다. 왕숙이 말했다. "춤의 곡조 이름이다."

家語作容璣 王肅云 舞曲名也

② 魯君爲周道游노군위주도유

색은 노나라 군주에게 도로를 두루 다니며 놀기를 청했고 이로써 나가서 제나라에서 보낸 여악을 본 것을 이른다.

謂請魯君爲周徧道路游行 因出觀齊之女樂

③ 膰번

집해 왕숙이 말했다. "번膰은 제육이다."

王肅曰 膰 祭肉

계환자는 마침내 제나라 여악을 받아들이고 3일 동안이나 정사를 보지 않았다. 교제郊祭를 지내고도 제육을 대부들에게 보내지 않았다. 공자는 마침내 노나라를 떠나 둔屯[①]이라는 마을에서 숙박했다. 사기師己가 송별하면서 말했다.

"선생님은 (계씨의) 죄를 나무라시는구려."

공자가 말했다.

"내가 노래를 불러도 되겠습니까?"

노래 불러서 말했다.

"저 부인들의 입이여! 나를 쫓아낼 수 있구나!

저 부인들의 청탁이여! (나라를) 죽고 무너지게 하겠구나.[②]

내 느긋하게 노닐겠노라! 인생을 마칠 때까지.[③]"

사기가 돌아오자 계환자가 물었다.

"공자는 또한 무슨 말을 했는가?"

사기가 있는 그대로 고했다. 계환자가 한숨을 내쉬면서 말했다.

"선생님이 나를 죄 준 것은 비천한 여자들 때문이구려!"

桓子卒受齊女樂 三日不聽政 郊 又不致膰俎於大夫 孔子遂行 宿乎屯① 而師己送 曰 夫子則非罪 孔子曰 吾歌可夫 歌曰 彼婦之口 可以出走 彼婦之謁 可以死敗② 蓋優哉游哉 維以卒歲③ 師己反 桓子曰 孔子亦何言 師己以實告 桓子喟然歎曰 夫子罪我以群婢故也夫

① 屯둔

집해 둔은 노나라 남쪽에 있다.

屯在魯之南也

색은 둔은 지명이다.

地名

② 彼婦之謁 可以死敗피부지알 가이사패

집해 왕숙이 말했다. "부인들이 입으로 청알請謁(만나서 이야기함)하면 사람이 죽거나 패할 것을 걱정하게 만들 수 있다. 그래서 쫓아낼 만하다는 말이다."

王肅曰 言婦人之口請謁 足以憂使人死敗 故可以出走也

③ 蓋優哉游哉 維以卒歲개우재유재 유이졸세

집해 왕숙이 말했다. "벼슬을 얻지 못한 것이다. 그래서 또 느긋하게 놀면서 인생을 마치겠다는 말이다."

王肅曰 言仕不遇也 故且優游以終歲

제
四
장

# 중원을 유랑하다

공자는 마침내 위나라로 가서 자로子路 아내의 오라버니[1]인 안탁추顔濁鄒 집에 머물렀다.[2] 위나라 영공靈公[3]이 공자에게 물어 말했다.

"노나라에 있을 때 녹봉은 얼마를 받았습니까?"

대답했다.

"곡식 6만 두를 받았습니다."

위나라에서도 곡식 6만 두를 주었다.[4] 얼마 후 어떤 이가 위나라 영공에게 공자를 헐뜯었다. 위나라 영공은 공손여가公孫余假를 시켜서 무기를 지고 들어왔다가 나갔다가 하게 해서[5] 공자를 위협했다. 공자는 죄를 얻을까 두려워서 머문 지 10개월에 위나라를 떠났다.

孔子遂適衛 主於子路妻兄[1]顔濁鄒家[2] 衛靈公[3]問孔子 居魯得祿幾何 對曰 奉粟六萬 衛人亦致粟六萬[4] 居頃之 或譖孔子於衛靈公 靈公使公孫余假一出一入[5] 孔子恐獲罪焉 居十月 去衛

① 妻兄처형

신주 오늘날 '처형'과는 개념이 다르다. 옛날에는 여자의 남자 형제들을 일컬어 '형兄'이라고 했으니, 오늘날의 개념으로 오라버니이다.

② 子路妻兄顏濁鄒家자로처형안탁추가

색은 《맹자》에서 말한다. "공자는 위나라에 계실 때 안수유顏讎由의 집에 거처했는데, 미자彌子의 아내와 자로子路의 아내는 형제였다." 그런데 지금 여기에서 안탁추를 자로의 처형이라고 이르니 설명이 다르다.

孟子曰孔子於衛主顏讎由 彌子之妻與子路之妻 兄弟也 今此云濁鄒是子路之妻兄 所說不同

③ 衛靈公위령공

신주 위나라 양공襄公이 소첩에게 얻은 자식이다. 소첩의 꿈에 위나라 선조인 강숙康叔이 나타나 이름을 '원元'이라 하라고 했다. 적자嫡子가 없던 양공은 "이것은 천명이다."라면서 이름을 '원元'이라 하고 후사로 삼았다. 42년간 재위했다. 〈위강숙세가〉에 자세히 나온다.

④ 致粟六萬치속육만

색은 6만 석과 같다고 하니 매우 많은 것 같지만 이는 6만 두에 해당하며 또 한나라의 녹봉과 다르다.

若六萬石似太多 當是六萬斗 亦與漢之秩祿不同

정의 6만은 소두小斗를 가지고 계산하면 지금의 2,000석에 해당한다. 주나라의 두斗, 승升, 근斤, 양兩은 모두 작은 것을 사용했다.

六萬小斗 計當今二千石也 周之斗升斤兩皆用小也

신주 석石은 곡식 용량 단위로 10말의 섬을 뜻하며, 두斗는 말을 뜻한다.

⑤ 一出一入 일출일입

색은 병장기를 가지고 출입하면서 공자를 위협한 것이다.

謂以兵仗出入 以脅夫子也

진陳나라로 가려고 광匡[①]이라는 곳을 지났다. 제자 안각顔刻이 수레를 몰았는데, 그는 채찍으로 가리켜 말했다.

"옛날에 제가 이곳으로 들어올 때는 저 성벽이 없는 곳으로 들어왔습니다.[②]"

광 땅 사람들이 이 말을 듣고 (공자를) 노나라 양호陽虎라고 여겼다. 양호는 일찍이 광 사람들에게 포악스러웠으므로 광 사람들은 이에 마침내 공자를 억류시켰다.[③] 공자의 외모가 양호와 비슷했기 때문이기도 했다. 구류 5일째가 되었다. 안연顔淵이 뒤에 도착하자[④] 공자가 말했다.

"나는 그대가 죽은 줄 알았다."

안연이 말했다.

"선생님께서 살아계시는데 제가 어찌 감히 죽겠습니까?[⑤]"

광 사람들이 공자를 더욱 급박하게 구금하려고 하자 제자들이 두려워했다.

將適陳 過匡[①] 顔刻爲僕 以其策指之曰 昔吾入此 由彼缺也[②] 匡人聞之 以爲魯之陽虎 陽虎嘗暴匡人 匡人於是遂止孔子[③] 孔子狀類陽虎 拘焉五日 顔淵後[④] 子曰 吾以汝爲死矣 顔淵曰 子在 回何敢死[⑤] 匡人拘孔子益急 弟子懼

① 匡광

정의 옛 광성은 활주 광성현 서남쪽 10리에 있다.

故匡城在滑州匡城縣西南十里

② 由彼缺也유피결야

색은 옛날 공격을 받아서 무너진 곳임을 일컫는다.

謂昔所被攻缺破之處也

정의 《금조》에서 말한다. "공자가 광匡 성곽 밖에 도착했는데 안연顏淵이 채찍을 들어 광匡 땅의 뚫린 담을 가리키면서 이르기를 '예전에 양화陽貨와 함께 바로 이곳을 따라 들어왔습니다.'라고 했다. 광 사람이 그 말을 듣고 주군에게 고하기를 '옛날의 양화陽貨가 지금 다시 왔습니다.' 라고 했다. 이에 무리를 거느리고 며칠 동안 공자를 포위하자 이에 (공자가) 거문고를 타면서 노래했다. 음과 곡조가 매우 슬퍼서 폭풍이 일어 군사들을 쳐서 쓰러뜨렸다. 이에 광 사람들은 공자가 성인聖人인 것을 알고 스스로 포위를 풀었다."

琴操云 孔子到匡郭外 顏淵舉策指匡穿垣曰 往與陽貨正從此入匡人聞其言 告君曰 往者陽貨今復來乃率衆圍孔子數日 乃和琴而歌 音曲甚哀 有暴風擊軍士僵仆 於是匡人有知孔子聖人 自解也

신주 《사기지의》에 딸린 주소注疏에서는 《금조》에서 수레를 몬 사람을 안연顏淵이라 한 것은 잘못이라고 했다.

③ 匡人於是遂止孔子광인어시수지공자

색은 광匡은 송나라 읍이다. 《공자가어》에서는 "광 사람 간자簡子가 갑옷 입은 사졸로 선생님을 포위했다." 라고 한다.

匡 宋邑也 家語云匡人簡子以甲士圍夫子

**신주** 광과 뒤에 나오는 포 땅은 위나라 서쪽이며, 정나라로 가는 길목이다. 남쪽으로 가면 진陳나라와 송나라 서부고, 동남쪽으로 가면 조曹와 송나라 동부에 닿는다. 원래 남연南燕 영역에 가까웠고 위나라와 정나라 경계가 맞물리는 지역이다. 광을 송나라 땅이라고 하지만, 위나라 영역이었을 가능성도 있다.

《사기지의》에도 다음과 같은 주석이 있다. "《좌전》 문공 8년에 진후晉侯는 해양解揚을 시켜 광과 척戚 땅을 위나라에 돌려주게 했다." 두예의 주석에는 이런 말이 있다. "광은 본래 위나라 읍인데, 중간에 정나라에 속했으며, 진晉나라가 정나라에 명령해 위나라에게 돌려주라고 했다."

정나라와 위나라 소속을 오간 것으로 보인다. 앞 주석에서 당나라 때 활주滑州에 속했다고 했는데, 활주는 황하의 지류인 복수濮水가 흐르는 지역이다. 이곳은 황하 바로 남쪽이므로 송나라 땅일 가능성은 작다. 송나라에도 광匡이란 지명이 있지만, 여기서의 광과는 다른 곳이다.

《좌전》에서 양호는 제나라를 거쳐 송나라로 달아났다가 마침내 진晉나라로 달아났다고 했다. 송나라에서 진나라로 가려면 정나라나 위나라를 거쳐야 한다. 아마 양호는 여기서 말하는 광 지방을 지나갔을 것이다.

④ 顔淵後안연후

**집해** 공안국이 말했다. "공자와 서로를 잃어버린 까닭에 뒤에 있었다는 말이다."

孔安國曰 言與孔子相失 故在後也

⑤ 子在 回何敢死자재 회하감사

집해 포씨가 말했다. "선생님께서 살아계시는데 자신이 죽음에 이를 수는 없다는 말이다."

包氏曰 言夫子在 己無所致死也

공자가 말했다.

"문왕은 이미 세상을 떠났지만 글은 여기에 남아 있지 않은가?① 하늘이 이 글을 없애려고 한다면 뒤에 죽을 사람에게 이 글을 얻게 하지는 않았을 것이다.② 하늘이 이 글을 없애지 않았는데 광 사람들이 나를 어찌하겠는가?③"

공자가 따르는 사람을 시켜 위나라에 가서 영무자甯武子④의 신하가 되게 한 연후에야 떠날 수 있었다.⑤

孔子曰 文王旣沒 文不在玆乎① 天之將喪斯文也 後死者不得與于斯文也② 天之未喪斯文也 匡人其如予何③ 孔子使從者爲甯武子④臣於衛 然後得去⑤

① 文王旣沒 文不在玆乎문왕기몰 문부재자호

집해 공안국이 말했다. "자玆는 '차此'이다. 문왕은 비록 이미 세상을 떠났지만, 그 글은 여기에 나타났다는 말이다. 차此는 공자 자신을 말한다."

孔安國曰 玆 此也 言文王雖已沒 其文見在此 此 自謂其身也

② 後死者不得與于斯文也후사자부득여우사문야

집해 공안국이 말했다. "문왕은 이미 세상을 떠났다. 그래서 공자가 스스로 뒤에 죽을 자라고 이른 것이다. 하늘이 장차 이 글을 없애려고 했다면 본래 나에게 이를 알게 하지 않았을 것이다. 지금 나에게 이를 알게 한 것은 없애지 않으려 한다는 말이다."

孔安國曰 文王旣没 故孔子自謂後死也 言天將喪此文者 本不當使我知之 今使我知之 未欲喪之也

③ 如予何여여하

집해 마융이 말했다. "여여하如予何는 (나를 어떻게 하겠는가? 라는 뜻의) '내아하柰我何'와 같은 말이다. 하늘이 이 글을 없애지 않았으니 나는 마땅히 이를 전할 것인데, 광 사람들이 나를 어찌하겠는가! 하늘을 어기고 자신을 해치지는 못할 것이라는 말이다."

馬融曰 如予何猶言 柰我何也 天未喪此文 則我當傳之 匡人欲柰我何 言不能違天以害己

④ 甯武子영무자

신주 《사기지의》에서 "영무자는 공자보다 150년 내지 160년쯤 이전 사람이므로 우스운 이야기이다. 그래서 《장자》에는 광 사람들이 양호가 아닌 것을 알고 얘기를 청한 뒤에 물러갔다고 했다. 또 《예기》 소疏에는 〈공자세가〉를 인용하여 공자가 스스로 설득하여 포위를 풀었다고 한다." 실제로 《좌전》에서 영무자는 위나라 문공과 성공成公 때 사람으로 공자가 태어나기 이전 사람이다.

⑤ 然後得去연후득거

색은 《공자가어》에서는 "자로가 칼을 두드리며 노래하자 공자가 화답했는데 세 곡을 끝내자 광 사람들이 포위를 풀고 떠났다."라고 한다. 지금 이 구절은 《논어》의 '문왕기몰文王旣沒'의 문장을 취한 것인데, 공자의 종자從者가 영무자의 신하에게 이른 연후에야 떠날 수 있었다. 대개 선생은 두 번이나 광 사람에게 고생하셨는데, 어떤 이는 말로 설득해서 포위를 풀었다고 하고 어떤 이는 칼을 두드려 어려움에서 풀려났다고 했다. 지금 여기에서는 《논어》와 《공자가어》의 문장을 가지고 하나의 일로 만들었다. 그래서 피차의 문장을 서로 주고받았을 뿐이다.

家語子路彈劍而歌 孔子和之 曲三終 匡人解圍而去 今此取論語文王旣沒之文及從者臣甯武子然後得去 蓋夫子再厄匡人 或設辭以解圍 或彈劍而釋難 今此合論語家語之文以爲一事 故彼此文交互耳

(광을) 떠나고 나서 곧 포蒲[①] 땅을 지나갔다. 한 달여 만에 위衛나라로 돌아와 거백옥蘧伯玉의 집에서 머물렀다.

영공靈公의 부인인 남자南子라는 자가 있는데,[②] 사람을 보내 공자에게 일러 말했다.

"사방의 군자중에 과군寡君(영공)과 형제가 되는 것을 부끄럽게 여기지 않는 자는 반드시 과소군寡小君(남자)을 만납니다. 과소군도 보기를 원합니다."

공자는 사양했지만 어쩔 수 없이 남자를 만났다. 남자 부인은 갈포로 만든 휘장 안에 있었다. 공자가 문으로 들어가 북면하고 머리를 조아렸다. 부인은 갈포로 만든 휘장 안에서 재배를 했다. 허리에 두른 옥 소리가 낭랑했다.[③] (돌아와서) 공자가 말했다.

"우리는 처음 만나려고 하지 않았지만 어쩔 수 없다고 여겨 뵙고 답례를 했을 뿐이다.④"
자로는 이를 달가워하지 않았다.⑤
去即過蒲① 月餘 反乎衛 主蘧伯玉家 靈公夫人有南子②者 使人謂孔子曰 四方之君子不辱欲與寡君爲兄弟者 必見寡小君 寡小君願見 孔子辭謝 不得已而見之 夫人在絺帷中 孔子入門 北面稽首 夫人自帷中再拜 環珮玉聲璆③然 孔子曰 吾鄉爲弗見 見之禮答焉④ 子路不說⑤

① 蒲포

집해 서광이 말했다. "장원현에 광성과 포향이 있다."
徐廣曰 長垣縣有匡城蒲鄉

정의 《괄지지》에서 말한다. "옛 포성은 활주 광성현 북쪽 15리에 있다. 광성은 본래 한나라의 장원현이다."
括地志云 故蒲城在滑州匡城縣北十五里 匡城本漢長垣縣

② 南子남자

신주 〈위강숙세가〉에서는 남자南子를 송나라 여인이라고 한다. 영공의 태자 괴외가 그녀를 죽이려다가 실패해서 달아났다.

③ 璆구

정의 璆의 발음은 '규虯'이다.
璆音虯

④ 爲弗見 見之禮答焉위불견 견지례답언

색은 앞의 '見'은 가장 통상적인 발음 '견'으로 읽는다. 뒤의 見의 발음은 '현[賢偏反]'이며, 거성이다. 나는 서로 만나는 예로 하지 않았고 나타나는 것으로 답했다는 말이다.

上見 如字 下見 音賢遍反 去聲 言我不爲相見之禮現而答之

⑤ 子路不說자로불열

신주 자로는 영공 부인에게 여러 소문이 있어 꺼려했고, 혹시 공자가 유혹을 당했을 가능성이 있어서 달가워하지 않은 것이다.

공자가 설명해서 말했다.

"내가 잘못된 짓을 했다면 하늘이 나를 버리시리라, 하늘이 나를 버리시리라![①]"

위衛나라에 머문 지 한 달 남짓에 영공이 부인과 함께 수레를 타고 환관 옹거雍渠도 함께 타고 외출했는데, 공자를 뒤 수레에 타게 하고 시가지를 한 바퀴 돌았다.[②] 공자가 말했다.

"나는 여색을 좋아하는 것처럼 덕德을 좋아하는 사람을 보지 못했다.[③]"

이에 추하게 여기고 위衛나라를 떠나 조曹나라로 갔다. 이해에 노나라 정공이 죽었다.[④]

孔子矢之曰 予所不者 天厭之 天厭之[①] 居衛月餘 靈公與夫人同車 宦者雍渠參乘 出 使孔子爲次乘 招搖市過之[②] 孔子曰 吾未見好德如好色[③]者也於是醜之 去衛 過曹 是歲 魯定公卒[④]

① 予所不者 天厭之 天厭之여소부자 천염지 천염지

집해 난조가 말했다. "남자南子를 만난 것은 때로 보아 어쩔 수 없었으니 문왕이 유리羑里에 갇힌 것과 같은 것이다. 천염지天厭之는 내가 잘못했다면 천명이 버렸을 것이라는 말이다." 채모가 말했다. "시矢는 펼친다는 뜻이다. 선생이 자로를 위해 천명을 펼친 것이다."

欒肇曰 見南子者 時不獲已 猶文王之拘羑里也 天厭之者 言我之否屈乃天命所厭也 蔡謨曰 矢 陳也 夫子爲子路陳天命也

신주 《논어주소》는 이렇게 말하고 있다. "여予는 나我이다. 부否는 불不이다. 염厭은 버리는 것[棄]이다. 내가 남자를 만나서 치도治道를 행하지 않았다면 하늘이 나를 버리기를 바란다는 말이다. 두 번 말한 것은 거듭 맹세하여 자로가 믿게 하고자 한 것이다." 채모는 시矢가 '펼친다'는 뜻이라고 말했지만, 《논어주소》는 '맹세한다'는 뜻이라고 해석하고 있다.

② 招搖市過之초요시과지

집해 서광이 말했다. "초요는 빙빙 도는 것이다."

徐廣曰 招搖 翺翔也

색은 《공자가어》에는 '유과시遊過市'(노닐며 시가를 지남)로 되어 있다.

家語作遊過市

③ 好德如好色호덕여호색

집해 하안이 말했다. "시대가 병들면 덕에 박하고 색에 후하게 한다. 그래서 이 말을 한 것이다." 이충이 말했다. "덕을 좋아하기를 색을 좋아하는 것과 같이하면 사邪를 버리고 바른 것으로 되돌아가게 된다."

何晏曰 疾時薄於德 厚於色 故發此言也 李充曰 使好德如好色 則棄邪而反正矣

④ 是歲 魯定公卒시세 노정공졸

신주 공자가 유랑한 지 2년 만에 노나라 정공이 죽은 것이다. 정공은 15년에 죽었으니, 공자는 정공 14년에 노나라를 떠나 유랑길에 나선 것이다. 계산해 보면 위나라에 머문 지 10개월에 떠났다가 한 달 만에 돌아왔으며 다시 한 달 만에 떠났으니, 총 12개월이다. 노나라와 위나라는 거리가 가깝고, 이 뒤에 이어지는 기사들로 미루어 봐도 정공 14년이 되어야 뒤틀리지 않게 된다.

공자는 조曹나라를 떠나 송나라로 가서① 제자들과 더불어 큰 나무 아래서 예를 익혔다. 송나라의 사마司馬(군대를 이끄는 장관) 환퇴桓魋가 공자를 죽이려고 그 나무를 뽑아버리자 공자가 떠났다.
제자가 말했다.
"빨리 가는 게 좋겠습니다."
공자가 말했다.
"하늘이 나에게 덕을 기르게 하셨는데 환퇴가 나를 어찌하겠는가!②"
孔子去曹適宋① 與弟子習禮大樹下 宋司馬桓魋欲殺孔子 拔其樹 孔子去 弟子曰 可以速矣 孔子曰 天生德於予 桓魋其如予何②

① 孔子去曹適宋공자거조적송

집해 서광이 말했다. "〈십이제후연표〉에는 정공 13년에 공자가 위衛나라에 이르렀고, 14년 진陳나라에 이르렀다. 애공 3년에 공자는 송나라를 지나갔다."

徐廣曰 年表定公十三年 孔子至衛 十四年 至陳 哀公三年 孔子過宋

**신주** 〈사기연표〉의 정공 14년과 애공 3년 기록은 오류일 가능성이 있다. 공자가 진陳나라에 간 것은, 〈공자세가〉의 기록처럼 위나라→조나라→송나라→정나라→진陳나라 순이고, 시기는 사마천의 기록처럼 노정공이 죽은 15년이다. 14년은 광 땅에서 곤욕을 당하고 다시 위나라로 돌아간 해다. 또 〈십이제후연표〉의 애공 3년 기록에는 송나라를 지나다가 사마환퇴에게 곤욕을 당했다고 하는데, 〈공자세가〉의 기록처럼 정공 15년에 들어가야 맞을 것이다.

② 天生德於予 桓魋其如予何천생덕어여 환퇴기여여하

**집해** 포씨가 말했다. "하늘이 덕을 기르게 했다는 것은 (하늘이) 성인聖人의 성품을 주어서 덕이 하늘과 땅에 합하니 길吉하고 이롭지 않은 것이 없다는 뜻이다. 그래서 '나를 어찌하겠는가!'라고 했다."

包氏曰 天生德者 謂授以聖性 德合天地 吉無不利 故曰其如予何

> 공자는 정나라로 갔는데 제자들과 서로 길을 잃어서 공자 홀로 성곽 동문에 서 있었다. 정나라 사람이 자공에게 일러 말했다.[1]
> "동문에 사람이 있는데 그의 이마는 요임금과 비슷하고[2] 그의 목은 고요와 비슷하며 그의 어깨는 자산子産과 비슷합니다. 하지만 허리 아래로는 우임금보다 세 치가 짧고 피로해 보이는 모습이 상갓집 개[3]와 같았습니다."
> 자공이 사실 그대로 공자에게 고하자, 공자는 껄껄 웃으며 말했다.

“용모가 중요한 것은 아니지만 상갓집 개와 같다고 한 것은 참으로 그렇구나. 참으로 그렇구나!”

孔子適鄭 與弟子相失 孔子獨立郭東門 鄭人或謂子貢①曰 東門有人 其顙似堯② 其項類皐陶 其肩類子産 然自要以下不及禹三寸 纍纍若喪家之狗③ 子貢以實告孔子 孔子欣然笑曰 形狀 末也 而謂似喪家之狗 然哉 然哉

① 鄭人或謂子貢정인혹위자공

색은 《공자가어》에는 “고포자경姑布子卿이 자공에게 일렀다.”라고 되어 있다.

家語姑布子卿謂子貢曰

② 其顙似堯기상사요

색은 《공자가어》에는 “움푹 들어간 눈에 튀어나온 이마인데, 그 이마는 요임금을 닮았다.”라고 한다.

家語云河目而隆顙 其顙似堯

③ 纍纍若喪家之狗류류약상가지구

집해 왕숙이 말했다. “상갓집의 개는 주인이 슬프고 황망해서 음식을 볼 수 없다. 그래서 처량하여 뜻(음식)을 얻지 못한 것이다. 공자께서 난세에 태어나 도道를 행할 수가 없었다. 그래서 처량하여 뜻을 얻지 못한 모습이다. 《한시외전》에는 ‘상갓집 개는 (시신의) 염斂을 끝내고 관곽에 넣고 나서 자리를 깔고 제사를 지내는데, (개를) 돌보는 사람이 없는 것이다.’라고 했다."

王肅曰 喪家之狗 主人哀荒 不見飮食 故纍然而不得意 孔子生於亂世 道不得行 故纍然不得志之貌也 韓詩外傳曰喪家之狗 旣斂而槨 有席而祭 顧望無人也

공자는 마침내 진陳나라에 이르러 사성정자司城貞子의 집에서 머물렀다.
일 년 남짓 후에 오왕 부차가 진陳나라를 공격하고 세 읍邑을 빼앗고 돌아갔다.① 진晉나라 조앙趙鞅이 위나라 조가朝歌를 쳤다.②
초나라가 채나라를 포위했다. 채나라는 오나라로 천도했다.③
오나라는 월왕 구천句踐을 회계에서 무찔렀다.④
孔子遂至陳 主於司城貞子家 歲餘 吳王夫差伐陳 取三邑而去① 趙鞅伐朝歌② 楚圍蔡 蔡遷于吳③ 吳敗越王句踐會稽④

① 夫差伐陳 取三邑而去부차벌진 취삼읍이거

**신주** 공자가 진陳나라에 간 것은 마지막 군주 민공湣公 7년이다. 〈진기세가〉에는 부차가 세 읍을 빼앗아간 것은 민공 8년이다.

② 趙鞅伐朝歌조앙벌조가

**신주** 〈십이제후연표〉에서는 조앙이 범씨와 중항씨를 조가에서 포위한 것은 노나라 애공哀公 원년(서기전 494)이다.

③ 蔡遷于吳채천우오

신주 채나라가 오나라 주래州來로 옮긴 것은 소후昭侯 26년(서기전 493)으로 진陳나라 민공 9년에 해당한다.

④ 吳敗越王句踐會稽오패월왕구천회계

신주 진陳나라 민공 8년(서기전 494)의 사건으로 부차가 진나라 세 읍을 빼앗아 간 것과 같은 해이다. 아마 월나라를 무릎 꿇린 다음에 진나라를 쳤다고 보인다. 〈진기세가〉에 자세한 주석이 있다. 또 앞에서 '월나라 회계산에서 얻은 뼈' 이야기는 시간 순으로 한다면 이 뒤에 기록해야 한다.

송골매가 진陳나라 조정에서 죽었다. 호나무로 만든 화살[楛矢]에 찔려 있었는데 돌화살촉이었다. 호시의 길이는 한 자 여덟 치나 되었다.① 진陳나라 민공湣公은 사신을 보내 중니에게 물었다.②

중니가 말했다.

"송골매는 멀리서 날아왔습니다. 이것은 숙신肅愼③의 화살입니다. 옛날 주나라 무왕武王이 상나라를 꺾고 구이九夷와 백만百蠻④으로 통하는 길을 텄고, 그들에게 각 지방의 산물을 가지고 와서 공물로 바치게 해⑤ 직무를 잊지 않게 했습니다. 이에 숙신씨는 호시楛矢와 석노石砮를 공물로 바쳤는데 길이가 한 자 여덟 치 였습니다. 선왕께서 그 아름다운 덕을 밝히고자 숙신씨의 화살을 대희大姬⑥에게 나누어 주고, 우호공虞胡公⑦의 배필로 삼아 진陳나라에 봉했습니다.

有隼集于陳廷而死 楛矢貫之 石砮 矢長尺有咫① 陳湣公使使問仲尼②

仲尼曰 隼來遠矣 此肅愼[3] 之矢也昔武王克商 通道九夷百蠻[4] 使各以其方賄來貢[5] 使無忘職業 於是肅愼貢楛矢石砮 長尺有咫 先王欲昭其令德 以肅愼矢分大姬[6] 配虞胡公[7] 而封諸陳

① 隼集于陳廷而死～矢長尺有咫준집우진정이사～시장척유지

집해 위소가 말했다. "송골매는 육식을 하는 사나운 새이다. 지금의 물수리이다. 호楛는 나무 이름이다. 노砮는 살촉인데 돌로 만든다. 여덟 치를 지咫라고 한다. 호시楛矢에 맞아서 떨어져 죽은 것이다.

韋昭曰 隼 鷙鳥 今之鶚也 楛 木名 砮 鏃也 以石爲之 八寸曰咫 楛矢貫之 墜而死

정의 隼의 발음은 '순筍'이다. 《모시의소》에서 말한다. "새매[鷂]를 제나라 사람은 격정擊征이라고 하고, 어떤 이는 제견題肩이라고 하며, 어떤 이는 성안省鴈이라고 하는데, 봄에 변해서 뻐꾸기가 된다. 이 무리에 속하는 종류들을 모두 준隼이라고 한다."

隼音筍 毛詩義疏 鷂 齊人謂之擊征 或謂之題肩 或曰省鴈 春化爲布谷 此屬數種皆爲隼

신주 "봄에 변해서 뻐꾸기가 된다."라는 말은 실제 뻐꾸기가 된다는 말이 아니다. 뻐꾸기는 다른 새 둥지에 알을 낳아서 그 새가 자기 새끼로 여겨 키우게 만들기 때문에 나온 말이다.

② 陳湣公使使問仲尼진민공사사문중니

색은 《공자가어》와 《국어》에는 모두 '진혜공陳惠公'으로 되어 있는데, 잘못이다. 살펴보니 혜공은 노나라 소공 원년에 즉위했다가 정공定公 4년에 죽었다. 또 〈진기세가〉를 살펴보니 민공 6년에 공자는 진陳나라에 갔고 13년에도 진陳나라에 있었으니, 이는 민공이 맞다.

家語國語皆作陳惠公 非也 按 惠公以魯昭元年立 定四年卒 又按系家 湣公(十)六年孔子適陳 十三年亦在陳 則此湣公爲是

③ 肅愼숙신

정의 《숙신국기》에서 말한다. "숙신 땅은 부여국夫餘國 동북쪽에 있는데 60일을 가야 한다. 그들의 활은 네 자이고 강하며, 굳센 쇠뇌[弩]는 400보를 쏠 수 있다. 지금 말갈국靺鞨國 쪽에 이 화살이 있다.

肅愼國記云 肅愼 其地在夫餘國東北 (河)[可]六十日行 其弓四尺 強勁弩射四百步 今之靺鞨國方有此矢

신주 이 화살이 숙신국肅愼國의 것이라는 말은 공자가 살았던 춘추시대 숙신국의 위치가 어디인지 생각하게 해준다. 먼저 화살에 맞은 송골매가 진陳나라까지 왔다는 점이다. 진나라의 수도는 지금의 하남성 회양시 성관城關 일대에 있었고, 그 강역은 현재 하남성 동부와 안휘성 일부를 차지하고 있었다. 현재 중국학계에서는 숙신이 하나라, 상나라 때부터 지금의 만주 지역에 있었다고 말한다. 그러나 만주 지역에서 화살에 맞은 송골매가 지금의 하남성까지 날아온다는 것은 불가능한 일이다. 장수절이 말한 숙신은 당唐나라 때의 숙신이고, 그가 말하는 말갈국은 대조영大祚榮이 세운 발해국일 것이다. 화살에 맞은 송골매가 지금의 하남성까지 날아왔다는 것은 춘추시대 숙신의 위치가 하남성에서 그리 멀지 않은 곳에 있었음을 말해준다. 여기에서 말하는 숙신은 조선일 개연성이 높다.

④ 九夷百蠻구이백만

집해 왕숙이 말했다. "구이는 동방의 이夷인데 아홉 종족이 있다. 백만百蠻의 이적夷狄은 100종이다."

王肅曰 九夷 東方夷有九種也 百蠻 夷狄之百種

⑤ 方賄來貢방회래공

집해 왕숙이 말했다. "각각 그 지방에서 생산되는 재물을 가지고 와서 공물을 바쳤다."

王肅曰 各以其方面所有之財賄而來貢

신주 공물로 바쳤다는 것도 중국 중심의 말일 뿐이다. 사신이 오가면서 답례하는 것은 자연스러운 일이다.

⑥ 大姬대희

집해 위소가 말했다. "대희는 무왕의 큰딸이다."

韋昭曰 大姬 武王元女也

⑦ 虞胡公우호공

신주 〈진기세가〉에서는 우나라 호공의 이름은 만滿이고 순임금의 후예라고 했다.

동성同姓[①]에게는 진귀한 옥을 나누어 주었는데, 친족의 정을 중시했기 때문입니다.[②] 이성異姓[③]에게는 먼 지방의 직분을 나누어 주었는데, 복종을 잊지 않게 한 것입니다.[④] 그러므로 진陳나라에 숙신씨의 화살을 나누어 준 것입니다."
진후陳侯가 시험삼아 옛 창고(보고寶庫)[⑤]를 찾아보게 했더니 과연 호시가 있었다.
分同姓[①]以珍玉 展親[②] 分異姓[③]以遠職 使無忘服[④] 故分陳以肅愼矢 試求之故府[⑤] 果得之

① 同姓동성

**신주** 동성은 무왕의 형제, 아들, 조카 등을 뜻한다. 노魯, 위衛, 정鄭, 연燕, 진晉, 조曹, 채蔡 등이다.

② 珍玉 展親진옥 전친

**집해** 위소가 말했다. "전展은 '중重'이다. 옥은 하후씨의 황璜(서옥)과 같은 것을 이른다."
韋昭曰 展 重也 玉謂若夏后氏之璜

**신주** 전친展親은 친족 사이의 정분情分을 중시하는 것이다.

③ 異姓이성

**신주** 이성은 무왕과 성이 다른 공신과 선현의 후손으로서 제후로 봉해진 자들을 뜻한다. 제齊, 초楚, 진秦, 월越, 송宋, 진陳, 기杞 등이다.

④ 使無忘服사무망복

집해 왕숙이 말했다. "왕에게 복종하는 것을 잊는 일이 없도록 하는 것이다."

王肅曰 使無忘服從於王也

신주 망복忘服은 왕에게 복종하는 것을 잊거나 그 직분을 잊는 것을 뜻한다.

⑤ 故府고부

집해 위소가 말했다. "고부는 옛 창고이다."

韋昭曰 故府 舊府也

공자가 진陳나라에 있은 지 3년,① 때마침 진晉나라와 초나라가 강성함을 다투어 번갈아 진陳나라를 공격했다. 오나라까지 진陳나라를 침범해서 진陳나라는 늘 약탈을 당했다. 공자가 말했다. "돌아가야겠다. 돌아가야겠다! 우리 향당의 제자들은 뜻이 크지만 그 재주는 보잘것없다. 하지만 진취적인 기상이 있으니 처음에 품은 뜻을 잊지 않고 있다."

이에 공자는 진陳나라를 떠났다.

孔子居陳三歲① 會晉楚爭彊 更伐陳 及吳侵陳 陳常被寇 孔子曰 歸與歸與 吾黨之小子狂簡 進取不忘其初 於是孔子去陳

① 三歲삼세

**신주** 공자는 민공 7년에 신나라에 있으니 3년 만에 떠났다면 민공 10년이 된다. 그러나 앞뒤 기록으로 추산하면 3년이 아니라 2년 만에 떠났다고 보아야 한다. 사마천이 〈십이제후연표〉와 〈진기세가〉에 공자가 진나라에 도착한 것을 민공 6년이라고 기록한 것에서 발생한 문제일 것이다.

공자가 위나라 포蒲 땅을 지나는데① 때마침 공숙씨公叔氏가 포蒲에서 반란을 일으켜 포 사람들이 공자를 억류했다. 제자 중에 공량유公良孺②가 있었다. 개인 수레 다섯 대로 공자를 따랐다. 그 사람됨은 키가 크고 현명했으며 용력勇力이 있었다. 이에 말했다.

"내가 전에 선생님을 따라 광匡에서 어려움을 만났었는데, 지금 또 여기서 어려움을 만나니 운명일 뿐입니다. 내가 선생님과 거듭 어려움을 만났으니, 차라리 싸우다 죽겠습니다."

싸움이 격렬해졌다. 포 사람들은 두려워서③ 공자에게 말했다.

"진실로 위나라로 가지 않겠다고 한다면 우리는 그대들을 내보내겠소."

(그들과) 더불어 맹약하고 공자는 동문으로 나갔다. 공자가 마침내 위衛나라로 갔다. 자공이 말했다.

"(포 사람들과의) 맹약을 어겨도 되겠습니까?"

공자가 말했다.

"강요된 맹약은 신神도 듣지 않는다."

過蒲① 會公叔氏以蒲畔 蒲人止孔子 弟子有公良孺者② 以私車五乘從孔子 其爲人長賢 有勇力 謂曰 吾昔從夫子遇難於匡 今又遇難於此 命

也已 吾與夫子再罹難 寧鬭而死 鬭甚疾 蒲人懼[③] 謂孔子曰 苟毋適衛 吾出子 與之盟 出孔子東門 孔子遂適衛 子貢曰 盟可負邪 孔子曰 要盟也 神不聽

① 過蒲과포

신주 진陳에서 위衛로 가는 길은 세 방향이 있다. 하나는 진나라→송나라→위나라이고, 또 하나는 진나라→송나라→조나라→위나라며, 나머지 하나는 '진나라→정나라→위나라'이다. 포 땅을 거쳤다고 하니 마지막 방향을 택한 것이다.

② 公良孺者공량유자

신주 공량유公良孺는 춘추시대 진陳나라 출신이다. 자字는 자정子正, 혹은 자유子幼이다. 공량유公良儒, 공양유公襄儒라고도 불린다. 송나라 진종 때 모평후牟平侯에 추봉되었고, 명나라 세종 때 '선현공량자先賢公良子'로 불렸다.

③ 寧鬭而死~蒲人懼영투이사~포인구

색은 《공자가어》에서 "내가 비록 싸우다 죽더라도 칼을 뽑아 무리와 합세해 싸우려고 하자 포 사람들이 두려워했다."라고 한 것이 이것이다. 家語云 我寧鬭死 挺劍而合衆 將與之戰 蒲人懼是也

위나라 영공은 공자가 왔다는 소식을 듣고 기뻐서 교외에서 맞이했다. 위나라 영공이 물었다.

"포蒲를 정벌해도 되겠습니까?"

공자가 대답했다.

"괜찮습니다."

영공이 말했다.

"우리 대부들은 안 된다고 합니다. 지금 포는 위나라①에 있어서 진晉나라와 초楚나라의 침략을 막아주는 요지입니다. 위나라가 이를 정벌한다는 것은 아마 불가하지 않겠습니까?"

공자가 대답했다.

"그 사내들은 죽을 각오를 하고 있고② 아낙네들은 서하西河를 지키려 하고 있습니다.③ 우리가 정벌하려는 바는 (공손숙을 따르는) 4~5명에 불과한 것입니다.④"

영공이 말했다.

"좋은 말씀입니다."

그러나 포를 정벌하지는 않았다.

衛靈公聞孔子來 喜 郊迎 問曰 蒲可伐乎 對曰 可 靈公曰 吾大夫以爲不可 今蒲 衛之所以待晉楚也① 以衛伐之 無乃不可乎 孔子曰 其男子有死之志② 婦人有保西河之志③ 吾所伐者不過四五人④ 靈公曰 善 然不伐蒲

① 衛之所以待晉楚也위지소이대진초야

정의 위衛는 복주에 있고 포蒲는 활주에 있으니, 위나라 서쪽에 있는 것이다. 한韓과 위魏와 초楚가 서쪽에서 동쪽을 향해 정벌하면, 가장 먼저 포蒲가 있고 그 뒤에 위衛에 이른다.

衛在濮州 蒲在滑州 在衛西也 韓魏及楚從西向東伐 先在蒲 後及衛

② 其男子有死之志기남자유사지지

집해 왕숙이 말했다. "공숙씨가 포蒲 땅을 가지고 다른 나라로 가고자 했지만, 남자들은 죽음을 각오하고 다른 나라로 가는 것을 즐거워하지 않았다."

王肅曰 公叔氏欲以蒲適他國 而男子欲死之 不樂適他

③ 婦人有保西河之志부인유보서하지지

집해 왕숙이 말했다. "아낙네들은 두려워해서 서하를 보전하려는 뜻을 가졌기에 (위나라와) 싸울 뜻이 없는 것이다."

王肅曰 婦人恐懼 欲保西河 無戰意也

색은 이 서하는 위衛나라 땅에 있는 것이지 위魏나라의 서하西河는 아니다.

此西河在衛地 非魏之西河也

④ 所伐者不過四五人소벌자불과사오인

집해 왕숙이 말했다. "본래 공숙과 함께 배반한 자들이다."

王肅曰 本與公叔同畔者

영공이 늙어서 정사에 태만하고 공자를 등용하지 않았다. 공자가 한숨을 쉬며 탄식해서 말했다.

"진실로 나를 등용하는 자가 있다면 1개월이면 좋게 할 수 있고① 3년이면 이룰 수 있을 것이다.②"

공자는 위나라를 떠났다.

靈公老 怠於政 不用孔子 孔子喟然歎曰 苟有用我者 期月而已① 三年有成② 孔子行

① 期月而已기월이이

신주 《논어》〈자로子路〉에는 공자가 "만약 나를 써 주는 사람이 있다면 1개월만 정치를 담당하더라도 괜찮아질 것이요, 3년이면 업적을 이룰 수 있을 것이다.[苟有用我者 期月而已可也 三年有成]"라는 말이 있다. 공자가 한 달 만에 성과를 낼 수 있다고 말했을 리 없다고 보아 보통 1년으로 해석한다. 《논어집주》에서 기월期月은 1년을 두루 도는 달이라는 뜻에서 1년을 뜻한다고 해석한 것 등이 이런 종류이다.

② 期月而已 三年有成기월이이 삼년유성

집해 공안국이 말했다. "진실로 나를 정사에 등용하는 자가 있다면 1년이면 그 정치와 교육을 바로 잡을 수 있고 3년이면 반드시 이룰 수 있다는 말이다."

孔安國曰 言誠有用我於政事者 期年而可以行其政教 必三年乃有成也

필힐佛肸이 중모재中牟宰가 되었다.① 조간자趙簡子는 범씨范氏와 중항씨中行氏를 치고 중모中牟를 공격했다. 필힐이 반란을 일으키고는 사람을 시켜 공자를 불렀다. 공자는 가고자 했다. 자로가 말했다.

"제가 선생님께서 들은 바로 '그 자신이 직접 착하지 못한 일을 하는 자에게 군자는 들어가지 않는다.②'라고 하셨습니다. 지금 필힐은 직접 중모를 가지고 배반했는데, 선생님께서 가시려고 하니 어찌 된 일입니까?"

공자가 말했다.

"그런 말을 한 적이 있다. 그러나 굳센 것은 갈아도 닳지 않으며, 흰 것은 물들여도 검어지지 않는다고 말하지 않았느냐?③ 내 어찌 조롱박과 같겠는가. 어찌 그처럼 한 곳에 매달린 채 먹지도 못하고 지낼 수 있겠느냐?④"

佛肸爲中牟宰① 趙簡子攻范中行 伐中牟 佛肸畔 使人召孔子 孔子欲往 子路曰 由聞諸夫子 其身親爲不善者 君子不入也② 今佛肸親以中牟畔 子欲往 如之何 孔子曰 有是言也 不曰堅乎 磨而不磷 不曰白乎 涅而不淄③ 我豈匏瓜也哉 焉能繫而不食④

① 佛肸爲中牟宰필힐위중모재

집해 공안국이 말했다. "진晉나라 대부 조간자 읍의 가신이다."

孔安國曰 晉大夫趙簡子之邑宰

색은 이곳은 하수 북쪽의 중모中牟인데, 아마 한양 서쪽에 있을 것이다.

此河北之中牟 蓋在漢陽西

**신주** 역사적으로 유명한 중모는 하남군 중모로 옛 정나라에 속했다. 이 기사에 나오는 중모는 조趙나라 헌후獻侯가 수도로 삼았던 곳으로 〈조세가〉에 나온다.

《한시외전》에 따르면 필힐이 중모재로서 반란을 일으킨 것은 애공哀公 20년(서기전 475)의 사건으로 공자가 세상을 떠난 지 4년 후의 일이다. 《열녀전》에 따르면 조간자의 후계자 조양자 때이다. 조간자 조앙은 진정공晉定公 15년부터 22년까지 범씨 및 중항씨와 전쟁을 치르고 있었다. 노나라 정공 13년부터 애공 5년까지 해당한다. 이때 반란을 일으킨 사람은 필힐이 아니다. 후대에 《논어》를 편집하는 과정에서 잘못 들어갔을 가능성이 있다. 앞서 공산불뉴가 비費 땅에서 계씨에게 반란을 일으키고 공자를 불렀을 때 가려고 했던 사건과 뒤섞였을 가능성도 있다.

필힐의 이 기사는 《논어》 〈양화陽貨〉에도 나온다. 佛은 부처나 불경을 뜻할 때는 '불'로 읽지만, 돕다는 뜻이거나 사람의 이름을 일컬을 때는 '필'로 읽는다.

청나라 학자 최술崔述(1740~1816)은 《수사효신록洙泗孝信錄》에서 이 사건이 실제로 있었던 일인지 의심했다. 최술의 자는 동벽東壁으로 중국의 옛 전적들의 신빙성을 의심했던 의고위판擬古僞辨의 주요 인물이었다. 최술은 《상서》에는 요와 순만 기재되어 있었는데 서한西漢 때의 《사기》에 이르면 황제黃帝로 끌어올려지고, 서진西晉의 초주가 편찬한 《고사고》에는 다시 복희伏羲까지 끌어올려진다고 비판했다. 최술의 이런 비판은 훗날 고힐강顧詰剛 등의 고사변학파에 의해서 더욱 구체화되었다. 요컨대 중국사의 기록들은 후대로 갈수록 그 기원이 더 앞으로 가고 후대에 나온 기록은 더 자세한데, 유학자들이 조작한 것이 많다는 것이다.

② 不入也불입야

집해 공안국이 말했다. "그 나라에 들어가지 않는 것이다."

孔安國曰 不入其國

③ 不曰堅乎～涅而不淄불왈견호～날이불치

집해 공안국이 말했다. "인磷은 엷아지는 것이다. 날涅은 검게 물들이는 것이다. 지극히 단단한 것은 갈아도 엷아지지 않고 지극히 흰 것은 검게 물들이는 속에 넣어도 검어지지 않으니, 군자君子는 비록 혼탁하고 어지러운데 있어도 더럽혀지지 않는다는 말이다."

孔安國曰 磷 薄也 涅 可以染皁者也 言至堅者磨之而不薄 至白者染之於涅中而不黑 君子雖在濁亂 不能汚也

④ 我豈匏瓜也哉 焉能繫而不食아기포과야재 언능계이불식

집해 하안이 말했다. "조롱박은 한 곳에만 매달려 있으면 (물을) 먹을 수 없는 까닭이다. 내가 스스로 동서남북의 물건을 먹는 것이 마땅한데 한 곳에만 매달려 유통되지 않는 물건은 먹을 수 없다."

何晏曰 言匏瓜得繫一處者 不食故也 吾自食物當東西南北 不得如不食之物繫滯一處

신주 인재가 자리를 얻지 못하면 뜻을 펼칠 수 없다는 말이다.

> 공자가 경磬을 쳤다. 삼태기를 지고 앞을 지나던 사람이 말했다. "마음이 (천하에) 있구나. 경쇠를 치는 소리를 들으니!① 소리가 쟁쟁하구나! 자기를 알아주지 않으면 그것으로 그만이지!②"
> 孔子擊磬 有荷蕢而過門者 曰 有心哉 擊磬乎① 硜硜乎 莫己知也夫而已矣②

① 有荷蕢而~擊磬乎유하궤이~격경호

집해 하안이 말했다. "궤蕢는 풀로 만든 그릇이다. 마음이 있다는 것은 무엇엔가 매달려 있음을 이른다."

何晏曰 蕢 草器也 有心謂契契然也

신주 《논어》 〈헌문〉에 있는데 내용이 약간 다르다.

② 莫己知也夫而已矣막기지야부이이의

집해 하안이 말했다. "이 경경硜硜은 자신을 믿을 뿐이지 더함이 없다는 말이다."

何晏曰 此硜硜 信己而已 言亦無益也

신주 《논어》 〈헌문〉에는 삼태기를 진 사람과 공자가 나누는 대화가 나온다. "삼태기를 진 사람이 공자에게 말하기를 '물이 깊으면 옷을 벗고 건너고, 물이 얕으면 옷을 걷어 올리고 건너는 것이오.[深則厲 淺則揭]'라고 말하자 공자가 '과감하구려, 어려울 것이 없을 것이오.'라고 말했다.[孔子歎曰 果哉 末之難矣]" 《시경》 〈국풍〉 '패邶'에도 "물이 깊으면 옷을 벗고 건너고, 물이 얕으면 옷을 걷어 올리고 건넌다.[深則厲 淺則揭]"라는 구절이 나오는데, 그 주석에 허리띠 이상을 여厲라고 한다는 내용이 나온다.

공자는 금琴 타는 법을 사양자師襄子에게 배웠는데[①] 열흘 동안 진전이 없었다. 사양자가 말했다.

"새 곡을 배워도 됩니다."

공자가 말했다.

"저는 이미 그 곡을 치는 법은 익혔지만 그 기교를 터득하지 못했습니다."

한참 지나서 사양자가 말했다.

"이미 그 기교를 익혔으니 새 곡을 배워도 됩니다."

공자가 말했다.

"저는 그 곡의 뜻을 알지 못했습니다."

한참 있다가 사양자가 말했다.

"이미 그 곡의 뜻을 알았으니 새 곡을 배워도 됩니다."

공자가 말했다.

"저는 어느 사람이 만든 곡인지 터득하지 못했습니다."

孔子學鼓琴師襄子[①] 十日不進 師襄子曰 可以益矣 孔子曰 丘已習其曲矣 未得其數也 有閒曰 已習其數 可以益矣 孔子曰 丘未得其志也 有閒曰 已習其志 可以益矣 孔子曰 丘未得其爲人也

① 孔子學鼓琴師襄子공자학고금사양자

색은 《공자가어》에는 사양자가 이르기를 "내가 비록 경磬을 치는 것으로 관리가 되었지만 금을 타는 것도 잘한다."라고 했다. 아마 사양자는 노나라 사람일 것이다. 《논어》에 '격경양擊磬襄'이라고 한 것이 이것이다.

家語師襄子曰吾雖以擊磬爲官 然能於琴 蓋師襄子魯人 論語謂之擊磬襄是也

신주 사양자는 노나라 악관樂官으로 애공哀公 때 예악禮樂이 무너져 사방으로 흩어진 악사樂師 중의 한 명으로 추정된다. 《논어》 〈미자微子〉에 "경쇠 치던 양襄은 해도海島로 들어갔다.[擊磬襄 入於海]"라고 했는데 양襄을 사양자로 해석한다.

> 한참을 지나서 공경히 깊게 생각하는 바가 있었고 기뻐서 좋아하며 높이 바라보고 원대한 뜻을 가지는 것이 있었다. 이에 말했다.
> "저는 어느 사람이 만든 곡인지 터득했습니다. 암연黯然하게 검고① 훤칠하게 크며② 눈이 멀리 바라보는 것처럼③ 사방의 나라를 보는 왕과 같으니 문왕文王이 아니면 누가 이 곡을 만들 수 있겠습니까?"
> 사양자는 자리에서 일어나 재배를 올리고 말했다.
> "제 스승께서 대개 문왕의 곡조라고 했습니다."
> 有閒 (曰)有所穆然深思焉 有所怡然高望而遠志焉 曰 丘得其爲人 黯①然而黑 幾然而長② 眼如望羊③ 如王四國 非文王其誰能爲此也 師襄子辟席再拜 曰 師蓋云文王操也

① 黯암

집해 왕숙이 말했다. "암黯은 검은 모습이다."

王肅曰 黯 黑貌

② 幾然而長기연이장

집해 서광이 말했다. "《시경》에서는 '훤칠하게 크다.[頎而長兮]'라고 한다."

徐廣曰 詩云頎而長兮

색은 '기幾'는 주석의 '헌걸차다[頎]'와 같은데 '기祈'로 발음한다. 《공자가어》에는 '기여주기幾與注頎'라는 이 네 글자가 없다.

幾與注頎 竝音祈 家語無此四字

신주 '기이장혜頎而長兮'는 《시경》 〈국풍〉 '제풍齊風'에 나오는 구절이다.

③ 眼如望羊안여망양

집해 왕숙이 말했다. "망양은 멀리 바라보고 살피는 것이다."

王肅曰 望羊 望羊視也

공자는 위衛나라에서 등용되지 못하자 서쪽으로 가서 조간자①를 만나려 했다. 하수河水에 이르러 두명독竇鳴犢과 순화舜華②가 죽었다는 소식을 듣고 하수에 다다라 탄식하면서 말했다.

"아름다운 물이 넓고도 넓구나! 내가 이 물(황하)을 건너지 못하는 것이 운명인가?"

자공이 종종걸음으로 나아가 말했다.

"감히 여쭙습니다만 무슨 뜻입니까?"

공자가 말했다.

"두명독과 순화는 진晉나라의 어진 대부이다. 조간자가 뜻을 얻지 못했을 때 이 두 사람의 뒤를 따라 정사를 펼쳤는데, 그가 이미 뜻을 얻자 두 사람을 죽이고 정사를 펼치고 있다. 내가 듣기에 새끼

밴 짐승의 배를 갈라 어린 새끼를 죽이면 기린이 교외에 이르지 않고, 연못의 물을 말려 물고기의 씨를 말리면 교룡蛟龍이 음과 양을 합하지 못하며,③ 둥지를 뒤엎어서 알을 깨면 봉황이 날지 않는다고 했다. 왜 그런가? 군자는 그 무리를 다치게 하는 것을 꺼린다. 무릇 새와 짐승도 불의不義를 보면 피하는 것을 아는데, 하물며 나(공구)이겠느냐?" 이에 돌아와 위나라의 추향陬鄉에서 쉬면서 추조陬操④를 지어 애통해했다. 위衛나라로 돌아가 거백옥의 집에 들어가 머물렀다.

孔子既不得用於衛 將西見趙簡子① 至於河而聞竇鳴犢舜華②之死也 臨河而歎曰 美哉水 洋洋乎 丘之不濟此 命也夫 子貢趨而進曰 敢問何謂也 孔子曰 竇鳴犢 舜華 晉國之賢大夫也 趙簡子未得志之時 須此兩人而后從政 及其已得志 殺之乃從政 丘聞之也 刳胎殺夭則麒麟不至郊 竭澤涸漁則蛟龍不合陰陽③ 覆巢毀卵則鳳皇不翔 何則 君子諱傷其類也 夫鳥獸之於不義也尚知辟之 而況乎丘哉 乃還息乎陬鄉 作爲陬操④ 以哀之 而反乎衛 入主蘧伯玉家

① 趙簡子조간자

**신주** 조간자(?~서기전 476)는 춘추 때 진晉나라 조씨의 대부이다. 원래 이름은 조앙趙鞅인데 조맹趙孟이라고도 부른다. 진나라 소공昭公 때 공족公族은 약하고 대부는 강했는데 대부로서 국정을 장악했다. 이른바 '조씨 고아' 조무趙武의 손자로서 조양자趙襄子의 아버지이다.

② 竇鳴犢舜華두명독순화

집해 서광이 말했다. "어떤 판본에는 '명탁두주鳴鐸竇犨'로 되어 있고, 다른 판본에는 '두주명독竇犨鳴犢과 순화舜華'로 되어 있다."

徐廣曰 或作鳴鐸竇犨 又作竇犨鳴犢舜華也

색은 《공자가어》에는 "조간자가 두주명독과 순화를 죽였다는 소식을 들었다."라고 말했고, 《국어》에는 '명탁두주'라고 했다. 즉 두주竇犨의 자字가 명독鳴犢인데 소리가 변하고 글자가 달라져서 '명탁鳴鐸'으로 썼을 것이다. 경화慶華는 마땅히 '순화舜華'라고 해야 한다고 했는데 여러 사람의 설說이 다 같다.

家語云聞趙簡子殺竇犨鳴犢及舜華 國語云鳴鐸竇犨 則竇犨字鳴犢 聲轉字異或作鳴鐸 慶華當作舜華 諸說皆同

③ 蛟龍不合陰陽교룡불합음양

색은 뿔이 있는 것을 교룡蛟龍이라고 한다. 용은 구름을 일으키고 비를 내리게 할 수 있어서 음양의 기를 조화시킨다.

有角曰蛟龍 龍能興雲致雨 調和陰陽之氣

④ 陬操추조

집해 왕숙이 말했다. "추조는 거문고의 곡조 이름이다."

王肅曰 陬操 琴曲名也

색은 여기의 추향은 노나라 추읍陬邑이 아니다. 《공자가어》에서는 '반조槃操'라고 한다.

此陬鄉非魯之陬邑 家語云作槃操也

어느 날 영공이 군사의 진법陣法을 물었다.① 공자가 말했다.
"조두俎豆(제사)의 일은 일찍이 들었지만 군려軍旅(병법)의 일은 배우지 못했습니다.②"
그다음 날 영공은 공자와 더불어 이야기하다가 날아가는 기러기를 보았다. 올려다보는데 낯빛은 공자의 말에 마음이 있지 않았다. 공자는 마침내 떠나서③ 다시 진陳나라로 갔다.
他日 靈公問兵陳① 孔子曰 俎豆之事則嘗聞之 軍旅之事未之學也② 明日 與孔子語 見蜚鴈 仰視之 色不在孔子 孔子遂行③ 復如陳

① 問兵陳문병진

집해 공안국이 말했다. "군대의 진영을 배치하는 법이다."

孔安國曰 軍陳行列之法

② 軍旅之事未之學也군려지사미지학야

집해 정현이 말했다. "1만 2,000명이 군軍이 되고 500명이 여旅가 된다. 군려軍旅의 병법은 끄트머리의 일이니 근본이 세워지지 않으면 끄트머리 일을 가르칠 수 없는 것이다."

鄭玄曰 萬二千人爲軍 五百人爲旅 軍旅末事 本未立不可教以末也

③ 孔子遂行공자수행

색은 이때는 노나라 애공 2년(서기전 493)이다.

此魯哀二年也

여름에 위나라 영공이 죽고, 손자 첩輒을 세웠다. 바로 위나라 출공出公이다.

6월, 조앙趙鞅은 위나라 태자 괴외蒯聵를 척戚 땅으로 들여보냈다.① 양호는 태자에게 상복을 입게 하고, 종자 8명에게는 최질衰絰의 상복을 입게 하고② 위나라에서 맞이하는 것으로 꾸며서 곡을 하며 척으로 들어가 그대로 거처하게 했다.

겨울에 채나라는 주래州來로 옮겼다. 이해는 노나라 애공 3년으로 공자의 나이 60세였다.③

(노나라 애공 3) 제나라는 위나라를 도와 척 땅을 포위했다. 이는 위나라 태자 괴외가 거기에 있었기 때문이다.

여름에 노나라 환공桓公과 희공釐公의 사당에 불이 나자 남궁경숙이 그것을 껐다. 공자는 진陳나라에 있다가 (노나라에 불이 난 것을) 듣고 말했다.

"틀림없이 환공과 희공의 묘당에서 불이 났을 것이다.④"

나중에 보니 과연 그러했다.

夏 衛靈公卒 立孫輒 是爲衛出公 六月 趙鞅內太子蒯聵于戚① 陽虎使太子絻 八人衰絰② 僞自衛迎者 哭而入 遂居焉 冬 蔡遷于州來 是歲魯哀公三年 而孔子年六十矣③ 齊助衛圍戚 以衛太子蒯聵在故也 夏 魯桓釐廟燔 南宮敬叔救火 孔子在陳 聞之曰 災必於桓釐廟乎④ 已而果然

① 趙鞅內太子蒯聵于戚조앙내태자괴외우척

**신주** 〈위강숙세가〉에서는 일관되게 척戚을 숙宿이라고 했다.

② 八人衰絰팔인최질

**신주** 〈위강숙세가〉에서는 10명이라고 했다.

③ 是歲魯哀公三年 而孔子年六十矣시세로애공삼년 공자년육십의

**신주** 〈십이제후연표〉에서는 위영공이 죽고, 괴외가 위나라로 들어가고, 채나라가 주래로 옮긴 것을 모두 노애공 2년의 일이라고 했으니, 공자 나이 59세이다. 만약 '是歲(이해)'라는 말을 제거한다면 뒤의 문장에 연결되어 시기가 맞게 된다.

④ 災必於桓釐廟乎재필어환희묘호

**집해** 복건이 말했다. "환공과 희공의 사당은 마땅히 헐어야 하니 노나라에서 예가 아닌 사당을 섬기는 것이다. 그러므로 공자가 불이 났다는 소식을 듣고 그것이 환공과 희공의 묘에 가해진 것임을 알았다."

服虔曰 桓釐當毁 而魯事非禮之廟 故孔子聞有火災 知其加桓僖也

**신주** 주나라 예법에 다음과 같은 언급이 있다. 천자는 칠묘七廟를 세우고, 제후는 오묘五廟를 세우며, 왼쪽에는 종묘宗廟를 세우고 오른쪽에는 사직社稷을 세운다. 천자天子는 태조太祖를 중앙에 모시고 2세·4세·6세는 소昭라고 하여 왼편에 모시며 3세·5세·7세는 목穆이라고 하여 오른편에 모시니, 천자는 3소·3목의 칠묘七廟가 되고, 제후諸侯는 2소·2목의 오묘五廟가 되고, 대부大夫는 1소·1목의 삼묘三廟가 된다. 환공과 희공은 현 애공에서 먼 조상이므로 헐어야 하는 것이다.

가을에 계환자季桓子가 병이 들었다. 연輦을 타고 노나라의 성을 바라보면서 한숨을 내쉬며 말했다.

"옛날 이 나라는 흥성할 뻔했는데 나는 공자에게 죄를 얻었다. 그러므로 흥성하지 못했다."

옆을 돌아보면서 그의 계승자 강자康子①에게 일러 말했다.

"만일 내가 죽으면 자네가 반드시 노나라 재상이 될 것이다. 노나라에 재상이 된다면 반드시 중니를 불러라."

수일 뒤에 계환자가 죽고 아들 강자가 대신해서 섰다. 장례가 끝나고 중니를 부르고자 했다. 공지어公之魚가 말했다.

"옛날 우리 선군께서 등용했는데 마치지 못해 마침내 제후들의 웃음거리가 되었습니다. 지금 또 등용해 잘 끝마치지 못하면 이는 거듭 제후들의 웃음거리가 될 것입니다."

강자가 말했다.

"곧 누구를 부르는 것이 좋겠소?"

공지어가 말했다.

"반드시 염구冉求②를 부르십시오."

이에 사신을 보내 염구를 불렀다.

秋 季桓子病 輦而見魯城 喟然歎曰 昔此國幾興矣 以吾獲罪於孔子 故不興也 顧謂其嗣康子①曰 我即死 若必相魯 相魯 必召仲尼 後數日 桓子卒 康子代立 已葬 欲召仲尼 公之魚曰 昔吾先君用之不終 終爲諸侯笑 今又用之 不能終 是再爲諸侯笑 康子曰 則誰召而可曰 必召冉求② 於是使使召冉求

① 康子강자

**신주** 계강자의 이름은 비肥이다. 애공 3년에 아버지 계환자가 죽는다. 강자는 유훈에 따라 2순위로 후계자가 된다. 그러나 뒤에 유훈에 따른 1순위 후계동생이 태어나는데, 그 동생은 누군가에게 살해당한다. 《좌전》에 자세히 나온다.

② 冉求염구

**신주** 염구의 자는 자유子有이다. 그래서 주로 '염유'라고 부른다.

염구가 길을 나서려고 하자 공자가 말했다.
"노나라 사람들이 자네를 부르는 것은 작은 일에 쓰려는 것이 아니라 장차 크게 쓰려는 것이다."
이날 공자가 말했다.
"돌아가야겠다. 돌아가야겠다![①] 우리 고향의 젊은이들은 뜻은 크지만, 소홀하다. 찬란하게 문물을 이루었지만, 우리는 그것을 마감할 줄 모르고 있구나.[②]"
자공은 공자가 귀국할 의사가 있음을 깨닫고 염구를 보낼 때 당부해 말했다. "만일 노나라에 임용되면 공자를 초대하시게."
冉求將行 孔子曰 魯人召求 非小用之 將大用之也 是日 孔子曰 歸乎歸乎[①] 吾黨之小子狂簡 斐然成章 吾不知所以裁之[②] 子贛知孔子思歸 送冉求 因誡曰即用 以孔子爲招 云

① 歸乎歸乎귀호귀호

색은 여기 〈공자세가〉에 거듭 '귀여歸與'의 말이 있는데, 앞의 말은 《맹자》에서 나왔고, 이곳의 말은 《논어》에 보인다. 아마 곧 '귀여歸與'를 한 번 일컫고 그만두어야 하지만 두 책에서 각각 기록한 것을 지금 앞뒤에서 거듭 인용했으니, 또한 잘못한 것이다.

此系家再有歸與之辭者 前辭出孟子 此辭見論語 蓋止是一稱歸與 二書各記之 今前後再引 亦失之也

신주 《논어》〈공야장公冶長〉에는 '귀여귀여歸與歸與'로 나온다. 《맹자》〈진심盡心 하〉에는 '개귀호래盍歸乎來'(어찌 노나라로 돌아가지 않겠는가)로 나온다.

② 吾黨之小子狂簡～吾不知所以裁之오당지소자광간～오부지소이재지

집해 공안국이 말했다. "간簡은 대大이다. 공자께서 진陳나라에 있을 때 돌아갈 것을 생각하고 떠나고자 해서 말하기를 '우리 고장의 젊은이들은 뜻이 크고 대도大道에 진취적이며, 무릇 꿰뚫어 문물을 이루었지만 언제 재단할 줄을 모르니, 마땅히 돌아가서 재단할 것이다.'라고 했다."

孔安國曰 簡 大也 孔子在陳思歸欲去 曰 吾黨之小子狂者進取於大道 妄穿鑿以成章 不知所以裁制 當歸以裁耳

> 염구가 떠났다. 이듬해 (애공 4년), 공자는 진陳나라에서 (초나라) 채蔡 땅으로 옮겼다.①
> 채나라 소공昭公②이 오나라로 가려고 했다. 오나라에서 불렀기 때문이다. 전에 소공이 그의 신하들을 속여서 주래州來로 옮겼었다.

그 후 또 오나라로 가려고 하므로 대부들은 다시 옮기지 않을까 두려워했다. 이때 공손편公孫翩이 활로 소공을 쏘아 죽였다.③ 초나라가 채나라를 침공했다.

(애공 5) 가을에 제나라 경공景公이 죽었다.④

冉求旣去 明年 孔子自陳遷于蔡① 蔡昭公②將如吳 吳召之也 前昭公欺其臣遷州來 後將往 大夫懼復遷 公孫翩射殺昭公③ 楚侵蔡 秋 齊景公卒④

① 孔子自陳遷于蔡공자자진천우채

**신주** 蔡를 '채나라'라고 번역하면 안 된다. 공자가 간 곳은 옛 채 땅이지, 새로 옮겨간 채나라 하채下蔡가 아니기 때문이다. 공자가 채에 가기 2년 전 채나라는 초나라를 두려워하여 오나라 땅 주래州來로 옮겨갔는데 이를 하채라고 부른다. 따라서 공자가 간 곳은 채나라가 아니라 원래 채나라 땅이던 상채上蔡이거나 신채新蔡이다. 또 당시 이미 초나라 땅이 되었다.

② 昭公소공

**신주** 소공이 아니라 소후昭侯라고 해야 한다.

③ 公孫翩射殺昭公공손편사살소공

**집해** 서광이 말했다. "노나라 애공 4년(서기전 491)이다."

徐廣曰 哀公四年也

**신주** 〈관채세가〉에서는 도적 이利를 시켜 소후昭侯를 살해했다고 한다. 《사기지의》에 따르면 《좌전》에는 도적의 이름을 공손편公孫翩이라

했는데 〈공자세가〉에서 그것을 기록했다고 한다.

④ 齊景公卒제경공졸

집해 서광이 말했다. "애공 5년이다."

徐廣曰 哀公五年也

이듬해① 공자는 채에서 섭葉 땅으로 갔다.② 섭공葉公이 정치를 물었다. 공자가 대답했다.

"정치란 멀리 있는 이를 오게 하고 가까이 있는 이들을 따르게 하는 데에 있습니다."

어느 날 섭공이 공자에 대해 자로에게 질문했다. 자로가 대답하지 않았다.③

공자가 듣고 말했다.

"유由야, 너는 '그 사람됨은 도를 배우는 데 게을리하지 않고, 남을 깨우쳐주는 것을 싫어하지 않고, 일에 열중하면 음식 먹는 것을 잊고, 즐거워하면 근심을 잊어서 늙음이 다가오는 것도 모른다.'라고 그에게 대답하지 않았느냐?"

明年① 孔子自蔡如葉② 葉公問政 孔子曰 政在來遠附迩 他日 葉公問孔子於子路 子路不對③ 孔子聞之曰 由 爾何不對曰 其爲人也 學道不倦 誨人不厭 發憤忘食 樂以忘憂 不知老之將至云爾

① 明年명년

**신주** 본문 기록대로라면 제경공이 죽은 이듬해이니 노애공 6년이다. 하지만 사마천이 제경공의 죽음을 노애공 4년으로 잘못 기록했다. 공자가 섭葉으로 간 것은 노애공 5년(서기전 490)이 맞다.

② 孔子自蔡如葉공자자채여섭

**신주** 섭 땅은 옛 채나라 상채上蔡 서쪽이다. 공자는 채나라가 아니라 옛 채나라 땅에 간 것이다.

③ 葉公問孔子於子路 子路不對섭공문공자어자로 자로부대

**집해** 공안국이 말했다. "섭공의 이름은 제량諸梁인데 초나라 대부이다. 섭葉 땅에 채읍을 두고 멋대로 공公이라고 했다. 부대不對는 대답할 말을 알지 못한 것이다."

孔安國曰 葉公名諸梁 楚大夫 食菜於葉 僭稱公 不對 未知所以對也

(공자는) 섭을 떠나 채로 돌아왔다. 장저長沮와 걸익桀溺이 함께 밭을 갈고 있었다. 공자는 숨어 사는 사람으로 생각했는데, 자로를 보내 나루가 어딘지 물어보게 했다.① 장저가 말했다.

"저 수레에 탄 사람은 누군가요?"

자로가 대답했다.

"공구孔丘입니다."

장저가 물었다.

"저 사람이 바로 노나라 공구인가요?"

자로가 말했다.

"그렇습니다."

장저가 말했다.

"그렇다면 나루터 정도는 알고 있을 것입니다.[②]"

걸익이 자로에게 물었다.

"당신은 누구입니까?"

자로가 말했다.

"중유仲由입니다."

걸익이 물었다.

"당신은 공구의 제자입니까?"

자로가 말했다.

"그렇습니다."

걸익이 말했다.

"유유히 흐르는 천하는 모두 온당하오. 누가 그것을 바꿀 수 있겠소.[③] 또 당신도 사람을 피하는 사인士人(공자)을 따르기보다는 세상을 피하는 사인(걸익)을 따르는 것이 어떠하오?[④]"

이에 고무래로 흙을 고르는 일을 멈추지 않았다.[⑤]

자로가 돌아와 공자에게 고했다. 공자가 쓸쓸히 탄식하며[⑥] 말했다.

"새와 짐승과 더불어 무리를 지어 살 수는 없는 일이다.[⑦] 천하에 도가 있다면 나, 공구는 누구와 함께 세상을 바꾸려 할 것인가.[⑧]"

去葉 反于蔡 長沮桀溺耦而耕 孔子以爲隱者 使子路問津焉[①] 長沮曰 彼執輿者爲誰 子路曰 爲孔丘曰 是魯孔丘與曰 然曰 是知津矣[②] 桀溺謂子路曰 子爲誰曰 爲仲由曰 子 孔丘之徒與曰 然 桀溺曰 悠悠者天下

者天下皆是也 而誰以易之③ 且與其從辟人之士 豈若從辟世之士哉④ 耰而不輟⑤ 子路以告孔子 孔子憮然⑥曰 鳥獸不可與同群⑦ 天下有道 丘不與易也⑧

① 長沮桀溺耦而耕～使子路問津焉장저걸익우이경～사자로문진언

집해 정현이 말했다. "사耜(보습)의 너비는 5치고, 2사耜가 우耦(짝)다. 나루는 물을 건너는 곳이다."

鄭玄曰 耜廣五寸 二耜爲耦 津 濟渡處也

정의 《괄지지》에서 말한다. "황성산黃城山은 세속의 이름이 채산菜山으로 허주 섭현 서남쪽 25리에 있다. 《성현총묘기》에서는 황성산은 곧 장저와 걸익이 밭을 갈던 곳이라고 한다. 아래에는 동쪽으로 흐르는 물이 있어서 자로가 나루가 있는 곳을 물은 것이다."

括地志云 黃城山俗名菜山 在許州葉縣西南二十五里 聖賢冢墓記云黃城山即長沮桀溺所耕處 下有東流 則子路問津處也

신주 이곳의 문장은 《논어》 〈미자〉에 있다.

② 是知津矣시지진의

집해 마융이 말했다. "자주 떠돌아다녔으니 스스로 나루터를 알 것이라는 말이다."

馬融曰 言數周流 自知津處

③ 悠悠者～而誰以易之유유자～이수이역지

집해 공안국이 말했다. "유유자悠悠者는 떠도는 모양이다. 지금 천하

는 다스림과 난리가 함께해서 헛되이 이곳에 머물거나 저곳으로 간다. 그러므로 '누가 바꿀 것인가'라는 말이다."

孔安國曰 悠悠者 周流之貌也 言當今天下治亂同 空舍此適彼 故曰 誰以易之

**신주** 《논어》〈미자〉에 있다. 《논어》에는 도도滔滔로 되어 있다.

④ 且與其從辟人之士 豈若從辟世之士哉차여기종피인지사 기약종피세지사재

**집해** 하안이 말했다. "사인은 사람을 피하는 방법이 있고 세상을 피하는 방법이 있다. 장저와 걸익은 공자가 사인이 되어 사람을 피하는 법을 따르고, 자신들은 사인이 되어 세상을 피하는 법을 따른다는 것을 이른다."

何晏曰 士有辟人之法 有辟世之法 長沮桀溺謂孔子爲士 從辟人之法者也 己之爲士 則從辟世之法也

**신주** 《논어》〈미자〉에 있는 문장이다.

⑤ 耰而不輟우이불철

**집해** 정현이 말했다. "우耰는 곰방메로 씨앗을 덮는 것이다. 철輟은 그만두는 것이다. 씨앗 덮는 것을 중지하지 않고 나루를 알려주지도 않았다."

鄭玄曰 耰 覆種也 輟 止也 覆種不止 不以津告也

⑥ 孔子憮然공자무연

**집해** 하안이 말했다. "자신의 뜻이 통달하지 못해서 자신을 비난하는 것으로 여긴 것이다."

何晏曰 爲其不達己意而非己

⑦ 鳥獸不可與同群조수불가여동군

집해 공안국이 말했다. "산림에 숨어 사니, 곧 금수와 같은 무리다."

孔安國曰 隱於山林是同群

⑧ 丘不與易也구불여역야

집해 하안이 말했다. "무릇 천하에 도가 있다면 공구는 다 참여해 바꾸려고 하지 않았을 것이다. 자신은 크고 남은 작기 때문이다."

何晏曰 凡天下有道者 丘皆不與易也 己大而人小故也

어느 날 자로가 길을 가다가 삼태기를 메고 지팡이를 짚은 노인[①]을 만났다. 자로가 물었다.

"그대는 선생님을 못 보셨습니까?"

노인이 말했다.

"손발을 부지런히 움직이지 않고는 오곡五穀을 구분하지도 못하는데 누구를 선생이라고 하는가![②]"

그는 지팡이를 땅에 꽂아 세워놓고 김을 맸다.[③] 자로가 공자에게 고했다. 공자가 말했다.

"은자다."

자로가 다시 가봤더니 사라지고 없었다.[④]

他日 子路行 遇荷蓧丈人[①]曰 子見夫子乎 丈人曰 四体不勤 五穀不分 孰爲夫子[②] 植其杖而芸[③] 子路以告 孔子曰 隱者也 復往 則亡[④]

① 荷蓧丈人하조장인

집해 포씨가 말했다. "장인丈人은 늙은이다. 조蓧는 풀로 만든 그릇의 이름이다."

包氏曰 丈人 老者 蓧 草器名也

② 四體不勤～孰爲夫子사체불근～숙위부자

집해 포씨가 말했다. "장인丈人이 이르기를 '사지를 부지런히 움직이지도 않고 오곡을 분별하지도 못하는데 누구를 선생이라고 하면서 찾느냐.'라고 했다."

包氏曰 丈人曰不勤勞四體 分植五谷 誰爲夫子而索也

신주 《논어》 〈미자〉에 있다.

③ 植其杖而芸식기장이운

집해 공안국이 말했다. "식植은 꼽는 것이다. 풀을 제거하는 것을 운芸이라고 한다."

孔安國曰 植 倚也 除草曰芸

④ 復往 則亡부왕 즉망

집해 공안국이 말했다. "자로가 돌아가 그의 집에 이르니 장인은 출행하고 없었다."

孔安國曰 子路反至其家 丈人出行不在

# 뜻을 얻지 못하고 돌아오다

공자가 채로 옮긴 지 3년,① 오나라가 진陳나라를 침벌했다. 초나라는 진陳나라를 구하고② 성보에 군사를 주둔시켰다.③ 공자가 진陳나라와 채 사이에 있다는④ 소문을 듣고 초나라에서 사람을 보내 공자를 초빙했다. 공자는 가서 그 예를 받으려고 했다. 진陳나라와 채의 대부들이 모의해서 말했다.

"공자는 현자입니다. 그가 도의에 어긋났다고 하는 것들은 모두 제후들이 미워하는 것들입니다. 지금 오랫동안 진나라와 채 사이에서 머물러 있는데, 여러 대부들이 행동한 바는 모두 중니가 뜻하는 것이 아니었습니다. 지금 초나라는 대국인데, 와서 공자를 초빙했습니다. 공자가 초나라에 등용된다면 진나라와 채에서 권력을 잡은 우리 대부들은 위태로울 것입니다."

孔子遷于蔡三歲① 吳伐陳 楚救陳② 軍于城父③ 聞孔子在陳蔡之間④ 楚使人聘孔子 孔子將往拜禮 陳蔡大夫謀曰 孔子賢者 所刺譏皆中諸侯之疾 今者久留陳蔡之間 諸大夫所設行皆非仲尼之意 今楚 大國也 來聘孔子 孔子用於楚 則陳蔡用事大夫危矣

① 孔子遷于蔡三歲공자천우채삼세

**신주** 공자는 노애공 4년에 채에 갔다. 애공 6년에 오나라가 진나라를 침벌하자 초나라가 구원해서 성보에 주둔했다. 따라서 채로 옮긴 지 3년째이다. 공자는 애공 5년에 초나라 섭葉 땅에 갔다가 채 땅으로 돌아왔다. 다시 이듬해 채를 떠나 진陳나라로 갔는데, 아마도 진陳,채蔡 사이에서 고난을 당했을 것이다.

② 楚救陳초구진

**집해** 서광이 말했다. "애공 4년이다."

徐廣曰 哀公四年也

**신주** 서광의 주석은 오류로 보인다. 〈십이제후연표〉와 〈진기세가〉, 〈초세가〉 그리고 여기 〈공자세가〉에서 모두 노애공 6년이라 하거나 애공 6년을 가리킨다.

③ 軍于城父군우성보

**신주** 《진서》〈지리지〉에 따르면 성보는 위무제魏武帝 조조曹操의 고향인 초군譙郡 소속현이다. 진陳나라 동쪽 영역이고 송나라 남쪽이다.

④ 孔子在陳蔡之間공자재진채지간

**신주** 채나라는 원래 진陳 서남쪽 상채上蔡에 있었다. 그러나 초나라의 압박에 시달려 오나라에 가까운 주래州來로 옮겼다. 이곳이 하채下蔡이다. 하채는 진陳나라 동남쪽에 있다. 공자가 곤욕을 치른 것은 크게는 오나라가 진나라를 침공했기 때문이고, 작게는 위 본문과 같은 것이다.

이에 서로 더불어 무리(병사)를 일으켜 보내 공자를 들판에서 포위했다. 길을 떠나지도 못하고 식량도 끊겼다. 따르는 자들은 우려했지만, 일어나① 이 어려움을 타개할 수 있는 자가 없었다. 공자는 시를 강론하고 노래를 부르며 (심신이) 쇠약하지 않았다. 자로가 언짢아하며② 공자를 만나 말했다.

"군자도 궁할 때가 있습니까?"

공자가 말했다.

"군자는 곤궁하면 굳세지만, 소인은 곤궁하면 (정도가) 넘친다.③"

자공의 낯빛이 변했다. 공자가 말했다.

"사賜야, 그대는 내가 많이 배워 모든 도리를 깨친 사람이라고 여기는가?"

자공이 대답했다.

"그렇습니다.④ 그렇지 않다는 말씀입니까?⑤"

공자가 말했다.

"그렇지 않다. 나는 하나를 가지고 모든 것을 꿰뚫어 보는 것이다.⑥"

於是乃相與發徒役圍孔子於野 不得行 絶糧 從者病 莫能興① 孔子講誦弦歌不衰 子路慍②見曰 君子亦有窮乎 孔子曰 君子固窮 小人窮斯濫矣③ 子貢色作 孔子曰 賜 爾以予爲多學而識之者與曰 然④ 非與⑤ 孔子曰 非也 予一以貫之⑥

① 興흥

집해 공안국이 말했다. "홍興은 일어나는 것이다."

孔安國曰 興 起也

② 慍온

**신주** 온慍은 화를 내는 것이다. 그러나 겉으로 내뱉어 화를 내는 것이 아니다. 겉으로 버럭 하는 것을 '노怒', 화풀이하는 것을 '분奮' 또는 '분憤'이라고 한다. 따라서 '화를 내다'로 해석하는 것은 잘못이다. '언짢아하다' 또는 '짜증내다'로 해석하는 것이 참뜻이 된다.

③ 君子固窮小人窮斯濫矣군자고궁소인궁사람의

**집해** 하안이 말했다. "람濫은 일溢이다.(정도를 넘는다는 뜻) 군자는 진실로 궁할 때가 있지만, 다만 소인이 궁하면 제멋대로 그른 일을 하는 것과 같지 않다는 것이다."

何晏曰 濫 溢也 君子固亦有窮時 但不如小人窮則濫溢爲非

**신주** 《논어》 〈위령공〉에 있다.

④ 然연

**집해** 공안국이 말했다. "연然은 많이 배우고 깨쳤다는 것을 이른다."

孔安國曰 然謂多學而識之

⑤ 非與비여

**집해** 공안국이 말했다. "지금 그렇지 않느냐고 물은 것이다."

孔安國曰 問今不然耶

⑥ 予一以貫之여일이관지

**집해** 하안이 말했다. "착한 것은 근본이 있고, 일에는 기회가 있다. 천하가 가는 길은 다르지만, 돌아갈 바는 같고 온갖 생각은 하나에 닿는다. 그 근본을 알면 많은 착함이 들추어진다. 그러므로 배우는 것을 기다리지 않아도 하나를 가지고 아는 것이다."

何晏曰 善有元 事有會 天下殊塗而同歸 百慮而一致 知其元則衆善擧也 故不待學 以一知之

공자는 제자들이 언짢아하는 마음이 있음을 알고 이에 자로를 불러 물었다.

"시詩에 이르기를① '외뿔소도 아니고 호랑이도 아닌데 어찌 저 광야를 헤매는가.'②라고 노래했는데, 내 도道가 잘못된 것인가? 내가 어찌 이 지경이 되었는가?"

자로가 말했다.

"생각해 보건대 우리가 어질지 못한 것입니까? 사람들이 우리를 믿지 않습니다.③ 생각해 보건대 우리가 슬기롭지 못한 것입니까? 사람들이 우리를 놓아주지 않습니다.④"

공자가 말했다.

"그럴 리가 있겠는가? 유由야, 비유컨대 인자仁者가 반드시 믿게 만들었다면 어찌 백이伯夷와 숙제叔齊가 있었겠느냐?⑤ 지자知者가 반드시 놔두게 만들었다면 어찌 왕자 비간比干이 있었겠느냐?⑥"

孔子知弟子有慍心 乃召子路而問曰 詩云① 匪兕匪虎 率彼曠野② 吾道非邪 吾何爲於此 子路曰 意者吾未仁邪 人之不我信也③ 意者吾未知邪 人之不我行也④ 孔子曰 有是乎 由 譬使仁者而必信 安有伯夷叔齊⑤ 使知者而必行 安有王子比干⑥

① 詩云시운

**신주** 시詩를 《시경》이라고 번역할 수 있다. 그러나 《시경》은 공자가 편찬한 것이기 때문에 당시 상황에 따르면 그냥 '시'라고 보는 것이 맞다.

② 匪兕匪虎 率彼曠野비시비호 솔피광야

**집해** 왕숙이 말했다. "솔率은 순循이다. 외뿔소도 호랑이도 아닌 것이 광야를 어슬렁거리느냐는 말이다."

王肅曰 率 循也 言非兕虎而循曠野也

**신주** 《시경》 〈소아〉 '하초불황何草不黃'에 있는 시구이다. "시들지 않는 풀이 어디 있으랴!"라는 뜻이다. 고달픈 병졸의 삶을 노래한 시다.

③ 人之不我信也인지불아신야

**집해** 왕숙이 말했다. "사람들이 우리를 믿지 않는 것이 아마 어질지 못한 때문이 아니겠느냐는 말이다."

王肅曰 言人不信吾 豈以未仁故乎

④ 人之不我行也인지불아행야

**집해** 왕숙이 말했다. "사람들이 통행하지 못하게 해 곤궁한 것은 아마 우리가 지혜롭지 못한 때문이 아니겠느냐는 말이다."

王肅曰 言人不使通行而困窮者 豈以吾未智乎

⑤ 仁者而必信 安有伯夷叔齊인자이필신 안유백이숙제

**정의** 인자仁者가 사방의 사람들에게 믿게 만들었다면 어찌 백이나 숙제가 굶어 죽는 일이 있었겠느냐는 말이다.

言仁者必使四方信之 安有伯夷叔齊餓死乎

⑥ 知者而必行 安有王子比干지자이필행 안유왕자비간

정의 지혜로운 자가 반드시 일에 처해서 통하여 행한다면 어찌 왕자 비간의 심장이 갈라지는 일이 있었겠느냐는 말이다.

言智者必使處事通行 安有王子比干剖心哉

자로가 나가고 자공이 들어와 뵈었다. 공자가 말했다.

"사賜야, 시詩에 이르기를 '외뿔소도 아니고 호랑이도 아닌데 어찌 저 광야를 헤매는가.'라고 했다. 내가 말하는 도道가 틀렸는가? 내가 어찌 이 지경이 되었는가?"

자공이 말했다.

"선생님의 도는 지극히 큽니다. 그러므로 천하에서 선생님을 받아들일 수 없습니다. 선생님께서는 대략① (그 도를) 조금 낮추지 않으시렵니까?"

공자가 말했다.

"사야, 선량한 농부는 잘 가꾸어도 제대로 수확을 하지 못하고② 좋은 기술자는 솜씨가 교묘해도 사람들 마음에 들게 할 수는 없는 것이다.③ 군자는 그의 도를 잘 닦아 기강을 세워 통제하고 다스리더라도 (세상이) 제대로 받아들이지 않는다. 지금 그대는 그대의 도를 닦지 않고 받아들여지기를 원하는구나. 사야, (네) 뜻이 원대하지 못하구나."

子路出 子貢入見 孔子曰 賜 詩云匪兕匪虎 率彼曠野 吾道非邪 吾何爲於此 子貢曰 夫子之道至大也 故天下莫能容夫子 夫子蓋①少貶焉 孔子曰 賜 良農能稼而不能爲穡② 良工能巧而不能爲順③ 君子能脩其道 綱而紀之 統而理之 而不能爲容 今爾不脩爾道而求爲容 賜 而志不遠矣

① 蓋개

**신주** 《사기지의》에 따르면 《공자가어》에는 '합盍(어찌)'으로 되어 있다고 한다.

② 良農能稼而不能爲穡양농능가이불능위색

**집해** 왕숙이 말했다. "심는 것을 가稼라고 하고, 수확하는 것을 색穡이라고 한다. 훌륭한 농사꾼이 잘 심어도 반드시 수확을 잘하지는 못한다는 말이다."

王肅曰 種之爲稼 斂之爲穡 言良農能善種之 未必能斂穫之

③ 良工能巧而不能爲順양공능교이불능위순

**집해** 왕숙이 말했다. "좋은 기술자의 솜씨는 교묘할 따름이더라도 매양 남의 마음에 들게 할 수는 없다는 말이다."

王肅曰 言良工能巧而已 不能每順人之意

자공이 나가고 안회가 들어와 뵈었다. 공자가 말했다.

"회回야, 시詩에 이르기를 '외뿔소도 아니고 호랑이도 아닌데 어찌 이 광야를 헤매는가.'라고 했다. 내가 말하는 도道가 틀렸는가? 내가 어찌 이 지경이 되었는가?"

안회가 말했다.

"선생님의 도는 지극히 큽니다. 그래서 천하에서 잘 받아들이지 못합니다. 하지만 선생님께서는 밀고 가주셨으면 합니다. 세상에 받아들여지지 않는 것을 어째서 괴로워하십니까? 받아들여지지 않은 연후에 군자라는 것이 드러나게 됩니다. 무릇(세상에서) 도가 닦여지지 않는 것을 우리는 부끄러워해야 합니다. 무릇 도가 이미 크게 닦였는데도 등용하지 않는 것은 곧 국가를 가진 자(군주)의 부끄러움입니다. 받아들여지지 않는 것을 어찌 괴로워하십니까? 받아들여지지 못한 다음에야 군자라는 것을 알게 되는 것입니다!"

공자가 껄껄 웃으면서 말했다.

"그렇다. 안씨顔氏의 아들이여! 만일 너에게 재물이 많다면 나는 너를 위해 (자네 집의) 가신이 될 것이다.①"

子貢出 顔回入見 孔子曰 回 詩云匪兕匪虎 率彼曠野 吾道非邪 吾何爲於此 顔回曰 夫子之道至大 故天下莫能容 雖然 夫子推而行之 不容何病 不容然後見君子 夫道之不脩也 是吾醜也 夫道旣已大脩而不用 是有國者之醜也 不容何病 不容然後見君子 孔子欣然而笑曰 有是哉顔氏之子 使爾多財 吾爲爾宰①

① 吾爲爾宰오위이재

집해 왕숙이 말했다. "재宰는 재물을 주관하는 사람이다. 너를 위해 재물을 주관하겠다는 것은 뜻이 같다는 말이다."

王肅曰 宰 主財者也 爲汝主財 言志之同也

이에 자공을 사신으로 삼아 초나라에 가게 했다. 초나라 소왕昭王이 군사를 일으켜 공자를 영접했으므로 액궁을 면할 수 있었다. 소왕은 서사書社의 토지 700리①를 공자에게 봉하려고 했다. 초나라 영윤令尹 자서子西가 말했다.

"왕께서는 제후에게 사신으로 보낼 (가신 중에) 자공子貢 같은 자가 있습니까?"

왕이 말했다.

"없소."

(자서가 말했다.)

"왕을 보좌하는 재상 중에 안회顔回와 같은 인물이 있습니까?"

(왕이 말했다.)

"없소."

(자서가 말했다.)

"왕의 장수들 중에서 자로子路 같은 인물이 있습니까?"

(왕이 말했다.)

"없소."

(자서가 말했다.)

(자서가 말했다.)

"왕의 관윤官尹에 재여宰予 같은 인물이 있습니까?"

(왕이 말했다.)

"없소."

(자서가 계속해서 말했다.)

"또 초나라 시조가 주周나라로부터 봉해졌을 때 호칭을 자작子爵이나 남작男爵이라 불렀고, 영지는 50리였습니다. 지금 공구는 삼왕三王과 오제五帝의 법을 설명하고 주공周公과 소공召公의 사업을 밝혔습니다. 왕께서 만약 등용하신다면 초나라가 어떻게 대대손손 당당하게 사방 수천 리를 차지하겠습니까? 대저 문왕文王은 풍豊 땅에 있었고 무왕武王은 호鎬 땅에 있으면서 100리 땅의 군주에 지나지 않았는데, 끝내 천하의 왕이 되었습니다. 지금 공구가 봉해져 영지에 의지해서 어진 제자들이 보좌한다면 초나라에는 복이 아닐 것입니다."

이에 소왕은 (공자를 봉하는 것을) 그만두었다. 그해 가을, 초나라 소왕은 성보城父에서 죽었다.②

於是使子貢至楚 楚昭王興師迎孔子 然後得免 昭王將以書社地七百里①封孔子 楚令尹子西曰 王之使使諸侯有如子貢者乎 曰 無有 王之輔相有如顏回者乎 曰 無有 王之將率有如子路者乎 曰 無有 王之官尹有如宰予者乎 曰 無有 且楚之祖封於周 號爲子男五十里 今孔丘述三五之法 明周召之業 王若用之 則楚安得世世堂堂方數千里乎 夫文王在豊 武王在鎬 百里之君卒王天下 今孔丘得據土壤 賢弟子爲佐 非楚之福也 昭王乃止 其秋 楚昭王卒于城父②

① 昭王將以書社地七百里소왕장이서사지칠백리

집해 복건이 말했다. "서書는 장부에 기록하는 것이다."

服虔曰 書 籍也

색은 옛날에는 25가家가 리里가 된다. 리里에는 각각 사社를 세웠는데 곧 서사書社는 그 사社의 사람 이름을 장부에 기록한 것이다. 아마 700리(1만 7,500가)의 서사 사람을 공자에게 봉하려고 한 것이다. 그러므로 아래에서 염구冉求가 이르기를 "비록 1,000사를 더해도 선생님은 이롭게 여기지 않을 것이다."라고 한 것이 이것이다.

古者二十五家爲里 里則各立社 則書社者 書其社之人名於籍 蓋以七百里書社之人封孔子也 故下冉求云雖累千社而夫子不利是也

② 楚昭王卒于城父초소왕졸우성보

신주 소왕은 군중軍中에서 죽었다. 뒤를 이어 혜왕惠王이 오른다. 공자는 그대로 진陳에 머물렀다.

> 초나라 미치광이 접여接輿[①]가 노래하면서 공자가 있는 (문 앞을) 지나갔다.
> "봉황이여! 봉황이여! (너는 성인의 세상에 나오는 영험한 새인데) 어찌하여 덕이 쇠했는가?[②] 지나간 일은 탓할 수 없지만[③] 앞으로의 일은 고칠 수 있으니,[④] 그만둘지어다, 그만둘지어다! 지금 정치를 좇는 것은 위태로우리라![⑤]"
> 공자는 수레에서 내려[⑥] 그와 더불어 말하고자 했으나, 빠른 걸음

으로 사라져서 더불어 말을 나누지 못했다.

楚狂接輿[①]歌而過孔子 曰 鳳兮鳳兮 何德之衰[②] 往者不可諫兮[③] 來者猶可追也[④] 已而已而 今之從政者殆而[⑤] 孔子下[⑥] 欲與之言 趨而去 弗得與之言

① 接輿접여

집해 공안국이 말했다. "접여接輿는 초나라 사람이다. 거짓으로 미친 척하고 와서 노래를 불러 공자에게 간절히 느끼도록 하려고 했다."

孔安國曰 接輿 楚人也 佯狂而來歌 欲以感切孔子也

신주 《논어》 〈미자〉에 있다.

② 鳳兮鳳兮 何德之衰봉혜봉혜 하덕지쇠

집해 공안국이 말했다. "공자를 봉황에 비유해서, 성군을 기다리면 만나게 될 것인데 공자가 떠돌아다니며 맞는 군주를 찾는다고 비난했다. 그러므로 '쇠衰'했다고 한 것이다."

孔安國曰 比孔子於鳳鳥 待聖君乃見 非孔子周行求合 故曰 衰也

③ 往者不可諫兮왕자불가간혜

집해 공안국이 말했다. "이미 지나간 것은 떠난 것이니, 다시 간한다고 해서 그만두게 하지 못한다는 말이다."

孔安國曰 已往所行 不可復諫止也

④ 來者猶可追也내자유가추야

집해 공안국이 말했다. "지금부터 앞으로의 일은 스스로 그만둘 수 있으니 난리를 피해서 은거해야 한다는 말이다."

孔安國曰 自今已來 可追自止 避亂隱居

⑤ 已而已而 今之從政者殆而이이이이 금지종정자태이

집해 공안국이 말했다. "이이已而라는 말은 세상의 어지러움이 이미 심해서 다시 다스리는 것이 불가하다는 말이다. 거듭 말한 것은 아픔이 깊은 것이다."

孔安國曰 言已而者 言世亂已甚 不可復治也 再言之者 傷之深也

⑥ 孔子下공자하

집해 포씨가 말했다. "하下는 수레에서 내린 것이다."

包氏曰 下 下車也

이에 공자는 초나라로부터 위衛나라로 돌아왔다. 이해 공자의 나이 63세, 노나라 애공 6년이었다.[①]

그 이듬해 오나라는 노나라와 증繒에서 회동하는데 100뢰의 향연을 요구했다.[②] 태재 백비는 계강자季康子를 불렀다. 계강자는 자공에게 가게 했고, 그런 다음에 그 요구를 끝낼 수 있었다.

於是孔子自楚反乎衛 是歲也 孔子年六十三 而魯哀公六年也[①] 其明年 吳與魯會繒 徵百牢[②] 太宰嚭召季康子 康子使子貢往 然後得已

① 魯哀公六年也노애공육년야

**신주** 〈십이제후연표〉에는 공자가 애공 10년에 진陳에서 위나라로 들어왔다고 하는데, 〈십이제후연표〉의 기록이 맞을 가능성이 크다. 또 〈진기세가〉 민공湣公 13년에 공자는 진나라에 있었다고 한다. 민공 13년은 애공 6년에 해당하며 초소왕이 죽은 해이다. 이 기록은 진나라에 머문 기록이 삭제되었다고 보이는데, 그 이유는 세 가지이다.

첫째, 앞서 살펴본 것처럼 공자가 간 곳은 옛 채나라지 새로 옮겨간 채나라가 아니다. 그곳에서 위衛나라로 가려면 반드시 진陳나라를 거쳐야 한다. 정나라를 거칠 수도 있지만, 정나라에서 가까운 섭葉에서 다시 채蔡로 돌아왔다. 이런 점에서 보면 진나라로 가기 위한 것이 맞을 것이다.

둘째, 초소왕의 죽음을 〈초세가〉에서는 10월, 《춘추》에서는 7월이라고 했다. 〈초세가〉에 따르면 초소왕이 죽은 후에도 공자가 진陳나라에 있었음이 확실하다. 따라서 위나라로 가기 전에 다시 진나라에 그대로 머물렀을 가능성이 많다.

셋째, 〈십이제후연표〉는 애공 10년에 해당하는 위衛나라 출공 8년에 "공자가 진陳에서 왔다."라고 했다. 〈위강숙세가〉 출공 8년에는 공자가 진陳나라에서 위衛나라로 들어왔다고 했다. 역시 애공 10년에 해당한다. 즉 공자는 위나라에 가기 전에 애공 6년 말부터 10년까지 다시 진나라에서 4년간을 더 머물렀고, 애공 10년에 진나라를 떠나 위나라에 도착했다고 보는 것이 사실에 부합할 것이다. 〈십이제후연표〉의 기록이 올바를 가능성이 크다. 그러나 공자 일행 전체가 진나라에 머문 것은 아니다. 자로子路 등 일부 제자는 공자를 떠나 위衛나라에서 벼슬하고 있었다고 보이기 때문이다. 그들 일부가 위나라로 들어온 것을 공자가 들어왔다고 잘못 기록한 것으로 보인다.

《공자가어》에는 자로가 포蒲 땅에서 3년을 다스렸다고 했다. 자로가 3

년간 다스릴 수 있는 시간은 이 무렵밖에는 없다. 포는 위나라 땅이고 자로는 공회孔悝의 읍재邑宰를 지냈다. 그렇다면 포는 공회의 봉지였을 가능성이 크다. 공자는 자로를 칭찬했는데 진陳에서 위나라로 가려면 포를 거쳐야 하니 그곳에서 자로의 소식을 들었을 것이다. 공자가 계속 위나라에 있었다면 굳이 3년 만에 자로가 있는 곳을 찾았을 까닭이 없다. 이 또한 공자가 위나라에 머물지 않았다는 하나의 증거가 된다.

② 吳與魯會繒 徵百牢오여노회증 징백뢰

색은 이는 애공 7년 때이다. 100뢰는 뢰牢를 100가지를 구비한 것이다. 《주례》에 따르면 상공上公은 9뢰, 후백侯伯은 7뢰, 자남子男은 5뢰이다. 지금 오나라에서 100뢰를 요구한 것은 이적이라서 예를 알지 못했기 때문이다. 자공은 《주례》로 대답했으며 뒤에 오나라가 망한 것은 곧 징조였다.
此哀七年時也 百牢 牢具一百也 周禮上公九牢 侯伯七牢 子男五牢 今吳徵百牢 夷不識禮故也 子貢對以周禮 而後吳亡是徵也

정의 《괄지지》에서 말한다. "옛날 증성은 기주 승현에 있다. 〈지리지〉에서 증현은 동해군에 속한다고 했다."
括地志云 故鄫城在沂州承縣 地理志云繒縣屬東海郡也

공자가 말했다.
"노나라와 위衛나라의 정치는 형제이다.①"
이때 위나라 군주 첩輒의 아버지는 군주의 자리에 오르지 못하고 나라 밖에 있었다. 이 일로 제후들은 위나라를 자주 꾸짖었다.

그러나 공자의 제자 대부분은 위나라에서 벼슬하고 있었는데, 위나라 군주는 공자를 등용해서 정치를 하고자 했다. 자로가 말했다.
"위나라 군주가 선생님을 맞이해 정치를 하려는데, 선생님께서는 장차 무엇을 먼저 하시겠습니까?②"
공자가 대답했다.
"반드시 명분을 바르게 할 것이다.③"
자로가 말했다.
"그러시군요, 선생님은 길을 돌아가시는군요! 어떻게 바로 잡을 수 있습니까?④"
孔子曰 魯衛之政 兄弟也① 是時 衛君輒父不得立 在外 諸侯數以爲讓 而孔子弟子多仕於衛 衛君欲得孔子爲政 子路曰 衛君待子而爲政 子將奚先② 孔子曰 必也正名乎③ 子路曰 有是哉 子之迂也 何其正也④

① 魯衛之政 兄弟也노위지정 형제야

집해 포씨가 말했다. "주공周公과 강숙康叔은 이미 형제가 되었고, 강숙은 주공과 화목하게 지냈으며, 그 나라의 정치도 형제와 같았다."
包氏曰 周公康叔旣爲兄弟 康叔睦於周公 其國之政亦如兄弟也

신주 노나라는 소공이 쫓겨나 국외를 떠돌다 죽었고 위나라는 태자 괴외가 밖에 자리하고 그 아들이 군주를 하여 어지러운 것이 마치 형제와 같다는 말이다.

② 子將奚先자장해선

집해 포씨가 말했다. "가서 무엇을 먼저 시행할 것인가를 물은 것이다."

包氏曰 問往將何所先行

③ 必也正名乎필야정명호

집해 마융이 말했다. "온갖 일들의 명분을 바로 한다."

馬融曰 正百事之名也

④ 子之迂也 何其正也자지우야 하기정야

집해 포씨가 말했다. "오迂(에돌다)는 원遠(멀다)과 같다. 공자의 말은 일에서 멀어진다는 말이다."

包氏曰 迂猶遠也 言孔子之言遠於事也

공자가 말했다.

"비속하구나.① 유由야, 무릇 명분이 바르게 서지 않으면 말이 순하지 않고, 말이 순하지 않으면 일이 이루어지지 않고, 일이 이루어지지 않으면 예와 음악이 일어나지 않고, 예와 음악이 일어나지 않으면 형벌이 알맞지 않고,② 형벌이 알맞지 않으면 백성이 손과 발을 둘 곳이 없게 되는 것이다. 무릇 군자는 일을 하면 반드시 명분으로 해야 옳고, 말을 하면 반드시 실행해야 한다.③ 군자는 자기의 말에 구차함이 없어야 할 따름이니라."

孔子曰 野哉①由也 夫名不正則言不順 言不順則事不成 事不成則禮樂不興 禮樂不興則刑罰不中② 刑罰不中則民無所錯手足矣 夫君子爲之必可名 言之必可行③ 君子於其言 無所苟而已矣

① 野哉야재

집해 공안국이 말했다. "야野는 통달하지 못한 것이다."

孔安國曰 野 不達也

② 禮樂不興則刑罰不中예악불흥즉형벌부중

집해 공안국이 말했다. "예는 위를 편안하게 하는 것이고, 악樂은 풍속을 바꾸는 것이다. 두 가지가 행해지지 않으면 함부로 형을 가하거나 이유 없이 벌을 주는 일이 있게 될 것이다."

孔安國曰 禮以安上 樂以移風 二者不行 則有淫刑濫罰也

③ 爲之必可名 言之必可行위지필가명 언지필가행

집해 왕숙이 말했다. "명분이 있는 일은 반드시 밝은 말을 할 수 있고, 말한 일은 반드시 실행함으로써 이룰 수 있다는 뜻이다."

王肅曰 所名之事 必可得明言 所言之事 必可得遵行者

그 이듬해[①]에 염유冉有는 계씨季氏의 장수가 되어 제나라와 낭郎에서 싸워 이겼다.[②] 계강자가 말했다.

"그대는 군사를 운영하는 것을 배웠는가, 타고난 것인가?"

염유가 말했다.

"공자께 배웠습니다."

계강자가 말했다.

"공자는 어떤 사람인가?"

염유가 대답했다.

"선생을 등용하면 명성을 지니고 백성에게 베푸니, 조상의 혼령에 약속컨대 서운함이 없을 것입니다.[③] 저는 여기에 이르렀을 뿐이지만, 비록 1,000사社[④]를 보태주어도 선생께서는 이익으로 여기지 않을 것입니다."

계강자가 말했다.

"내가 부르고자 하는데, 가능하겠는가?"

염유가 대답했다.

"부르고자 하신다면 소인小人들의 고지식함이 없어야 가능할 것입니다."

其明年[①] 冉有爲季氏將師 與齊戰於郎 克之[②] 季康子曰 子之於軍旅 學之乎 性之乎 冉有曰 學之於孔子 季康子曰 孔子何如人哉 對曰 用之有名 播之百姓 質諸鬼神[③]而無憾 求之至於此道 雖累千社[④] 夫子不利也 康子曰 我欲召之 可乎 對曰 欲召之 則毋以小人固之 則可矣

① 其明年기명년

**신주** 이 문구는 본문대로라면 애공 8년이어야 하지만 실제로는 애공 11년에 해당한다. 아마 "공자는 애공 6년에 성보에서 진陳에 이르렀다."라는 문장과 "공자는 애공 10년에 진나라에서 위나라에 이르렀다."라는 문장이 나란히 있었고, 그 중간에 '오나라와의 회동'이 있었는데, 베껴 전하는 과정에서 애공 6년의 기록이 탈락하고 애공 10년의 기록이 애공 6년으로 옮겨진 것으로 보인다. 공자가 위나라에 다시 도착한 것은 애공 10년이 맞을 것이다.

② 與齊戰於郞 克之여제전어랑 극지

집해 서광이 말했다. "이것은 노애공 11년이고 오나라와 증繒에서 모인 것에서 이미 4년 떨어져 있다. 〈십이제후연표〉에 따르면 애공 10년에 공자는 진陳나라에서 위衛나라에 이르렀다."
徐廣曰 此哀公十一年也 去吳會繒已四年矣 年表哀公十年 孔子自陳至衛也

색은 서광이 모인 해에서 4년 떨어져 있다고 설명한 것이 옳다. 살펴보니 《좌전》과 이곳의 문장에서는 공자가 이때 위衛나라에 있다가 노나라로 돌아갔고 진陳나라에 있었다는 내용은 보이지 않는다. 진나라에 있을 때는 애공 초에 해당하는데 아마 〈십이제후연표〉가 잘못되었을 것이다.
徐說去會四年 是也 按 左傳及此文 孔子是時在衛歸魯 不見有在陳之文 在陳當哀公之初 蓋年表誤爾

정의 《괄지지》에서 말한다. "낭정은 서주 등현 서쪽 53리에 있다."
括地志云 郞亭在徐州滕縣西五十三里

③ 質諸鬼神질제귀신

신주 여기 '귀신'은 조상을 말한다. 더 자세히 말하면 선대 군주의 혼령을 말한다. 질質은 약속이란 뜻이다. 그래서 인질人質은 약속하여 맡긴 사람이란 뜻이다. 덧붙여, 《중용장구》 제29장에는 군자의 도를 설명하면서 "조상의 혼령에 맹세해도 의심이 없는 것이요, 백세토록 성인을 기다려도 의혹이 없는 것이다.[質諸鬼神而無疑 百世以俟聖人而不惑]"라고 말한 대목이 나온다. 여기서도 질質은 맹세 또는 약속한다는 의미이다.

④ 千社천사

신주 25가구를 1사社라고 한다. 그래서 1,000사는 2만 5,000가구 규모에 해당하는 읍지邑地이다.

위衛나라 공문자孔文子[①]는 태숙太叔[②]을 공격하려 하면서 그 계책을 중니에게 물었다. 중니는 모른다고 사양했다. 물러나 수레를 준비시켜 타고 가면서 말했다.
"새는 나무를 택할 수 있지만, 나무가 어찌 새를 택할 수 있겠는가![③]"
공문자는 한사코 만류했다. 때마침 계강자가 공화公華와 공빈公賓과 공림公林을 쫓아내고 폐물의 예로 맞이하기 위해 나왔다. 공자는 노나라로 돌아왔다. 공자가 노나라를 떠난 지 무릇 14년 만에 노나라로 돌아왔다.[④]
而衛孔文子[①]將攻太叔[②] 問策於仲尼 仲尼辭不知 退而命載而行 曰 鳥能擇木[③] 木豈能擇鳥乎 文子固止 會季康子逐公華公賓公林 以幣迎孔子 孔子歸魯 孔子之去魯凡十四歲而反乎魯[④]

① 衛孔文子위공문자

집해 복건이 말했다. "문자文子는 위衛나라 경卿이다."
服虔曰 文子 衛卿也

신주 〈위강숙세가〉에 따르면 문자의 이름은 어圉인데 태자 괴외의 누나를 취해 회悝를 낳았다고 한다. 공씨의 심부름꾼 혼량부渾良夫는 공문자가 죽은 다음에 괴외의 누나를 처로 삼고 괴외를 들이니, 그가 장공莊公이다. 그 과정에서 공자가 아끼는 제자 자로가 죽는다.

② 太叔태숙

집해 《좌전》에서는 태숙의 이름을 질疾이라고 했다.

左傳曰太叔名疾

③ 鳥能擇木조능택목

집해 복건이 말했다. "새는 자신에 비유한 것이고, 나무는 나라를 비유한 것이다."

服虔曰 鳥喩己 木以喩所之之國

④ 凡十四歲而反乎魯범십사세이반호노

색은 앞선 문장에서 공자가 정공 14년에 노나라를 떠났다고 했다. 이에 이르러 계산하면 13년이다. 〈노주공세가〉에는 정공 12년에 공자가 노나라를 떠났다고 했는데, 즉 처음과 끝을 계산하면 15년이 된다.

前文孔子以定公十四年去魯 計至此十三年 魯系家云定公十二年孔子去魯 則首尾計十五年矣

신주 〈공자세가〉의 문장이 맞다. 14년이 되어야 한다. 〈노주공세가〉에서는 14년이란 문구가 빠진 것으로 보인다.

노나라 애공이 정치를 물었다. 공자가 대답했다.
"정치는 신하를 선택하는 데 달렸습니다."
계강자가 정치를 물었다.
"곧은 사람을 등용하여 굽은 사람 위에 두면① 굽은 사람이라도 곧게 됩니다."

계강자가 도적을 근심하자 공자가 말했다.

"진실로 당신 자신이 갖고자 하는 욕심을 없앤다면, 비록 상을 준다고 하더라도 도둑질하지 않을 것입니다.[②]"

그러나 노나라에서는 끝내 공자를 등용하지 않았고 공자도 벼슬을 구하지 않았다.

魯哀公問政 對曰 政在選臣 季康子問政 曰 擧直錯諸枉[①] 則枉者直 康子患盜 孔子曰 苟子之不欲 雖賞之不竊[②] 然魯終不能用孔子 孔子亦不求仕

① 擧直錯諸枉거직조제왕

집해 포씨가 말했다. "조錯는 두는 것이다. 정직한 사람을 뽑아서 쓰고 사악하고 굽은 사람을 없애 버리는 것이다."

包氏曰 錯 置也 擧正直之人用之 廢置邪枉之人

색은 《논어》에서 말한다. "계강자가 정치를 묻자 공자는 '정치는 바로잡는 것입니다.'라고 했다. 또 애공이 '어떻게 하면 남을 복종하게 할 수 있습니까?'라고 묻자 공자는 '곧은 사람을 뽑아 굽은 사람 위에 두면 곧 다른 사람들이 복종합니다.'라고 했다." 지금 여기서 처음에는 강자康子가 정치를 물은 것에 대해 논했는데, 애공이 다른 사람을 복종시키는 데 대한 공자의 대답이 미흡했다. 이것은 아마 태사공이 《논어》를 대략 발췌하여 글을 만들면서 사실을 그르친 것이다.

論語季康子問政 子曰政者 正也 又哀公問曰何爲則人服 子曰擧直錯諸枉則人服 今此初論康子問政 未合以孔子答哀公使人服 蓋太史公撮略論語爲文而失事實

신주 《논어》〈위정〉과 〈안연〉 두 편에 나와 있다.

② 苟子之不欲 雖賞之不竊구자지불욕 수상지부절

집해 공안국이 말했다. "욕欲은 정욕情慾이다. 백성은 위에서 변화시키려고 하면 그들이 명령하는 바를 따르지 않지만, 그들이 좋아하는 것이면 따른다는 말이다."

孔安國曰 欲 情慾也 言民化於上 不從其所令 從其所好也

제六장

# 경전의 정리와 교육

공자 시대에 주나라 왕실은 미약하고 예禮와 악樂은 무너졌으며 시와 서도 결여되어 있었다. 공자는 (하, 은, 주) 3대의 예에 관한 것을 탐구해서《서전書傳》의 순서를 세워 정리했는데 위로는 당우唐虞의 사이를 기록하고① 아래로는 진秦나라 목공繆公에 이르기까지 그 일을 차례로 엮어서 말했다.

"하나라의 예는 내가 말할 수 있지만, (우왕의 후예가 봉해진) 기杞나라는 내 말을 증명하기에는 부족했다. 은나라 예는 내가 말할 수 있지만, (탕왕의 후예가 봉해진) 송나라도 증거가 부족했다.② (송나라와 기나라에 기록이) 충분하다면 그것을 증명할 수 있다."

또 은나라와 하나라(의 예의제도)를 살펴 쓸 것은 쓰고 버릴 것은 버리는 바를 말했다.

"비록 100대[世]가 지난 (주나라) 사람들이라도 알 수 있는 것은③ 하나는 화려했고 하나는 소박했다는 것이다. 주나라는 (하왕조와 은왕조) 2대를 거울로 삼았으니 문물이 찬란하구나. 나는 주나라를 따르겠노라.④"

그러므로《서전》과《예기》는 공자에서 비롯되었다.

孔子之時 周室微而禮樂廢 詩書缺 追跡三代之禮 序書傳 上紀唐虞之際① 下至秦繆 編次其事 曰 夏禮吾能言之 杞不足徵也 殷禮吾能言之 宋不足徵也② 足 則吾能徵之矣 觀殷夏所損益 曰 後雖百世可知也③ 以 一文一質 周監二代 郁郁乎文哉 吾從周④ 故書傳禮記自孔氏

① 上紀唐虞之際상기당우지제

**신주** 당唐은 요임금, 우虞는 순임금을 뜻한다. 요는 처음 도陶에 봉함을 받았다가 나중에 당唐으로 천도했다. 우虞는 하夏 이전에 존재했던 나라로 추정하는 왕조인데, 순舜을 우 왕조의 마지막 임금으로 본다.

② 夏禮吾能言之~宋不足徵也하례오능언지~송부족징야

**집해** 포씨가 말했다. "징徵은 이룸이다. 기나라와 송나라는 하나라와 은나라의 후예이다. 하나라와 은나라의 예를 내가 설명할 수 있지만 기나라와 송나라의 군주가 이루기에는 부족하다."

包氏曰 徵 成也 杞宋二國 夏殷之後也 夏殷之禮吾能說之 杞宋之君不足以成也

**신주** 《논어》 〈팔일〉에 있다.

③ 後雖百世可知也후수백세가지야

**집해** 하안이 말했다. "사물은 서로를 부르고 세상의 운수는 서로를 낳는데, 그 변화에 일정함이 있다. 그래서 미리 알 수 있다."

何晏曰 物類相召 勢數相生 其變有常 故可預知者也

④ 周監二代~吾從周주감이대~오종주

집해 공안국이 말했다. "감監은 보는 것이다. 주나라 문장은 (하나라와 은나라) 2대에 갖추어졌으니 마땅히 따른다는 말이다."

孔安國曰 監 視也 言周文章備於二代 當從之也

공자가 노나라 태사太師에게 말했다.

"제가 음악을 깨달을 수 있었습니다. 처음 시작할 때에는 한꺼번에 울리고,① 울려 퍼진 다음에 순수해지며,② 음색이 명료해지다가③ 은은하게 이어지면서 이루어지는 것입니다.④"

또 말했다.

"내가 위나라에서 노나라로 돌아온 뒤에야 (지식이 보완되었으므로) 음악이 바르게 되어 (궁정의) 아악雅樂과 (종묘의) 송가頌歌도 각각의 자리를 찾게 되었습니다.⑤"

孔子語魯大師 樂其可知也 始作翕如① 縱之純如② 皦如③ 繹如也 以成④ 吾自衛反魯 然後樂正 雅頌各得其所⑤

① 魯太師~始作翕如노태사~시작흡여

집해 하안이 말했다. "태사는 악관樂官의 이름이다. 5음이 처음 연주되면 합한 울림이 성대한 것과 같다."

何晏曰 太師 樂官名也 五音始奏 翕如盛也

② 縱之純如종지순여

집해 하안이 말했다. "5음이 일어나 울려 퍼짐이 다하게 되면 그 소리가 순수하면서도 조화롭다는 말이다."

何晏曰 言五音旣發放縱盡 其聲純和諧也

③ 曒如교여

집해 하안이 말했다. "그 음의 마디가 밝다는 말이다."

何晏曰 言其音節明

④ 繹如也 以成역여야 이성

집해 하안이 말했다. "울려 퍼지면서 순수해지고 밝아졌다가 느슨해지는 것이니, 음악은 한꺼번에 울리는 것으로 시작해서 세 번을 거쳐서 이룩된다는 말이다."

何晏曰 縱之以純如 曒如 繹如 言樂始於翕如而成於三者也

⑤ 反魯～雅頌各得其所반로～아송각득기소

집해 정현이 말했다. "(공자가) 노나라로 돌아온 것은 노애공 11년 겨울이다. 이때는 도가 쇠약해지고 음악이 폐지되어 공자가 돌아와서야 바로잡혔다. 그러므로 아雅와 송頌이 각각 제자리를 찾은 것이다."

鄭玄曰 反魯 魯哀公十一年冬 是時道衰樂廢 孔子來還 乃正之 故雅頌各得其所

신주 《논어주소論語注疏》는 이 대목을 대략 이렇게 설명하고 있다. "태사太師는 악관樂官의 명칭인데 《주례》의 대사악大司樂과 같다. '악기가지야樂其可知也'는 음악이 우렁차게 울리는 것을 말한다. 흡翕은 우렁찬 모양이고, 여如는 모두 음성 기호며, 종縱은 연주를 펼쳐 나아감을 말한다. 순純은 조화이니 연주가 시작된 뒤에 모든 악기가 제소리를 내어 연주하지만, 순하게 조화됨을 말한다. 교曒는 밝은 것이니 가락이 분명함을 말한다. 석繹은 음의 맥락이 서로 이어져 끊이지 않음을 말한다. 이성以成이란 연주를 시작할 때는 모든 악기를 우렁차게 울리고, 또 연주를 펼쳐 나아가는데 모든 악기의 소리를 조화시키고 가락을 분명하게 하면서 음의 맥락이 끊이지 않고 서로 이어지게 하면 정악正樂이 이루어짐을 말한다. 아송雅頌은 《시경》의 편명이다. 《시경》에는 풍風, 아雅, 송頌이 담겨 있다. 현존하는 편목은 〈국풍〉, 〈소아〉, 〈대아〉, 〈송〉이다.

먼 옛날에는 시詩가 3,000여 편이었다. 공자 시기에 이르러 그 중복된 것들을 제거하고① 예의에 어울릴 수 있는 것만 취했다.② 위로는 설契과 후직后稷에서 채집했고, 중간에는 은나라와 주나라의 성대한 시기의 것을 서술하고 유왕幽王과 여왕厲王 시대에 잘못된 것에 이르렀으며 임석衽席③에서 비롯되었다.
그래서 말했다.
"관저關雎가 어지럽게 된 것을 〈풍〉의 시작으로 삼고④ 녹명鹿鳴을 〈소아〉의 시작으로 삼고⑤ 문왕文王을 〈대아〉의 시작으로 삼고⑥ 청묘淸廟를 〈송〉의 시작으로 삼았다.⑦"
古者詩三千餘篇 及至孔子 去其重① 取可施於禮義② 上采契后稷 中述殷周之盛 至幽厲之缺 始於衽席③ 故曰 關雎之亂以爲風始④ 鹿鳴爲小雅始⑤ 文王爲大雅始⑥ 淸廟爲頌始⑦

① 去其重거기중

정의 去의 발음은 '겨[丘呂反]'이고, 重의 발음은 '충[逐龍反]'이다.

去丘呂反 重逐龍反

② 取可施於禮義취가시어례의

**신주** 춘추시대의 민요를 중심으로 모은 가장 오래된 시집이다. 공자가 편찬했는데 주초周初부터 춘추春秋 초기까지의 노래를 수록하고 있다. 원래 3,000여 편이었던 노래를 공자가 311편으로 간추려 정리했다고 알려져 있다. 현재 전하는 것은 305편이다. 그러나 공자 이전의 시는 지금의 《시경》과 달랐을 것이다. 공자가 유교적 관점과 명분에 어울리는 것을 제외하고 나머지는 상당 부분 버렸기 때문이다.

③ 衽席임석

**신주** 임석이란 요나 깔개 등 잠자리를 말하며, 남녀간 특히 부부간의 생활을 가리킨다. 자손을 낳아 대를 이어가는 것이 모든 역사의 근본이므로 그렇게 말한 것이다. 〈십이제후연표〉 서문에도 나온다.

④ 關雎之亂以爲風始관저지란이위풍시

**정의** 난亂은 다스림이다. 《시소서》에서 말한다. "관저는 후비后妃의 덕이고 〈풍〉의 시작이다. 〈풍〉으로 천하의 부부 관계를 바르게 하는 까닭이다." 모장이 말했다. "관관關關은 화음의 소리다. 저구雎鳩는 큰물수리인데, 새가 군세면서도 분별이 있다. 후비가 군자의 덕을 기뻐하고 즐기는 데 조화하지 않음이 없고, 또 색에 음란하지 않으며 신중하고 견고하며 그윽하고 깊다. 그래서 큰물수리와 같은 분별이 있은 다음에야 천하를 교화시킬 수 있다. 부부가 분별이 있으면 부자는 친하게 되고, 부자가 친하게 되면 군주와 신하는 공경하여 조정은 바르게 되며, 조정이 바르게 되면 왕의 교화가 성취되는 것이다." 살펴보니 큰물수리는 금구악金口鶚(금색 부리를 가진 물수리)이다.

亂 理也 詩小序云 關雎 后妃之德也 風之始也 所以風天下而正夫婦也 毛萇云 關關 和聲 雎鳩 王雎也 鳥摯而有別 后妃悅樂君子之德 無不和諧 又不淫色 愼固幽深 若雎鳩之有別 然後可以風化天下 夫婦有別則父子親 父子親則君臣敬 君臣敬則朝廷正 朝廷正則王化成也 按 王雎 金口鶚也

**신주** 음양의 근본은 남녀관계에 있다. 공자는 그 음란함을 바로잡으려고 '관저'를 《시경》의 첫머리에 실었다. 모장毛萇은 《시경》에 주석을 붙임으로써 《시경》에서 최고의 권위를 지니게 되었다. 《시경》을 《모시》라고 하는 것도 여기에 연유한다. '관저'는 주나라 문왕이 태사太姒를 배필로 맞아 지내는 모습을 노래한 것이다. "어울려 노니는 물수리, 하숫가에서 노니네. 아리따운 아가씨여 군자의 좋은 짝일세.[關關雎鳩 在河之洲 窈窕淑女 君子好逑]"라는 뜻이다.

⑤ 鹿鳴爲小雅始녹명위소아시

**정의** 《소서》에서 말한다. "녹명은 여러 신하와 반가운 손님을 위한 연회이다. 먹고 마시고 나서 또 폐백을 광주리에 채워 그의 후의를 다한다. 그런 연후에 충신과 반가운 손님은 그의 마음을 다할 수 있게 되는 것이다." 모장이 말했다. "사슴이 쑥을 만나면 매애 매애 울어서 서로를 부르니, 간절한 정성이 마음속에 일어난 것이다. 빈객들에게 즐겁고 좋은 마음을 일으켜서 마땅히 간절한 정성으로 서로 초대해야 예를 이루는 것이다."

小序云 鹿鳴 宴群臣嘉賓也 旣飮食之 又實幣帛筐篚以將其厚意 然後忠臣嘉賓得盡其心矣 毛萇云 鹿得苹 呦呦鳴而相呼 懇誠發乎中 以興嘉樂賓客 當有懇誠相招呼以成禮也

⑥ 文王爲大雅始문왕위대아시

정의 《소서》에서 말한다. "문왕이다. 문왕이 천명을 받아서 주나라를 일으킨 것이다." 정현이 말했다. "문왕은 처음 서백西伯이 되었는데, 백성에게 공이 있어 그의 덕이 하늘에 나타났다. 그러므로 천명으로써 왕이 되어 천하의 군주가 되게 한 것이다."

小序云 文王 文王受命作周 鄭玄云 文王初爲西伯 有功於民 其德著見於天 故天命之以爲王 使君天下

⑦ 淸廟爲頌始청묘위송시

정의 《소서》에서 말한다. "청묘는 문왕에게 제사하는 것이다. 주공周公이 이미 낙읍雒邑을 이룩하고, 제후들을 조회하고 인솔하여 문왕에게 제사한 것이다." 모장이 말했다. "청묘는 청명淸明의 덕이 있는 궁宮에서 제사하는 것이다. 문왕을 제사하니 하늘의 덕이 청명하여 문왕을 본받는 것을 이른다. 그러므로 제사에서 이 시를 노래하는 것이다."

小序云 淸廟 祀文王也 周公旣成雒邑 朝諸侯 率以祀文王焉 毛萇云 淸廟者 祭有淸明之德者之宮也 謂祭文王 天德淸明 文王象焉 故祭之而歌此詩也

시詩 305편을 공자가 모두 현악기를 타면서 노래했다. 소韶와 무武,[①] 아악雅과 송頌에 어울리는 것을 구했다. 예와 악樂이 이로부터 이루어져 기술되었다. 이로써 왕도王道가 갖추어지고 육예六藝[②]가 이루어졌다.

공자는 만년에 《역》을 좋아했다. 서序,[③] 단彖,[④] 계繫,[⑤] 상象,[⑥]

설괘說卦,[7] 문언文言[8]이 있다. 《역》을 묶은 가죽끈이 세 번 끊어지도록 숙독했다.[9] 그리고 말했다.
"나의 수명을 몇 년 빌릴 수 있다면, 나는 《역》을 빛나고 빛나게 하리라.[10]"
三百五篇孔子皆弦歌之 以求合韶武[1]雅頌之音 禮樂自此可得而述 以備王道 成六藝[2] 孔子晩而喜易 序[3]彖[4]繫[5]象[6]說卦[7]文言[8] 讀易 韋編三絶[9] 曰 假我數年 若是 我於易則彬彬矣[10]

① 韶武소무

**신주** 소악은 순임금의 음악이고, 무악은 무왕의 음악이다.

② 六藝육예

**신주** 육예에는 여러 뜻이 있다. 《주례》〈지관대사도地官大司徒〉에서는 예禮, 악樂, 사射, 어御, 서書, 수數라고 했다. 여기서는 시詩, 서書, 예禮, 악樂, 역易, 춘추春秋를 가리킨다. 시詩와 서書로 그 뜻을 갖추고, 예禮와 악樂으로 수양하며, 역易과 춘추春秋로 그 지식을 밝힌다고 한다.

③ 序서

**정의** 서序는 《주역》의 서괘序卦이다. 부자夫子가 10익을 지었는데, 상단·하단·상상·하상·상계·하계·문언·서괘·설괘·잡괘를 말한다. 《역정의》에서 말한다. "문왕이 이미 64괘를 만들고 이를 상·하편으로 나누었으니, 선후의 차례가 있어 그 이치가 바뀌지 않았다. 공자는 상경上經과 하경下經을 만들어 각각 그 서로 이은 뜻을 서술했다."

序 易序卦也 夫子作十翼 謂上彖下彖上象下象上繫下繫文言序卦說卦雜卦也 易正義曰 文王旣繇六十四卦分爲上下篇 先後之次 其理不易 孔子就上下二經各序其相次之義

④ 彖단

정의 彖의 발음은 '단[吐亂反]'이다. 상단은 괘 아래의 사辭이다. 하단은 효괘 아래의 사辭이다. 《역정의》에서 말한다. "부자가 저작한 것은 한 괘의 뜻을 거느려 논하기도 하고, 혹은 그 괘의 덕을 설명하기도 하고, 혹은 그 괘의 뜻을 설명하기도 하고, 혹은 그 괘의 의미를 설명하기도 했다. 장씨는 '단彖은 단斷이다. 한 괘의 의미를 단정했다는 말이다.'라고 했다."
吐亂反 上彖 卦下辭 下彖 爻卦下辭 易正義曰 夫子所作 統論一卦之義 或說其卦德 或說其卦義 或說其卦名 莊氏云 彖 斷也 言斷定一卦之義也

⑤ 繫계

정의 繫는 가장 통상적인 발음으로 읽는다. 또 발음은 '계系'이다. 《역정의》에서 말한다. "계사繫辭란 성인이 이 사辭를 효괘 아래에 속하게 해서 묶은 것이다. 나누어 상편과 하편으로 만든 것은 크고 무거운 것을 간편하게 한 것이다." 또 "계사는 대강의 뜻을 취한 것이다."라고 했다.
如字 又音系 易正義云 繫辭者 聖人繫屬此辭於爻卦之下 分爲上下篇者 以簡編重大 是以分之 又言繫辭者 取綱系之義也

⑥ 象상

정의 상상은 괘사卦辭이다. 하상은 효사爻辭이다. 《역정의》에서 말한다. "만물의 몸체는 스스로 그렇게 된 각각의 형상이 있는데, 성인이 괘를 설치해 만물의 상을 본뜬 것이다. 지금 부자가 이 괘의 상象을 해석한 것이다."

上象 卦辭 下象 爻辭 易正義云 萬物之體自然 各有形象 聖人設卦以寫萬物之象 今夫子釋此卦之象也

⑦ 說卦설괘

정의 《역정의》에서 말한다. "설괘는 팔괘 덕업德業의 변화와 법상法象이 되는 것을 펼쳐 설명한 것이다."

易正義云 說卦者 陳說八卦德業變化法象所爲也

⑧ 文言문언

정의 《역정의》에서 말한다. "부자가 《역》의 도道를 보태 밝히고 의미와 이치를 펼쳐 설명하여, 건乾과 곤坤 두 괘의 경문經文을 해석했다. 그러므로 '문언'이라고 일컬었다." 또 말한다. "잡괘는 64괘로 뜻을 삼고 서괘序卦 밖에서 성인聖人이 일으킨 말을 분별했다. 시대에 따라 그 일의 마땅한 것을 따라 지었기에 옛 습관을 그대로 좇지 않아서 손익이 있다." 또 말한다. "많은 괘를 뒤섞어 주무르면 그 뜻이 뒤섞여 어지러워지는데, 어떤 것은 비슷한 것끼리 함께하고 어떤 것은 다른 것으로 서로 밝힌다." 살펴보니 《사기》에서는 잡괘가 나오지 않은 까닭으로 이를 덧붙였다.

易正義云 夫子贊明易道 申說義理 釋乾坤二卦經文之言 故稱文言 又 雜卦者 六十四卦以爲義 於序卦之外 別言聖人之興 因時而作 隨其事宜 不必相因襲 當有損益 又云 雜揉衆卦 錯綜其義 或以同相類 或以異相明 按 史不出雜卦 故附之

⑨ 韋編三絶위편삼절

**신주** 죽간을 묶은 가죽끈이 세 번 떨어졌다는 고사성어 '위편삼절'의 출전이다. 《사기지의》에서 말한다. "《포박자抱朴子》 〈거혹祛惑〉에 고강자古强者가 '공자는 일찍이 내게 《역》을 읽으라고 권하면서 말하기를 「이는 좋은 책이고 제가 좋아하여 엮은 가죽끈이 세 번 끊어졌으며 쇠침이 세 번 부러졌습니다.」라고 하여, 나를 크게 깨닫게 했다.'라고 한 내용이 있다. 설거薛據의 《집어》에도 《사기》를 인용하여 '공자가 《역》을 읽다가 「가죽끈이 세 번 끊어졌으며 쇠침이 세 번 부러졌으며, 옻칠한 글씨가 세 번 닳아 없어졌다.」'라고 한 내용이 있다."

⑩ 假我數年 若是 我於易則彬彬矣가아수년 약시 아어역칙빈빈의

**신주** 《사기지의》에서 말한다. "여기와 《논어》가 다른데, 공자의 말이 아닌 듯하다." 《논어》 〈술이〉에서 공자는 "내게 몇 년을 더 살게 해서 50세에 주역을 공부하게 한다면 큰 과실은 없게 될 것이다.[加我數年 五十以學易 可以無大過矣]"라고 말했다. '나의 수명을 몇 년 빌린다'는 말이나 '내가 몇 년 더 산다'는 말은 의미가 같다.

공자는 시詩와 서書와 예禮와 악樂을 가르쳤다. 제자들이 대개 3,000여 명이었으며, 몸소 육예六藝를 통달한 자가 72명이었다. 안탁취顔濁鄒의 제자들처럼[①] 높은 수준의 학업을 받은 자들은 매우 많았다.
공자는 네 가지를 가지고 가르쳤다. 그것은 문文과 행行과 충忠과 신信이었다.[②]

네 가지를 끊었다. 그것은 사사로운 뜻이 없었고,③ 반드시 해야 하는 것이 없었고,④ 고집하는 것이 없었고,⑤ 이기심이 없었다.⑥
孔子以詩書禮樂教 弟子蓋三千焉 身通六藝者七十有二人 如顔濁鄒之徒① 頗受業者甚衆 孔子以四教 文 行 忠 信② 絶四 毋意③ 毋必④ 毋固⑤ 毋我⑥

① 顔濁鄒之徒안탁추지도

정의 濁의 발음은 '탁卓'이다. 鄒의 발음은 '취聚'이다. 안탁추는 (공자의 제자) 72명에는 들지 않는다.

濁音卓 鄒音聚 顔濁鄒 非七十(七)[二]人數也

신주 자로子路의 처형이다. 공자가 처음 위나라에 갔을 때 신세를 졌던 사람이다.

② 文 行 忠 信문 행 충 신

집해 하안이 말했다. "네 가지는 형질形質이 있어 들추어서 가르칠 수 있다."

何晏曰 四者有形質 可擧以教

신주 《논어》 〈술이〉에 있다.

③ 毋意무의

집해 하안이 말했다. "도道로써 법도로 삼는다. 그러므로 자기 마음대로 하지 않았다."

何晏曰 以道爲度 故不任意也

④ 毋必무필

집해 하안이 말했다. "써주면 도를 행하고 써주지 않으면 숨는다. 그래서 반드시 해야 하는 일이 없다."

何晏曰 用之則行 舍之則藏 故無專必

⑤ 毋固무고

집해 하안이 말했다. "가한 것도 없고 불가한 것도 없다. 그래서 집착해서 행하는 일이 없다."

何晏曰 無可無不可 故無固行也

⑥ 毋我무아

집해 하안이 말했다. "옛것을 기술하되 스스로 지어내지 않고, 여럿이 모이는 곳에 처해도 스스로 남다르지 않으며, 오직 도道만 따른다. 그래서 자신은 생각하지 않았다."

何晏曰 述古而不自作 處群萃而不自異 唯道是從 故不有其身

신주 《논어》 〈자한〉에 있다.

삼가는 것이 있었다. 그것은 재계齊戒, 전쟁, 질병이다.[①] 공자가 좀처럼 말하지 않았던 것은 이익이 되는 것, 천명이나 운명의 예측하기 어려운 것, 사람에 최고의 덕인 인仁이다.[②] (가르치는 법에서는) 배우는 자가 분발하지 않으면 깨우쳐주지 않았고, 한 귀퉁이를 들었는데 나머지 세 귀퉁이를 반증하여 알지 못하면 다시

가르쳐 주지 않았다.③

所愼 齊戰疾① 子罕言利與命與仁② 不憤不啓 擧一隅不以三隅反 則弗復也③

① 齊戰疾제전질

집해 하안이 말했다. "이 세 가지는 사람들이 잘 삼가지 못하는 것이지만 부자는 삼갔다."

何晏曰 此三者人所不能愼 而夫子愼也

신주 '삼가는 것'은 하지 않음이 아니라 조심조심하는 것이다. 제사를 지내기 위한 재계와 병력을 움직이는 전쟁 그리고 질병을 대하는 처치와 예방 등은 함부로 하지 않아야 한다. 당시에는 예법이 무너져 제사를 과하거나 모자라게 했고, 제후와 대부는 함부로 병력을 움직였으므로 이를 삼간 것이다.

② 子罕言利與命與仁자한언리여명여인

집해 하안이 말했다. "한罕은 드문 것이다. 이利는 의義가 조화로운 것이다. 명命은 천명이다. 인仁은 행동이 성대한 것이다. 제대로 닿기가 힘들기 때문에 드물다고 말한 것이다."

何晏曰 罕者 希也 利者 義之和也 命者 天之命也 仁者 行之盛也 寡能及之 故希言之

③ 不憤不啓～則弗復也불분불계～즉불부야

집해 정현이 말했다. "공자는 남과 말할 때는 반드시 그 사람의 마음이 분발하려고 애쓰고[憤憤], 입이 말하려고 애쓰기[悱悱]를 기다렸다가 그 후에 일깨워서 설명해주었다. 이렇게 하면 알고 생각하는 것이 깊어진다. 설명은 곧 하나의 단서를 들어서 했는데, 그 사람이 같은 생각을 하지 않으면 다시 가르치지 않았다."

鄭玄曰 孔子與人言 必待其人心憤憤 口悱悱 乃後啓發爲說之 如此則識思之深也 說則擧一端以語之 其人不思其類 則不重教也

**신주** 《논어》 〈술이〉에 있다.

> 그는 향당鄕黨, 즉 향리에 있을 때는 온순하고 공손했으며① 말도 잘 못하는 사람 같았다. 종묘와 조정에 있을 때는 말이 분명했지만② 다만 삼가 할 뿐이었다.③ 조정에 나아가 상대부와 말할 때는 온화했고④ 하대부와 말할 때는 강직했다.⑤
>
> 공자가 대궐 문을 들어가서는 공손히 몸을 굽혔다. 종종걸음으로 나아갈 때는 새가 날개를 편 것처럼 팔꿈치를 펴서 단정했다.⑥ 군주가 불러 빈객 접대를 명받았을 때는⑦ 낯빛을 고쳐 긴장했다.⑧ 군주로부터 참내하라는 명을 받으면 수레가 준비되기를 기다리지 않고 급히 달려갔다.⑨
>
> 其於鄕黨 恂恂①似不能言者 其於宗廟朝廷 辯辯②言 唯謹爾③ 朝 與上大夫言 誾誾如也 ④與下大夫言 侃侃如也⑤ 入公門 鞠躬如也 趨進 翼如也⑥ 君召使儐⑦ 色勃如也⑧ 君命召 不俟駕行矣⑨

① 恂恂순순

집해 왕숙이 말했다. "순순恂恂은 온순하고 공손한 모습이다."

王肅曰 恂恂 溫恭貌也

색은 다른 판본에는 '준준逡逡(겸손한 모습)'으로 되어 있다. 발음은 '춘[七旬反]'이다.

有本作逡逡 音七旬反

② 辯辯변변

색은 《논어》에는 '변변便便'으로 되어 있다.

論語作便便

신주 《논어》 〈향당〉에 있다.

③ 唯謹爾유근이

집해 정현이 말했다. "오직 말을 잘하면서도 삼가고 공경한다."

鄭玄曰 唯辯而謹敬也

④ 誾誾如也은은여야

집해 공안국이 말했다. "치우치지 않고 정직한 모습이다."

孔安國曰 中正之貌也

⑤ 侃侃如也간간여야

집해 공안국이 말했다. "화락한 모습이다."

孔安國曰 和樂貌

신주 이상의 문장은 〈향당〉에 있다.

⑥ 趨進 翼如也추진 익여야

집해 공안국이 말했다. "반듯하고 아름답다는 말이다."

孔安國曰 言端好也

⑦ 君召使儐군소사빈

집해 정현이 말했다. "빈객이 있어서 맞이하라고 시킨 것이다."

鄭玄曰 有賓客 使迎之也

⑧ 色勃如也색발여야

집해 공안국이 말했다. "반드시 낯빛을 바꾼다."

孔安國曰 必變色

⑨ 不俟駕行矣불사가행의

집해 정현이 말했다. "급하게 군주의 명에 달려가니, 길을 떠난 다음에 수레가 뒤따른 것이다."

鄭玄曰 急趨君命也 行出而車駕隨之

생선이 상하거나[①] 고기가 썩거나 반듯하게 썰지 않았으면 먹지 않았다. 자리가 반듯하지 않으면 앉지 않았다. 상喪을 당한 사람의 곁에서 식사를 할 때는 배부르게 먹지 않았다.
곡을 한 날에는 종일 노래를 부르지 않았다. 상복을 입은 자나 시각장애인[②]을 보면 비록 어린아이라도 반드시 행동을 고쳤다.

魚餒[1] 肉敗 割不正 不食 席不正 不坐 食於有喪者之側 未嘗飽也 是日哭 則不歌 見齊衰瞽[2]者 雖童子必變

① 魚餒어뇌

집해 공안국이 말했다. "생선이 썩은 것을 뇌餒라고 한다."

孔安國曰 魚敗曰餒也

② 瞽고

집해 포씨가 말했다. "고瞽는 눈이 먼 것이다."

包氏曰 瞽 盲

"세 사람이 길을 가면 반드시 나의 스승을 얻는다.[1]"
"덕을 닦지 못함과 학문을 익히지 못함과 의를 듣고도 능히 행동에 옮기지 못함과 옳지 못한 것을 잘 고치지 못하는 것은 나의 근심이다.[2]"
남이 노래를 잘 부르면 반복하게 하고 그러한 뒤에 화답했다.[3]
공자는 괴이怪異, 무용력武勇力, 난윤배덕亂倫背德, 귀신영험鬼神靈驗[4] 등은 말하지 않았다.
三人行 必得我師[1] 德之不脩 學之不講 聞義不能徙 不善不能改 是吾憂也[2] 使人歌 善 則使復之 然后和之[3] 子不語 怪 力 亂 神[4]

① 三人行 必得我師삼인행 필득아사

집해 하안이 말했다. "내가 세 사람과 길을 가는데 본래 어질고 어리석은 사람이 없으니, 착한 이는 가려서 따르고 착하지 못한 이를 보면 그것을 고쳤으니, 일정한 스승이 없다는 말이다."

何晏曰 言我三人行 本無賢愚 擇善而從之 不善而改之 無常師

신주 《논어》 〈술이〉에 있다.

② 德之不修～是吾憂也덕지불수～시오우야

집해 공안국이 말했다. "부자는 항상 이상 네 가지를 근심으로 삼았다."

孔安國曰 夫子常以此四者爲憂也

신주 《논어》 〈술이〉에 있다.

③ 使人歌～然後和之사인가～연후화지

집해 하안이 말했다. "노래를 잘하는 것을 즐거워했다. 그러므로 거듭 노래하게 하고 스스로도 화답한 것이다."

何晏曰 樂其善 故使重歌而自和也

④ 怪 力 亂 神괴 력 난 신

집해 왕숙이 말했다. "괴怪는 괴이한 것이다. 역力은 하나라의 오奡가 손으로 배를 움직이고 오획烏獲이 1,000균鈞을 들었다는 식의 종류들이다. 난亂은 신하가 군주를 시해하고 자식이 아버지를 시해한 것을 이른다. 신神은 귀신의 일을 이른다. 어떤 이는 '교화에 도움이 되지 않고 혹은 차마 말하지 못할 바다.'라고 했다." 이충이 말했다. "힘이 이치로 말미암지 않는 것, 이는 괴력怪力이다. 신神이 바른 것으로 말미암지 않는 것,

이는 난신亂神이다. 괴력과 난신은 바르지 않은 것과 더불어 있는 것이어서 교화에 무익하다. 그래서 말하지 않은 것이다."

王肅曰 怪 怪異也 力謂若奡盪舟 烏獲擧千鈞之屬也 亂謂臣弑君 子弑父也 神謂鬼神之事 或無益於教化 或所不忍言也 李充曰 力不由理 斯怪力也 神不由正 斯亂神也 怪力 亂神 有與於邪 無益於教 故不言也

**신주** 《논어》 〈술이〉에 있다.

자공이 말했다.

"부자의 문장은 들을 수 있었다.① 그러나 부자는 하늘의 도라든가 사람의 인성과 운명 같은 것은 말하지 않아서 들을 수 없었다.②"

안연이 한숨 쉬며 말했다.

"(정말로 높은 것은) 우러러볼수록 더욱 높고, (견고한 것은) 파고들수록 더욱 견고하다.③ (부자의 작용은 자유자재여서) 앞에 있었던가 하면 어느새 뒤에 있구나.④ 부자는 차근차근 질서를 세워서 사람을 잘 이끌었고,⑤ 사람의 지식을 넓히는 데도 앞선 철학자의 글을 가지고 하셨으며, 우리의 행위를 규제할 때는 선생의 예를 가지고 하셨다. 그 교육방식이 훌륭했으므로 그만두려고 해도 멈추어지지 않았다. 내 재주는 벌써 다했는데 서 계신 곳이 저편에 우뚝하구나. 비록 따라가려고 하지만 어디서부터 시작해야 할지 모르겠다.⑥"

子貢曰 夫子之文章 可得聞也① 夫子言天道與性命 弗可得聞也已② 顏淵喟然歎曰 仰之彌高 鑽之彌堅③ 瞻之在前 忽焉在後④ 夫子循循然善誘人⑤ 博我以文 約我以禮 欲罷不能 旣竭我才 如有所立 卓爾 雖欲從之 蔑由也已⑥

① 文章 可得聞也문장 가득문야

집해 하안이 말했다. "장章은 명明이다. 문文은 채彩이다. 형질이 드러나면 귀와 눈이 따를 수 있는 것이다."

何晏曰 章 明 文 彩 形質著見 可以耳目循也

신주 《논어》 〈공야장〉에 있다.

② 天道與性命 弗可得聞也已천도여성명 불가득문야이

집해 하안이 말했다. "성性이란 사람이 받아서 태어나는 것이다. 천도天道는 원형元亨이 날로 새로워지는 도道이다. 깊고 미묘하므로 들을 수 없는 것이다."

何晏曰 性者 人之所受以生也 天道者 元亨日新之道 深微 故不可得而聞之

③ 仰之彌高 鑽之彌堅앙지미고 찬지미견

집해 하안이 말했다. "다 파악할 수 없다는 말이다."

何晏曰 言不可窮盡

④ 瞻之在前 忽焉在後첨지재전 홀언재후

집해 하안이 말했다. "황홀해서 형상을 만들 수 없다는 말이다."

何晏曰 言忽恍不可爲形象

신주 《논어》 〈자한〉에 있다.

⑤ 循循然善誘人순순연선유인

집해 하안이 말했다. "순순循循은 차례가 있는 모습이다. 유誘는 나아가게 하는 것이다. 부자가 이 도道로써 바르게 해서 사람들에게 학문으로 나아가게 권장하는 데 차례가 있다는 말이다."

何晏曰 循循 次序貌也 誘 進也 言夫子正以此道進勸人學有次序也

⑥ 博我以文～蔑由也已박아이문～멸유야이

집해 공안국이 말했다. "부자가 이미 문장文章으로 넓게 나를 열어 주셨고, 또 예절로써 나를 갖추게 해주셔서 그만두지 못하게 한다는 말이다. 내 재주를 벌써 다했지만 서 계신 곳이 높이 우뚝하여 미치지 못하는 것이다. 자신은 비록 부자가 잘 이끌어주는 혜택을 입었지만, 아직 부자가 서 계신 곳에 닿지 못했다는 말이다."

孔安國曰 言夫子旣以文章開博我 又以禮節節約我 使我欲罷不能 已竭吾才矣 其有所立 則卓然不可及 言己雖蒙夫子之善誘 猶不能及夫子所立也

신주 《논어》〈자한〉에 있다.

달항達巷①이라는 촌락의 사람이 말했다.

"위대하구나. 공자여! 박학해서 만사에 통하지만, 어느 한 가지에 이름을 이루지 못했구나.②"

공자가 듣고 말했다.

"내가 무슨 일을 해야 이름을 이루겠는가? 수레 모는 일을 해야 할까? 활 쏘는 일을 해야 할까? 나는 수레 모는 일을 하겠노라.③"

자뢰子牢가 말했다.

"공자께서 이르기를 '나는 등용되지 못했기 때문에 예藝를 익히게 되었다.'라고 하셨다.④"

達巷黨[①]人(童子)曰 大哉孔子 博學而無所成名[②] 子聞之曰 我何執 執御乎 執射乎 我執御矣[③] 牢曰 子云 不試 故藝[④]

① 黨당

신주 500가구가 1당에 해당된다.

② 達巷黨人(童子)曰～博學而無所成名달항당인(동자)왈～박학이무소성명

집해 정현이 말했다. "달항達巷이란 고을 이름이다. 500가를 '당'이라고 한다. 이는 당 사람이 공자가 도예를 배운 것을 칭찬하면서도 하나의 이름을 이루지 못했을 뿐이라는 것이다."

鄭玄曰 達巷者 黨名 五百家爲黨 此黨之人美孔子學道藝 不成一名而已

신주 《논어》 〈자한〉에 있다. 당黨이 모여서 향鄕이 된다. 그래서 '향당'이란 고향을 가리킨다. 《논어집주》는 당항 고을 사람의 성명이 전하지 않는다고 했는데, 이규경은 〈옛 사람의 성명이 다르고 같은 것에 대한 변증설〉에서 "달항 고을 사람에 대해서, 성은 항項, 이름은 탁橐이다."라고 했는데 근거를 대지는 않았다.

③ 子聞之曰～我執御矣자문지왈～아집어의

집해 정현이 말했다. "남이 칭찬했다는 소문을 듣고 이어서 겸손해한 것이다. 내가 말 모는 일을 하겠다는 것은 육예의 낮은 것을 밝히고자 한 것이다."

鄭玄曰 聞人美之 承以謙也 吾執御者 欲明六藝之卑

신주 《논어》 〈자한〉에 있다.

④ 牢曰～故藝뇌왈～고예

집해 정현이 말했다. "뇌牢는 제자 자뢰子牢다. 시試는 용用이다. 공자가 스스로 이르기를 내가 등용되지 않았기에 기예가 많았다고 말한 것이다."

鄭玄曰 牢者 弟子子牢也 試 用也 言孔子自云我不見用故多伎藝也

신주 《논어》 〈자한〉에 있다.

노나라 애공 14년 봄, 대야大野에서 사냥했다.① 숙손씨의 수레를 모는 서상鉏商②이 짐승을 잡았는데 불길하게 여겼다. 중니가 그것을 보고 말했다.

"기린이오."

이에 그 짐승을 가져왔다.③ 공자가 말했다.

"하수河水에서 도圖가 나오지 않고 낙수雒水에서 서書가 나오지 않으니, 나의 도는 그만인가 보다.④"

魯哀公十四年春 狩大野① 叔孫氏車子鉏商② 獲獸以爲不祥 仲尼視之曰 麟也 取之③ 曰 河不出圖 雒不出書 吾已矣夫④

① 魯哀公十四年春 狩大野노애공십사년춘 수대야

집해 복건이 말했다. "대야大野는 늪 이름이고 노나라 밭과 과수원이 늘 자리했던 곳인데, 아마 지금의 거야鉅野가 이곳일 것이다."

服虔曰 大野 藪名 魯田圃之常處 蓋今鉅野是也

정의 《괄지지》에서 말한다. "획린퇴獲麟堆는 운주 거야현 동쪽 12리에 있다. 《춘추》 애공 14년 경문에서 '서쪽에서 수렵해서 기린을 잡았다.'라고 했다. 《국도성기》에서 '거야 옛 성 동쪽 10리의 연못 가운데에 토대土臺가 있다. 넓이가 수레바퀴의 사오십 보步이고, 세속에서는 획린퇴라고 하며, 노성魯城과 300리 남짓 떨어져 있다.'라고 한다."

括地志云 獲麟堆在鄆州鉅野縣東十二里 春秋哀十四年經云西狩獲麟 國都城記云鉅野故城東十里澤中有土臺 廣輪四五十步 俗云獲麟堆 去魯城可三百餘里

신주 역사에 자주 등장하는 호수와 늪지이다. 노나라 서쪽과 위衛나라 동쪽 경계를 이루며, 북쪽 일부는 제나라에 닿은 큰 호수이다. 대야택大野澤 또는 거야택鉅野澤이라고 한다.

② 車子鉏商거자서상

집해 복건이 말했다. "수레를 모는 미천한 자이다. 서상鉏商은 이름이다."

服虔曰 車子 微者也 鉏商 名也

색은 《춘추전》과 《공자가어》에서는 나란히 "거자서상車子鉏商"이라고 했다. 복건이 '자子'를 성이라고 한 것은 잘못이다. 지금 거자車子는 수레를 주관하는 거사車士이고 미천한 사람이다. 사람이 미천한 까닭으로 그의 성을 생략했으니, 곧 '자子'는 성이 아니다.

春秋傳及家語竝云車子鉏商 而服虔以子爲姓 非也 今以車子爲主車車士 微者之人也 人微故略其姓 則子非姓也

③ 麟也 取之인야 취지

집해 복건이 말했다. "기린은 때마다 늘 나타나는 것이 아니다. 그래서 괴이하게 여기고 상서롭지 않은 것으로 여겼다. 중니가 '기린'이라고 이름을 붙인 연후에 노나라 사람들이 잡았다. 중니에게 이른 후에 기린임이 분명해진 것이다."

服虔曰 麟非時所常見 故怪之 以爲不祥也 仲尼名之曰麟 然後魯人乃取之也 明麟爲仲尼至也

④ 河不出圖～吾已矣夫하불출도～오이의부

집해 공안국이 말했다. "성인이 천명을 받아 하수河水에서 도圖가 나왔는데, 지금은 이런 상서가 없다. 오이의부吾已矣夫는 나타나지 않는 것을 상심한 것이다. 하도河圖의 팔괘八卦가 이것이다."

孔安國曰 聖人受命 則河出圖 今無此瑞 吾已矣夫者 [傷]不得見[也] 河圖 八卦是也

신주 《논어》〈자한〉에 있다. 하도河圖는 복희씨 때 황하에서 용마龍馬가 나왔는데, 그 등에 55개의 점이 그려져 있었다. 복희씨가 이를 보고 팔괘八卦를 만들었다고 한다. 낙서洛書는 하나라 우왕禹王이 9년 홍수를 다스릴 때 낙수洛水에서 신귀神龜가 나타났는데, 그 등에 45개의 점이 그려져 있었다. 우왕이 이를 보고 홍범구주洪範九疇를 만들었다 한다.

안연顔淵이 죽자 공자가 말했다.
"하늘이 날보고 죽으라고 하는구나.①"
서쪽에서 사냥할 때 기린을 보고 말했다.
"나의 도가 다했다.②"
한숨을 내쉬며 말했다.
"나를 알아주는 사람이 없구나!"

자공이 말했다.

"어찌 선생을 알아주지 않는다고 하십니까?③"

공자가 말했다.

"하늘을 원망하지 않고 사람을 탓하지 않으며④ 아래로는 사람의 일을 배우고 위로는 하늘의 이치에 통달했는데,⑤ 나를 아는 이는 저 하늘뿐이구나!⑥"

顔淵死 孔子曰 天喪予① 及西狩見麟 曰 吾道窮矣② 喟然歎曰 莫知我夫 子貢曰 何爲莫知子③ 子曰 不怨天 不尤人④ 下學而上達⑤ 知我者其天乎⑥

① 天喪予천상여

집해 하휴가 말했다. "여予는 아我이다. 하늘이 안연을 태어나게 해서 부자의 보좌로 삼았는데 죽었으니, 이는 곧 하늘이 장차 부자가 죽을 것임을 증명한 것이다."

何休曰 予 我也 天生顔淵爲夫子輔佐 死者是天將亡夫子之証者也

신주 《논어》〈선진〉에 있다. 상喪에는 '버리다'라는 뜻이 없다. 흔히들 이를 '하늘이 나를 버리는구나!'로 해석하는데, 잘못이다. '상'은 오르는 것이다. 사람이 죽어 혼령이 하늘에 오르니, 그것을 상喪이라 하고 그 의식을 '상례'라 하여 경건하게 하는 것이다. 위 하휴의 말이 옳은 것이다.

② 吾道窮矣오도궁의

집해 하휴가 말했다. "기린이란 태평시대의 짐승으로 성인聖人의 종류이다. 때는 얻었지만 죽었으니, 이는 하늘이 부자에게 장차 죽을 것임을 증험으로 알린 것으로 여겼기에 이렇게 말한 것이다."

何休曰 麟者 太平之獸 聖人之類也 時得而死 此天亦告夫子將歿之証 故云爾

③ 何爲莫知子하위막지자

집해 하안이 말했다. "자공子貢은 부자가 무엇 때문에 자신을 아는 자가 없다는 말을 하는지 이상하게 여겼다. 그래서 물은 것이다."

何晏曰 子貢怪夫子言何爲莫知己 故問之

신주 《논어》〈헌문〉에 있다.

④ 不怨天 不尤人불원천 불우인

집해 마융이 말했다. "공자는 세상에서 등용하지 않았어도 자신을 알아주지 않는다고 하늘을 원망하거나 사람을 탓하지 않았다는 것이다."

馬融曰 孔子不用於世 而不怨天不知己 亦不尤人

신주 《논어》〈헌문〉에 있다.

⑤ 下學而上達하학이상달

집해 공안국이 말했다. "하학下學은 사람 일이고, 상달上達은 천명이다."

孔安國曰 下學人事 上達天命

신주 《논어》〈헌문〉에 있다.

⑥ 知我者其天乎지아자기천호

집해 하안이 말했다. "성인과 천지는 그 덕을 합한다. 그러므로 오직 하늘만이 자기를 알아준다는 것이다."

何晏曰 聖人與天地合其德 故曰唯天知己

신주 《논어》〈헌문〉에 있다.

"그 뜻을 굽히지 않고 그 몸을 욕되게 하지 않은 자는 백이와 숙제로다.①"라고 말했다.
"유하혜柳下惠와 소련少連은 뜻을 굽히고 몸을 욕되게 했다."라고 말했다.
"우중虞仲과 이일夷逸은 숨어살면서 말을 함부로 했지만② 처신은 깨끗했고 벼슬하지 않은 것이 권도權道에 알맞았다.③"
"나는 이런 사람들과 달리 그런 것도 없고 그렇지 않은 것도 없다.④"
不降其志 不辱其身 伯夷叔齊乎① 謂柳下惠少連降志辱身矣 謂虞仲夷逸隱居放言② 行中清 廢中權③ 我則異於是 無可無不可④

① 不降其志～伯夷叔齊乎불강기지～백이숙제호

집해 정현이 말했다. "그 정직한 자신의 마음으로 용렬한 군주의 조정에 들어가지 않는다는 말이다."
鄭玄曰 言其直己之心 不入庸君之朝

신주 《논어》 〈미자〉에 있다.

② 放言방언

집해 포씨가 말했다. "방放은 치置이다. 다시는 세상의 일에 대해서 말하지 않고 방치하는 것이다."
包氏曰 放 置也 置不復言世務也

③ 行中清 廢中權행중청 폐중권

집해 마융이 말했다. "청淸은 맑고 깨끗한 것이다. 세상의 어지러움을 만나 스스로 버리고 근심에서 벗어났으니 권도權道에 합치하는 것이다."
馬融曰 清 純絜也 遭世亂 自廢棄以免患 合於權也

④ 無可無不可무가무불가

집해 마융이 말했다. "반드시 나아가는 것도 아니고, 반드시 물러나는 것도 아니다. 오직 있는 곳에서 의로울 뿐이다."
馬融曰 亦不必進 亦不必退 唯義所在

신주 《논어》 〈미자〉에 있다.

공자가 말했다.
"안 되겠다. 안 되겠다. 군자는 죽어서 이름이 후세에 전해지지 않는 것을 괴로워한 것이다. 나의 도가 행해지지 않으니 나는 무엇으로 후세에 스스로 드러나겠는가?"
이에 (노나라) 사서史書에 근거하여 《춘추》를 지었다. 춘추는 위로는 노나라 은공隱公(서기전 722)에 이르고, 아래로는 노나라 애공哀公 14년(서기전 481)에 이르기까지 12공의 기술이다. 노나라에 의거해서 주나라를 친하게 하고① 은나라를 참고하여 3대를 운영했다.② 그 문사文辭는 간략했지만 가리킨 것은 넓었다. 그러므로 오나라와 초나라의 군주가 스스로 왕이라고 칭한 것을 《춘추》에서는 낮추어 '자子'라고 했다. 천토踐土의 회맹은 실제 주나라 천자를 부른 것이지만 《춘추》에서는 꺼려서 "천왕이 하양河陽에서 사냥했다.③"라고 했다.

이런 종류로 유추해서 시대에 마땅한 것을 바로잡았다. 낮추고 덜어낸 뜻은 뒤에 왕이 된 자가 들추어 열어보게 한 것이다. 《춘추》의 의가 행해지면 천하의 난신적자亂臣賊子는 두려워할 것이다.

子曰 弗乎弗乎 君子病沒世而名不稱焉 吾道不行矣 吾何以自見於後世哉 乃因史記作春秋 上至隱公 下訖哀公十四年 十二公 據魯 親周① 故殷 運之三代② 約其文辭而指博 故吳楚之君自稱王 而春秋貶之曰子 踐土之會實召周天子 而春秋諱之曰天王狩於河陽③ 推此類以繩當世貶損之義 後有王者擧而開之 春秋之義行 則天下亂臣賊子懼焉

① 據魯 親周거노 친주

색은 부자는 《춘추》를 연구할 때 노나라를 주로 삼았다. 그러므로 거노據魯라고 했다. 주나라를 친하게 했다는 것은 대개 공자 시대에 주나라는 비록 미약했지만, 주왕周王을 친하게 해서 천하에 종주宗主가 있음을 나타낸 것이다.

言夫子修春秋 以魯爲主 故云據魯 親周 蓋孔子之時周雖微 而親周王者 以見天下之有宗主也

② 故殷 運之三代고은 운지삼대

정의 은殷은 가운데이다. 또 가운데에 하, 은, 주의 일을 운용한 것이다.

殷 中也 又中運夏殷周之事也

③ 踐土之會~天王狩於河陽천토지회~천왕수어하양

신주 천토의 회맹은 진문공晉文公이 제후들을 불러 맹약하면서 천자도 부른 것이다. 이때 진문공이 패자霸者의 지위에 올랐는데 제후인 문공이 군주인 천자를 불렀으므로《춘추》 희공 28년, 경經은 진후晉侯와 여러 제후들이 '천토에서 맹약했다[盟于踐土]'라고 쓰고, '천왕이 하양에서 사냥했다[天王狩于河陽]'라고 써서 천자가 제후에게 불려간 것을 감췄다는 뜻이다.

> 공자는 자리에 있을 때 송사를 듣고 문건을 처리하면서 남과 더불어 함께했고 혼자 하지 않았다.《춘추》를 지을 때만큼은 스스로 기술할 것은 기술하고 삭제할 것은 삭제했는데, 자하子夏의 무리도 한 마디도 보태지 못했다.① 제자들이《춘추》를 받자 공자가 말했다.
> "후세에 나를 알아주는 자는《춘추》 때문일 것이고, 나를 죄 주는 자도《춘추》 때문일 것이다.②"
> 孔子在位聽訟 文辭有可與人共者 弗獨有也 至於爲春秋 筆則筆 削則削 子夏之徒不能贊一辭① 弟子受春秋 孔子曰 後世知丘者以春秋 而罪丘者②亦以春秋

① 子夏之徒不能贊一辭자하지도불능찬일사

**신주** 공자의 제자 중에서 자하子夏는 문학에 뛰어났다. 그 자하의 무리조차 한마디 거들지 못할 정도로 혼자 썼다는 뜻이다.

② 知丘者以春秋而罪丘者지구자이춘추이죄구자

[집해] 유희가 말했다. "지知란 요순의 도를 행한 것이다. 죄罪란 왕과 공公의 지위에 있는 자를 낮추고 끊었음을 나타낸 것이다."

劉熙曰 知者 行堯舜之道者也 罪者 在王公之位 見貶絶者

제七장

# 귀천 그리고 후손

이듬해① 자로가 위나라에서 죽었다. 공자는 괴로워했다.② 자공이 뵙기를 청했다. 공자는 때마침 지팡이를 짚고 문 앞에서 소요하고 있었다. 자공을 보고 말했다.
"사賜야, 너는 왜 이리 늦게 왔느냐?"
공자가 이에 탄식하며 읊었다.
"태산이 무너지는구나!③ 대들보가 부러지는구나! 철인哲人이 무너지는구나!④"
明歲① 子路死於衛 孔子病② 子貢請見 孔子方負杖逍遙於門 曰 賜 汝來何其晚也 孔子因歎 歌曰 太山壞乎③ 梁柱摧乎 哲人萎④ 乎

① 明歲명세

**신주** 이듬해는 애공 15년을 가리킨다. 이는 위衛나라 출공 13년에 해당한다. 〈위강숙세가〉와 〈십이제후연표〉에는 애공 14년을 출공 12년이라고 잘못 기록했다. 정확한 절기는 알 수 없지만 《춘추》와 《좌전》의 기록에 따르면 가을 이후이고 겨울 윤달이다. 그러므로 노나라에 있던 공자에게 이 소식이 전해진 것은 애공 16년일 것이다. 따라서 孔子病공자병 앞에 明年명년이 덧붙어야 한다.

② 孔子病공자병

신주 공자는 애제자 안회顔回가 죽었을 때와 자로子路가 위衛나라에서 비명횡사했을 때 크게 슬퍼했다. 〈중니제자열전〉에 따르면 자로는 공자보다 아홉 살 아래였다. 비록 제자였지만 벗에 가까운 사이였고 항상 용勇으로 공자를 지키던 그가 죽었다는 소식을 들은 공자의 상심은 컸다. 《춘추공양전》에는 자로가 죽었다는 소식을 들은 공자가 '천축여天祝予'라고 읊었다고 한다. '하늘이 나를 끊어버리는구나' 또는 '하늘이 나를 빌라고 하는구나'로 해석할 수 있다.

③ 太山壞乎태산괴호

집해 정현이 말했다. "태산은 모든 산이 우러러보는 바이다."

鄭玄曰 太山 衆山所仰

④萎위

집해 왕숙이 말했다. "위萎는 무너지는 것이다."

王肅曰 萎 頓也

신주 태산이 무너짐은 천지天地 이치가 무너지는 것이요, 대들보가 부러짐은 자기가 깃들어 사는 집이 무너지는 것이요, 철인이 무너짐은 자기를 비유한 것이다. 도가 행해지지 않았는데 기린이 잡혔으니 천지 이치가 무너진 것이고, 자로가 죽었으니 자신의 버팀목이 부러진 것이고, 그 결과 자신이 무너졌다는 것으로 해석할 수도 있다.

이에 눈물을 흘리며 자공에게 일러 말했다.
"천하에 도가 없어진 지 오래니, 나를 종주宗主로 삼아 우러르는 자가 없다.① 하나라 사람은 동쪽 계단에 빈소를 차렸고, 주나라 사람은 서쪽 계단에 빈소를 차렸으며, 은나라 사람은 두 기둥 사이에 빈소를 차렸다. 지난밤 꿈에 나는 양쪽의 기둥 사이에 앉아서 궤전饋奠을 받았으니 나는 은나라 사람에서 비롯되었다.②"
7일 후에 세상을 떠났다.③
공자 나이 73세, 노나라 애공 16년 4월 기축일에 세상을 떠났다.④
因以涕下 謂子貢曰 天下無道久矣 莫能宗予① 夏人殯於東階 周人於西階 殷人兩柱間 昨暮予夢坐奠兩柱之間 予始殷人也② 後七日卒③ 孔子年七十三 以魯哀公十六年四月己丑卒④

① 莫能宗予막능종여

집해 왕숙이 말했다. "도가 행해지지 않는 것을 상심한 것이다."
王肅曰 傷道之不行也

② 予始殷人也여시은인야

신주 공자는 낙양 답사 후 주나라가 하나라와 은나라 문물을 이었다고 했지만 죽음을 앞두고 다시 동이족 은나라 후예라는 정체성을 되찾았다는 뜻일 것이다. 《예기》〈단궁 상檀弓上〉에 공자가 하루는 일찍 일어나 문 앞을 거닐며 "태산이 무너지려는가? 대들보가 내려앉으려는가? 철인이 병들려는가?[泰山其頹乎 梁木其壞乎 哲人其萎乎]"라고 읊은 후 방으로 들어와서 제자들에게 "하나라는 동쪽 계단 위에 빈殯하였으니 여전히 주인의 자리인 조계阼階에 둔 것이고, 은나라는 두 기둥 사이에 빈하였으니 손님과 주인의 자리 사이에 둔 것이고, 주나라는 서쪽 계단 위에 빈하였으니 손님으로 대한 것과 같다. 나는 은나라 사람인데, 간밤에 두 기둥 사이에 앉아 궤전을 받는 꿈을 꾸었다. 밝은 임금이 나오지 않았는데, 천하에서 누가 나를 종주로 여기겠는가? 내가 아마 곧 죽으려나 보다.[夏后氏殯於東階之上 則猶在阼也 殷人殯於兩楹之間 則與賓主夾之也 周人殯於西階之上 則猶賓之也 而丘也殷人也 予疇昔之夜 夢坐奠於兩楹之間 夫明王不興 而天下其孰能宗予 予殆將死也]"라고 말했다. 얼마 후 병으로 자리에 누운 지 7일 만에 세상을 떠났다고 한다. 《고금사문유취古今事文類聚》 권51 〈상사부 사 부자몽전喪事部死夫子夢奠〉에도 이 내용이 나온다.

③ 後七日卒후칠일졸

집해 정현이 말했다. "성인이 명命을 안 것을 밝힌 것이다."

鄭玄曰 明聖人知命也

정의 《괄지지》에서 말한다. "한나라에서는 부자의 12대손 공충孔忠을 포성후褒成侯로 봉했다. 공충은 공광孔光을 낳았는데 승상이 되고 후작에 봉해졌다. 평제平帝 때 공패孔霸의 손자 공망孔莽을 2,000호에 봉하고 포성후로 삼았다. 후한에서는 17대손 공지孔志를 봉해서 포성후로 삼았다. 위魏나라에서는 22대손 공선孔羨을 봉해 숭성후崇聖侯로 삼았다. 진晉나라에서는 23대손 공진孔震을 봉해 봉성정후奉聖亭侯로 삼았다. 후위後魏에서는 27대손을 봉해 숭성대부崇聖大夫로 삼았다. 효문제는 또 31대손 공진孔珍을 봉해 숭성후로 삼았다. 고제高齊에서는 공진을 고쳐 봉해 공성후恭聖侯로 삼았는데, 주무제周武帝가 추국공鄒國公으로 고쳐 봉했다. 수문제隋文帝는 옛날 봉한 것에 따라 추국공鄒國公으로 봉했는데, 양제煬帝가 고쳐 소성후紹聖侯로 삼았다. 당나라에서는 다시 2,000호를 공급하고 공자의 후예 공덕륜孔德倫을 봉해 포성후로 삼았다."

括地志云 漢封夫子十二代孫忠爲褒成侯 生光 爲丞相 封侯 平帝封孔霸孫莽二千戶爲褒成侯 後漢封十七代孫志爲褒成侯 魏封二十二代孫羨爲崇聖侯 晉封二十三代孫震爲奉聖亭侯 後魏封二十七代孫爲崇聖大夫 孝文帝又封三十一代孫珍爲崇聖侯 高齊改封珍爲恭聖侯 周武帝改封鄒國公 隋文帝仍舊封鄒國公 煬帝改爲紹聖侯 皇唐給復二千戶 封孔子裔孫孔德倫爲褒聖侯也

④ 魯哀公十六年四月己丑卒노애공십육년사월기축졸

색은 만약에 공자가 노양공 21년에 태어나 애공 16년에 이르렀다면 73세가 된다. 만약 양공 22년에 태어났다면 공자의 나이는 72세이다. 경전經傳에 생년이 확정되지 않아서 공자의 수명이 분명하지 않은 데 이르렀다.

若孔子以魯襄二十一年生 至哀十六年爲七十三 若襄二十二年生 則孔子年七十二 經傳生年不定 致使孔子壽數不明

신주 《사기지의》의 고증에 따르면 공자가 세상을 떠난 것은 4월 을축일이다.

노나라 애공이 제문을 보내서 말했다.

"하늘은 나를 불쌍하게 여기지 않는구나. 나라의 장로長老를 조금 더 세상에 남겨두어[①] 나를 도와 군주의 자리에 있게 하지 않는구나. 외로운 나는 병[②]에 걸린 듯하다. 아아, 슬프다. 이보尼父여! 스스로 어찌할 바를 모르고 있습니다.[③]"

자공이 말했다.

"군주는 노나라에서 죽지 못할 것이다. 선생께서 말씀하시기를 '예가 없어지면 혼란에 빠지고 명분이 없어지면 잘못을 저지른다. 뜻을 잃으면 어두워지고 할 바를 잃으면 허물이 된다.④'라고 하셨다. 살아서 능히 등용하지 못하고 죽었는데 제문을 쓴 것은 예가 아니다. '여일인余一人'⑤이라고 칭한 것은 명분에 맞지 않는다."

哀公誄之曰 旻天不弔 不憖遺一老① 俾屏余一人以在位 煢煢余在疚② 嗚呼哀哉 尼父 毋自律③ 子貢曰 君其不沒於魯乎 夫子之言曰 禮失則昏 名失則愆 失志爲昏 失所爲愆④ 生不能用 死而誄之 非禮也 稱 余一人⑤ 非名也

① 旻天不弔 不憖遺一老민천부조 불은유일로

집해 왕숙이 말했다. "조弔는 선善이다. 은憖은 차且이다. 일로一老는 공자를 이른다."

王肅曰 弔 善也 憖 且也 一老謂孔子也

신주 이하 《좌전》 애공 16년에 나온다.

② 疚구

집해 왕숙이 말했다. "구疚는 병이다."

王肅曰 疚 病也

③ 尼父 毋自律니보 무자율

집해 왕숙이 말했다. "보父는 장부丈夫를 드러내 일컫는 것이다. 율律

은 법이다. 스스로 법으로 삼을 만한 것이 없어졌다는 말이다."

王肅曰 父 丈夫之顯稱也 律 法也 言毋以自爲法也

④ 禮失則昏～失所爲愆예실즉혼～실소위건

색은 예를 잃게 되면 어둡게 되고 있을 곳을 잃게 되면 허물이 된다. 《좌전》과 《공자가어》에는 모두 '실지위혼失志爲昏 실례위건失禮爲愆'으로 되어 있어서 이곳과 다르다.

失禮爲昏 失所爲愆 左傳及家語皆云失志爲昏 失禮爲愆 與此不同也

신주 건僁은 건愆의 이체자이다.

⑤ 余一人여일인

집해 복건이 말했다. "천자가 스스로를 일컬어 '일인一人'이라고 하는 것인데, 제후가 명칭으로 쓴 것을 비난한 것이다."

服虔曰 天子自謂一人 非諸侯所當名也

공자는 노성魯城 북쪽 사수泗水 근처에서 장례를 치렀고[①] 제자들은 모두 복상하는 것이 3년이었다. 3년간 마음을 다해 상례를 마치고 서로 이별하고 떠나면서[②] 곡을 하여 각자 다시 슬픔을 모두 토로했다. 어떤 이는 다시 머물기도 했다.

오직 자공子贛만은 무덤 위[③]에서 여막을 짓고 6년간 머문 연후에 떠나갔다. 제자들과 노나라 사람들이 묘지 가까이로 이주한 자가 100여 가를 넘었다. 그로 인해 그곳을 '공리孔里'라고 명명했다.

孔子葬魯城北泗上① 弟子皆服三年 三年心喪畢 相訣②而去 則哭 各復盡哀 或復留 唯子贛廬於冢上③ 凡六年 然後去 弟子及魯人往從冢而家者百有餘室 因命曰孔里

① 孔子葬魯城北泗上공자장로성북사상

집해 《황람》에서 말한다. "공자 무덤은 성에서 1리 떨어져 있다. 무덤은 100무畝이다. 무덤의 남북 넓이는 10보이고, 동서 넓이는 13보이며, 높이는 1장 2척이다. 무덤 앞에는 벽돌로 사당의 단壇을 만들었는데, 사방 6자이고 지면과 나란하다. 본래 사당은 없었다. 무덤 영역 안에 수백 그루의 나무가 있었는데 모두 다른 종류였다. 노나라 사람들은 대대로 그 나무 이름을 짓지 못했다. 백성이 전하는 말에 '공자의 제자였던 다른 나라 사람들이 각자 그 사방의 나무를 가지고 와서 심었다.'라고 했다. 그것들은 작柞, 분枌, 낙리雒離, 안귀安貴, 오미五味, 참단毚檀 나무이다. 공자의 무덤 영역에는 가시나무나 사람을 찌르는 풀은 나지 않는다."

皇覽曰 孔子冢去城一里 冢塋百畝 冢南北廣十步 東西十三步 高一丈二尺 冢前以瓴甓爲祠壇 方六尺 與地平 本無祠堂 冢塋中樹以百數 皆異種 魯人世世無能名其樹者 民傳言 孔子弟子異國人 各持其方樹來種之 其樹柞枌雒離安貴五味毚檀之樹 孔子塋中不生荊棘及刺人草

색은 雒離의 발음은 '각各'과 '리離'이다. 또한 '낙려落藜'라고도 발음한다. 여藜는 풀 이름이다. 안귀安貴는 향香 이름인데 서역에서 난다. 오미五味는 약초이다. 毚의 발음은 '참讒'이다. 참단毚檀은 박달나무의 별종이다.

雒離 各離二音 又音落藜 藜是草名也 安貴 香名 出西域 五味 藥草也 毚音讒 毚檀 檀樹之別種

② 訣결

색은 訣의 발음은 '결決'이다. 결訣이란 헤어짐이다.

訣音決 訣者 別也

신주 심상心喪은 복상을 입는 친족이 아닌 사람이 상제와 같이 근신하는 것을 뜻한다.

③ 冢上총상

색은 살펴보니 《공자가어》에는 '상上' 자가 없다. 또 《예기》에서는 "묘지에 가서는 무덤 위에 올라가지 말아야 한다."라고 했다. 어찌 무덤 위에 여막을 지은 것이 합당하겠는가? 아마 '상上' 자는 곁의 뜻이 옳을 것이다.

按 家語無上字 且禮云適墓不登隴 豈合廬於冢上乎 蓋上者 亦是邊側之義

신주 《예기》 〈곡례〉에서는 "묘지에 가서는 무덤 위에 오르지 않으며[適墓不登壟], 장례를 도울 때는 반드시 상여줄을 잡는다.[助葬必執紼]"라고 했다. 여기서 '상上' 자는 '주변'이란 뜻이다. '하상河上'이란 말도 '황하 주변'이란 뜻이다.

> 노나라는 대대로 서로 전해서 매년 제사 때에는 계절마다 공자의 묘소도 봉사했다. 또 유생들은 공자의 무덤 앞에서 예를 강습하고, 향음주鄕飮酒와 대사례大射禮①를 행했다.
> 공자의 무덤은 크기가 일경一頃이었다.② 옛날 제자들이 들어와 거처하던 당堂과 제자들의 방은 후세에 묘廟가 되어 공자의 의관衣冠, 금琴, 수레, 서적을 보존했다.③ 한나라에 이르러서도 200여

년간 끊이지 않았다. 고황제高皇帝(유방)는 노나라 땅을 지날 때 태뢰太牢로써 제사를 지냈다.④ 제후나 경상卿相들이 이 지방에 왔을 때⑤는 항상 먼저 (공자의 무덤을) 배알한 연후에 정치를 따랐다.
魯世世相傳以歲時奉祠孔子冢 而諸儒亦講禮鄕飮大射①於孔子冢 孔子冢大一頃② 故所居堂弟子內 後世因廟藏孔子衣冠琴車書③ 至于漢二百餘年不絶 高皇帝過魯 以太牢祠焉④ 諸侯卿相至⑤ 常先謁然後從政

① 鄕飮大射향음대사

신주 향음주례鄕飮酒禮와 대사례大射禮를 뜻한다.《예기》〈사의射義〉에서 말한다. "옛날 제후들은 활을 쏠 때 반드시 연례燕禮(군신 상하가 나누는 주연)를 먼저 행했고, 경대부卿大夫는 활을 쏠 때 반드시 먼저 향음주례鄕飮酒禮를 행했다. '연례'는 임금과 신하 사이의 의리를 밝히는 것이고, 향음주례는 장유의 순서를 밝히기 때문이다."

② 孔子冢大一頃공자총대일경

신주 경頃은 넓이 단위로 약 7,500평인데, 공자 무덤 자체는 아니다. 공자 무덤 일대를 공림孔林이라고 하는데, 공림은 대단히 넓다. 한나라 때 공림의 크기를 짐작케 해준다.

③ 故所居堂~衣冠琴車書고소거당~의관금거서

색은 공자가 거처하던 당堂에 그 제자들이 있는 것을 이른 것이다. 공자가 죽은 뒤에는 후대에 묘廟(사당)가 되어서 부자가 평생 입었던 의관과 금琴과 서적을 수당壽堂 안에 보관했다.

謂孔子所居之堂 其弟子之中 孔子没後 後代因廟藏夫子平生衣冠琴書於壽堂中

**신주** 공자가 거처하던 당이 아니라, 제자들이 거처하던 곳이다. 《사기지의》에서도 잘못된 주석이라고 지적했다.

④ 태뢰사언太牢祠焉

**신주** 뇌례牢禮에는 태뢰太牢와 소뢰小牢가 있다. 전자는 희생물 소·양·돼지를 갖추어 제사를 지내는 것이고, 후자는 염소와 돼지만으로 제사를 지내는 것이다.

⑤ 諸侯卿相至제후경상지

**신주** 한나라 때 노나라 땅은 노국魯國이라고 하여 제후왕을 임명해서 다스리게 했다. 이 기사의 '제후'는 한나라 제후왕을 가리킬 것이다.

공자는 이鯉를 낳았다. 자字는 백어伯魚이다.① 백어는 나이 50세에 공자보다 먼저 죽었다.②
백어는 급伋을 낳았다. 자는 자사子思이고 62세를 살았다. 일찍이 송나라에서 곤궁했다. 자사③는 중용中庸을 지었다.
자사는 백白을 낳았다. 자는 자상子上이고 47세에 죽었다.
자상은 구求를 낳았다. 자는 자가子家이고④ 45세에 죽었다.
자가는 기箕를 낳았다. 자는 자경子京이고⑤ 46세에 죽었다.
자경은 천穿을 낳았다. 자는 자고子高이고 51세에 죽었다.⑥
자고는 자신子愼을 낳았다.⑦ 57세에 죽었다. 일찍이 위魏나라 재상이 되었다.
孔子生鯉 字伯魚① 伯魚年五十 先孔子死② 伯魚生伋 字子思③ 年六十二 嘗困於宋 子思作中庸 子思生白 字子上 年四十七 子上生求 字子家④ 年四十五 子家生箕 字子京⑤ 年四十六 子京生穿 字子高 年五十一⑥ 子高生子愼⑦ 年五十七 嘗爲魏相

① 孔子生鯉 字伯魚공자생리 자백어

색은 살펴보니 《공자가어》에서 말한다. "공자가 19세에 송나라 병관씨幷官氏의 딸에게 장가들어 1년 만에 백어伯魚를 낳자 노나라 소공昭公이 사람을 시켜 잉어를 보냈다. 부자는 군주의 하사를 영광스럽게 여기고, 그로 말미암아 자신의 아들 이름으로 삼았다."

按 家語孔子年十九 娶於宋之幷官氏之女 一歲而生伯魚 伯魚之生 魯昭公使人遺之鯉魚 夫子榮君之賜 因以名其子也

② 先孔子死선공자사

집해 《황람》에서 말한다. "백어의 무덤은 공자 무덤 동쪽에 있는데, 공자 무덤과 나란히 있어서 올망졸망 서로 바라보고 있다."

皇覽曰 伯魚冢在孔子冢東 與孔子竝 大小相望也

③ 子思자사

집해 《황람》에서 말한다. "자사 무덤은 공자 무덤 남쪽에 있고, 올망졸망 서로 바라보고 있다."

皇覽曰 子思冢在孔子冢南 大小相望

**신주** 《사기지의》에서는 《한서》 〈예문지〉를 인용해서 자사가 노나라 목공穆公의 스승을 지냈다고 한다. 목공은 애공 사후 58년 뒤에 즉위한 군주이다. 또 그 기록 등을 참고로 고증하여, 자사의 수명은 82세라고 한다.

④ 子上生求 字子家 자상생구 자자가

**신주** 《사기지의》에서 말한다. "《춘추후서》에 따르면 자가의 이름은 오傲이고, 뒤의 이름은 영永이다."

⑤ 子家生箕 字子京 자가생기 자자경

**신주** 《사기지의》에서 말한다. "《한서》 〈공광전孔光傳〉에 따르면 자경子京을 '자진子眞'이라고 했는데, 《춘추후서》에는 '자직子直'이고, 이름은 합榼이라 했다."

⑥ 字子高 年五十一 자자고 년오십일

**신주** 《사기지의》에서 말한다. "《춘추후서》에 따르면 자고의 나이는 57세이다. 단 이 기록의 공씨들 나이는 신慎·부鮒·양襄·충忠 4명의 3대가 모두 57세인데, 아울러 자고까지 4대가 수명이 같다는 것은 의심할 만하다."

⑦ 子高生子慎 자고생자신

**신주** 《사기지의》에서 말한다. "《춘추후서》에 따르면 자고는 무武를 낳았는데, 자는 자순子順이고, 이름은 미微이다. 뒤의 이름은 빈斌이다."

자신은 부鮒를 낳았다.① 57세에 진왕陳王 섭涉의 박사가 되어서 진陳의 성하城下에서 죽었다.②

부鮒의 아우는 자양子襄③이다. 57세에 죽었다. 일찍이 한나라 효혜황제孝惠皇帝의 박사博士가 되었지만, 옮겨서 장사 태수가 되었다.④ 신장이 아홉 자 여섯 치였다.

자양은 충忠을 낳았다.⑤ 57세에 죽었다. 충忠은 무武를 낳았다. 무는 연년延年과 안국安國을 낳았다.⑥

안국은 지금 황제의 박사가 되어 임회臨淮 태수로 승진했지만, 젊어서 죽었다. 안국은 앙卬을 낳았다. 앙은 환驩을 낳았다.

子愼生鮒① 年五十七 爲陳王涉博士 死於陳下② 鮒弟子襄③ 年五十七 嘗爲孝惠皇帝博士 遷爲長沙太守④ 長九尺六寸 子襄生忠⑤ 年五十七 忠生武 武生延年及安國⑥ 安國爲今皇帝博士 至臨淮太守 蚤卒 安國生卬 卬生驩

① 子愼生鮒자신생부

**신주** 《사기지의》에서 말한다. "〈공광전〉에 따르면 '부鮒'이다. 그러나 〈유림전〉에서는 갑甲이라고 했는데, 안사고는 주석에서 '이름은 부鮒이고, 자는 갑甲이다.'라고 한다. 《춘추후서》에 따르면 자어子魚이고, 이름은 부鮒이다. 뒤의 이름은 갑甲이라 한다."

② 爲陳王涉博士 死於陳下위진왕섭박사 사어진하

**신주** 《사기지의》에서 말한다. "《사기》와 《한서》 〈유림전〉, 《염철론》 〈훼학〉에 따르면, 부鮒가 진섭과 함께 죽었다. 그러나 〈공광전〉에 따르면

'진하陳下'에서 죽었다."

③ 鮒弟子襄부제자양

**신주** 《사기지의》에서 말한다. "《사기》에 따르면 이름 기록하는 것을 빠뜨렸다. 《춘추후서》에서는 자양의 이름은 등騰이고, 자어(자신)의 아우라고 했다."

④ 遷爲長沙太守천위장사태수

**신주** 《사기지의》에서 말한다. "장사長沙는 이때 제후의 봉국이니, 태수가 있는 것은 온당하지 않다. 〈공광전〉, 《당서》 〈표〉, 《춘추후서》에서는 모두 태부太傅라고 했으니 《사기》가 잘못되었다."

⑤ 子襄生忠자양생충

**신주** 《사기지의》에서 말한다. "《춘추후서》에서는 자양은 계중季中을 낳고 이름을 원員이라고 한다. 《당서》 〈표〉에서는 충忠의 자字를 자정子貞이라고 한다."

⑥ 忠生武 武生延年及安國충생무 무생연년급안국

**신주** 《사기지의》에서 말한다. "〈공광전〉에서는 충忠은 무와 안국을 낳았고, 무는 연년을 낳았다고 한다. 《춘추후서》에서는 계중季中이 무와 자국子國(안국)을 낳았다고 한다. 즉, 《사기》에서는 안국을 무의 아들이라고 했으니 잘못이다."

태사공은 말한다.

《시경》에 "저 높은 산을 우러러보며 큰길을 따라 나아간다."라는 싯구가 있다.① 비록 이르지 못할지라도 마음은 그곳을 향해 가야 함을 말하고 있다. 나는 공씨의 글을 읽고 그의 사람됨을 상상해 보았다. 노국에 가서 중니의 묘당廟堂과 수레와 의복과 예기禮器를 관찰하고, 유생들이 시절마다 공자의 집에서 예를 강습하는 것을 보았다. 나는 배회하면서 걸음을 멈추고 떠날 수 없었다.②

천하의 군왕에서 현인에 이르기까지 인물은 참으로 많다. 그 당시에는 번영했어도 죽으면 그것으로 끝나버린다. 공자는 포의布衣로 있으면서도 (그 가르침은) 10여 세에 걸쳐 전했으며, 학자들은 그를 종주로 존숭했다. 천자와 왕후王侯를 위시하여 중국에서 육예六藝를 말하는 자는 부자를 표준으로 삼아 절충했다.③ 참으로 슬기와 덕행이 뛰어난 성인[至聖]이라고 해야 할 것이다.

太史公曰 詩有之 高山仰止 景行行止① 雖不能至 然心鄉往之 余讀孔氏書 想見其爲人 適魯 觀仲尼廟堂車服禮器 諸生以時習禮其家 余祗迴留之不能去云② 天下君王至于賢人衆矣 當時則榮 没則已焉 孔子布衣 傳十餘世 學者宗之 自天子王侯 中國言六藝者折中於夫子③ 可謂至聖矣

① 高山仰止 景行行止고산앙지 경행행지

**신주** 《시경》〈소아〉'거할車牽'에 나온다.

② 祗迴 留之不能去云지회유지불능거운

색은 지祗는 경敬이다. 공경스러워 머뭇거리면서 떠나지 못한다는 말이다. 또한 '저회低回'로 쓰인 판본이 있는데, 뜻이 통한다.

祗 敬也 言祗敬遲回不能去之 有本亦作低回 義亦通

③ 折中於夫子절중어부자

색은 굴원의 《이소》에서는 "오제를 절중으로 밝힌다.[明五帝以折中]"라고 했다. 왕사숙은 "절중은 바른 것이다."라고 했다. 송균은 "절折은 끊는 것이고, 중은 마땅한 것이다."라고 했다. 살펴보니 그 사물을 절단하여 사용하려고 하면서 헤아려 서로 알맞게 어울리도록 했다는 말이다. 그래서 그 절중折中이라고 말한 것이다.

離騷云明五帝以折中 王師叔云折中 正也 宋均云折 斷也 中 當也 按 言欲折斷其物而用之 與度相中當 故以言其折中也

색은술찬 사마정이 펼쳐서 밝히다.

공자의 선조는 상나라에서 나왔다. 불보하는 군주 자리를 양보했고 정보고는 명銘에 새겨졌다. 방숙은 달아났고, 추鄹 사람은 그 발길을 붙잡았다. 니구산에서 성인이 탄생하고 궐리에서 덕이 싹텄다. 70인 제자는 학문의 경지에 오르고, 사방에서 법칙을 취했다. 소정묘를 죽인 일은 두 관점이 있고, 협곡에서 군주를 도왔다. (초나라 광인은) 봉황을 노래하다 갑자기 사라졌고 기린한테 어찌 이리 빨리 잡혔냐고 울먹이셨다. 천하의 학파들이 우러러 거울삼으니 만고에 그 자취를 공경하리라.

孔子之胄 出于商國 弗父能讓 正考銘勒 防叔來奔 鄹人掎足 尼丘誕聖 闕里生德 七十升堂 四方取則 卯誅兩觀 攝相夾谷 歌鳳遽衰 泣麟何促 九流仰鏡 萬古欽躅

## [지도 1] 공자세가

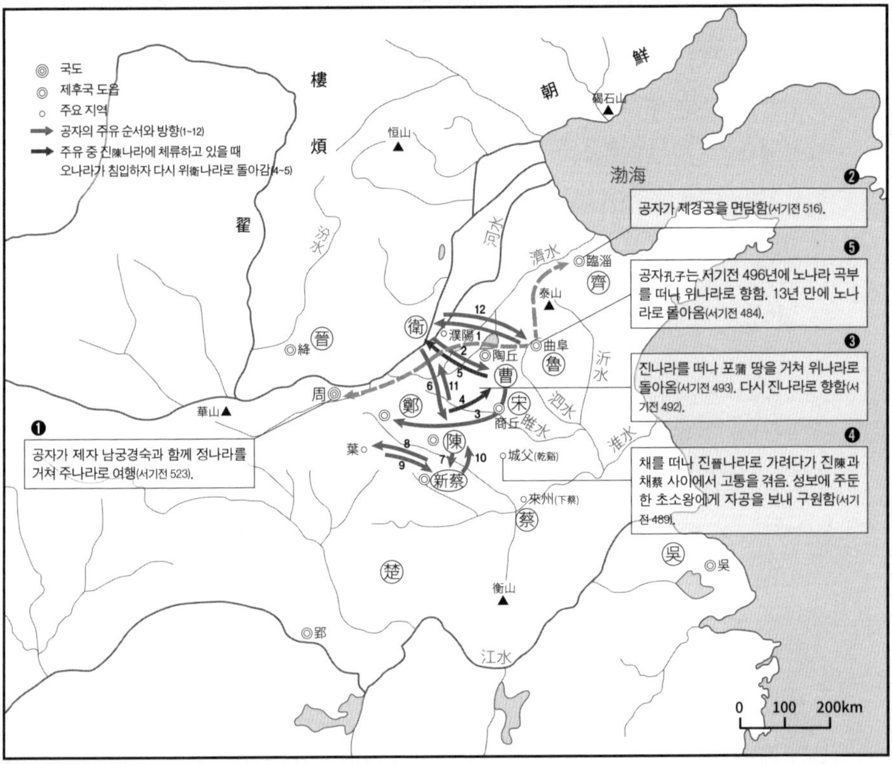

국도
제후국 도읍
주요 지역
공자의 주유 순서와 방향(1~12)
주유 중 진陳나라에 체류하고 있을 때
오나라가 침입하자 다시 위衛나라로 돌아감(4~5)
樓
煩
翟
朝
鮮
碣石山
恒山
渤海
汾水
河水
濟水
臨淄
齊
泰山
衛
濮陽
陶丘
曲阜
魯
晉
絳
曹
沂水
泗水
周
華山
鄭
宋
商丘
睢水
淮水
陳
葉
新蔡
城父(乾谿)
來州(下蔡)
蔡
楚
吳
衡山
郢
江水
❶
공자가 제자 남궁경숙과 함께 정나라를
거쳐 주나라로 여행(서기전 523).
❷
공자가 제경공을 면담함(서기전 516).
❺
공자孔子는 서기전 496년에 노나라 곡부
를 떠나 위나라로 향함. 13년 만에 노나
라로 돌아옴(서기전 484).
❸
진나라를 떠나 포蒲 땅을 거쳐 위나라로
돌아옴(서기전 493). 다시 진나라로 향함(서
기전 492).
❹
채를 떠나 진晉나라로 가려다가 진陳과
채蔡 사이에서 고통을 겪음. 성보에 주둔
한 초소왕에게 자공을 보내 구원함(서기
전 489).
0 100 200km

연표

# 공자 연표

본 연표는 《사기》〈십이제후연표〉를 기본으로, 《좌전》 및 《공자가어》와 《사기》〈공자세가〉를 참고했다. 체제는 《열국연의》(http://yangco.net/)에 있는 양승국의 〈공자 연표〉를 참고했다.

| 나이 | 서기전 | 사건 | 魯 | 周 |
|---|---|---|---|---|
| 1 | 551 | ▶ 노나라 추읍郰邑에서 태어나다.<br>(제) 진晉 난영欒逞이 도망쳐 왔는데, 안영이 돌려보내자고 했다. | 襄公 22 | 靈王 21 |
| 2 | 550 | (제) 난영을 곡옥曲沃으로 들여보내 진晉을 치려고 했으며, 조가朝歌를 빼앗았다. | 23 | 22 |
| 3 | 549 | ▶ 부친 숙량흘叔梁紇이 죽어 곡부 동쪽 방산防山에 묻었다. | 24 | 23 |
| 4 | 548 | (제) 최저崔杼는 그의 처가 장공과 통하자, 장공을 죽이고 그 아우를 세웠는데 이이가 경공景公이다.<br>(초) 오나라가 초나라를 쳐서 장강의 싸움에 복수하여 소문巢門에 이르렀는데, 초나라는 오왕을 화살로 죽였다. | 25 | 24 |
| 5 | 547 | (제) 진晉에 가서 위衛나라 헌공獻公을 돌려보낼 것을 청했다.<br>(진) 제나라가 청하고 위나라 영희甯喜가 상공殤公을 죽이자, 다시 헌공을 들였다. | 26 | 25 |
| 6 | 546 | (제) 경봉慶封이 전횡하고 싶어서 최씨 일족을 주살하자, 최저는 자살했다. | 27 | 26 |
| 7 | 545 | (제) 겨울, 포鮑·고高·난欒씨가 도모하여 군사를 일으켜 경봉을 공격하자, 경봉은 오나라로 달아났다. | 28 | 27 |
| 8 | 544 | (오) 포로 문지기가 여제를 살해했다. 계찰이 제후들에게 사절로 가서 노, 제, 진晉 등을 다녀왔다. | 29 | 景王 1 |

| 齊 | 晉 | 楚 | 宋 | 鄭 | 曹 | 衛 | 陳 | 蔡 | 吳 | 秦 |
|---|---|---|---|---|---|---|---|---|---|---|
| 莊公<br>3 | 平公<br>7 | 康王<br>9 | 平公<br>25 | 簡公<br>15 | 武公<br>4 | 殤公<br>8 | 哀公<br>18 | 景侯<br>41 | 諸樊<br>10 | 景公<br>26 |
| 4 | 8 | 10 | 26 | 16 | 5 | 9 | 19 | 42 | 11 | 27 |
| 5 | 9 | 11 | 27 | 17 | 6 | 10 | 20 | 43 | 12 | 28 |
| 6 | 10 | 12 | 28 | 18 | 7 | 11 | 21 | 44 | 13 | 29 |
| 景公<br>1 | 11 | 13 | 29 | 19 | 8 | 12 | 22 | 45 | 餘祭<br>1 | 30 |
| 2 | 12 | 14 | 30 | 20 | 9 | 獻公<br>後 1 | 23 | 46 | 2 | 31 |
| 3 | 13 | 15 | 31 | 21 | 10 | 2 | 24 | 47 | 3 | 32 |
| 4 | 14 | 郟敖<br>1 | 32 | 22 | 11 | 3 | 25 | 48 | 4 | 33 |

| 나이 | 서기전 | 사건 | 魯 | 周 |
|---|---|---|---|---|
| 9 | 543 | (채) 태자를 위해 초나라 딸을 취했다가 군주인 경후景侯가 통간했다. 태자는 경후를 죽이고 스스로 섰다. | 30 | 2 |
| 10 | 542 | | 31 | 3 |
| 11 | 541 | (초) 영윤 위圍가 겹오郟敖를 살해하고, 스스로 서서 영왕靈王이 되었다. | 昭公 1 | 4 |
| 12 | 540 | (노) 소공이 진소강晉小姜의 장례식에 참석하기 위해 가는 도중 황하의 나루에 당도했지만, 진나라에서 사양하여 돌아왔다. | 2 | 5 |
| 13 | 539 | | 3 | 6 |
| 14 | 538 | (초) 여름, 신申에서 제후들을 회합하여 맹세했다. 노, 위衛, 조曹, 주邾 군주는 참석하지 않았다. 오나라 주방朱方을 쳐서, 경봉慶封을 주살했다. | 4 | 7 |
| 15 | 537 | | 5 | 8 |
| 16 | 536 | (제) 공이 진晉에 가서 연나라를 쳐서 그 군주를 들일 것을 청했다.<br>(초) 오나라를 쳐서 건계乾谿에 주둔했다. | 6 | 9 |
| 17 | 535 | (노) 계무자季武子가 죽었다. 소공이 초나라에 가서 장화대章華臺 완성을 축하했다. | 7 | 10 |
| 18 | 534 | (진陳) 애공의 아우 초招가 반란을 일으키자, 애공은 자살했다. | 8 | 11 |
| 19 | 533 | ▶ 송나라 여인 견관幵官씨와 결혼하다.<br>(초) 왕의 아우 기질棄疾이 군사를 거느리고 진陳을 멸했다. | 9 | 12 |
| 20 | 532 | ▶ 공자가 아들을 낳았는데, 정공이 잉어를 보내서 그를 따라 이름을 리鯉라고 하고 자를 백어伯魚라 했다. | 10 | 13 |
| 21 | 531 | (초) 채후를 취하게 하여 죽이고 기질棄疾을 시켜 멸했다. 기질은 채나라에 거주하며 채후가 되었다. | 11 | 14 |

| 齊 | 晉 | 楚 | 宋 | 鄭 | 曹 | 衛 | 陳 | 蔡 | 吳 | 秦 |
|---|---|---|---|---|---|---|---|---|---|---|
| 5 | 15 | 2 | 33 | 23 | 12 | 襄公<br>1 | 26 | 49 | 餘昧<br>1 | 34 |
| 6 | 16 | 3 | 34 | 24 | 13 | 2 | 27 | 靈侯<br>1 | 2 | 35 |
| 7 | 17 | 4 | 35 | 25 | 14 | 3 | 28 | 2 | 3 | 36 |
| 8 | 18 | 靈王<br>1 | 36 | 26 | 15 | 4 | 29 | 3 | 4 | 37 |
| 9 | 19 | 2 | 37 | 27 | 16 | 5 | 30 | 4 | 5 | 38 |
| 10 | 20 | 3 | 38 | 28 | 17 | 6 | 31 | 5 | 6 | 39 |
| 11 | 21 | 4 | 39 | 29 | 18 | 7 | 32 | 6 | 7 | 40 |
| 12 | 22 | 5 | 40 | 30 | 19 | 8 | 33 | 7 | 8 | 畢公<br>1 |
| 13 | 23 | 6 | 41 | 31 | 20 | 9 | 34 | 8 | 9 | 2 |
| 14 | 24 | 7 | 42 | 32 | 21 | 靈公<br>1 | 35 | 9 | 10 | 3 |
| 15 | 25 | 8 | 43 | 33 | 22 | 2 | 惠公<br>1 | 10 | 11 | 4 |
| 16 | 26 | 9 | 44 | 34 | 23 | 3 | 2 | 11 | 12 | 5 |
| 17 | 昭公<br>1 | 10 | 元公<br>1 | 35 | 24 | 4 | 3 | 12 | 13 | 6 |

| 나이 | 서기전 | 사건 | 魯 | 周 |
|---|---|---|---|---|
| 22 | 530 | (초) 영왕이 서徐나라를 치고 건계乾谿에 주둔했다. 백성들은 노역에 피로하여 왕을 원망했다. | 12 | 15 |
| 23 | 529 | (초) 기질이 난리를 일으켜 스스로 서자, 영왕이 자살했다. 진陳, 채를 다시 세워주었다. | 13 | 16 |
| 24 | 528 | | 14 | 17 |
| 25 | 527 | (노) 소공이 진晉에 조회 갔다.<br>(초) 왕이 태자를 위해 진秦 딸을 취했다가 좋아해 자신이 취했다. | 15 | 18 |
| 26 | 526 | (노) 소공이 진晉나라에 머물며 진소공 장례에 참석했다.<br>(진晉) 소공이 죽었다. 6경이 강해지고 공실은 더욱 약해졌다. | 16 | 19 |
| 27 | 525 | (정) 화재가 나서 푸닥거리를 하려고 하자, 자산이 덕을 닦느니만 못하다고 말했다. | 17 | 20 |
| 28 | 524 | 송, 위衛, 진陳 3국에서 큰불이 났다. | 18 | 21 |
| 29 | 523 | ▶ 이 무렵, 공자는 정나라를 거쳐 주周나라를 여행한다. | 19 | 22 |
| 30 | 522 | (초) 평공이 오사伍奢와 오상伍尙을 죽이자, 태자 건建은 송나라로, 오서伍胥는 오나라로 달아났다.<br>(송) 초나라 태자 건이 도망쳐 왔는데, 난리를 보고 정나라로 갔다.<br>(정) 자산子産이 죽었다. | 20 | 23 |
| 31 | 521 | (채) 채인들이 초나라를 두려워해 주朱를 내치고 영후靈侯의 손자 동국東國을 옹립했다. 이이가 도후이다. | 21 | 24 |
| 32 | 520 | (진晉) 주나라 경왕景王이 죽고 왕자 맹猛이 즉위했는데, 왕자 조朝가 살해하니 도왕悼王이라 한다. 진晉에서 왕자 조를 공격하고 개丐를 세우니, 이 사람이 경왕敬王이다. | 22 | 25 |

| 齊 | 晉 | 楚 | 宋 | 鄭 | 曺 | 衛 | 陳 | 蔡 | 吳 | 秦 |
|---|---|---|---|---|---|---|---|---|---|---|
| 18 | 2 | 11 | 2 | 36 | 25 | 5 | 4 | 平侯<br>1 | 14 | 7 |
| 19 | 3 | 12 | 3 | 定公<br>1 | 26 | 6 | 5 | 2 | 15 | 8 |
| 20 | 4 | 平王<br>1 | 4 | 2 | 27 | 7 | 6 | 3 | 16 | 9 |
| 21 | 5 | 2 | 5 | 3 | 平公<br>1 | 8 | 7 | 4 | 17 | 10 |
| 22 | 6 | 3 | 6 | 4 | 2 | 9 | 8 | 5 | 僚<br>1 | 11 |
| 23 | 頃公<br>1 | 4 | 7 | 5 | 3 | 10 | 9 | 6 | 2 | 12 |
| 24 | 2 | 5 | 8 | 6 | 4 | 11 | 10 | 7 | 3 | 13 |
| 25 | 3 | 6 | 9 | 7 | 悼公<br>1 | 12 | 11 | 8 | 4 | 14 |
| 26 | 4 | 7 | 10 | 8 | 2 | 13 | 12 | 9 | 5 | 15 |
| 27 | 5 | 8 | 11 | 9 | 3 | 14 | 13 | 朱<br>1 | 6 | 16 |
| 28 | 6 | 9 | 12 | 10 | 4 | 15 | 14 | 悼侯<br>1 | 7 | 17 |

| 나이 | 서기전 | 사건 | 魯 | 周 |
|---|---|---|---|---|
| 33 | 519 | (정) 망명해있던 초나라 태자 건建을 정鄭나라에서 살해하자, 건의 아들 승勝이 오나라로 달아났다. | 23 | 敬王 1 |
| 34 | 518 | (초) 오나라 공자 광光이 침략하자, 초나라는 두려워하여 수도 영郢을 개축했다. | 24 | 2 |
| 35 | 517 | ▶ 공자는 소공을 따라 제나라로 건너가 대부 고소자高昭子의 가신이 되어 제경공과 통하고자 했다.<br>(노) 소공은 계평자를 토벌하려다 오히려 삼가三家의 반격을 받아 제나라로 망명했다. | 25 | 3 |
| 36 | 516 | ▶ 공자는 제나라에서 소韶에 관한 음악을 듣고 3개월 동안 고기 맛을 잊었다. 제경공이 공자에게 정치의 도에 물었다.<br>(제) 제나라는 노나라 운鄆 땅을 빼앗아 노소공을 머물게 했다. | 26 | 4 |
| 37 | 515 | (초) 간신 비무기費無忌를 죽였다.<br>(오) 공자 광光이 전저專諸를 시켜 군주 요遼를 암살하고 스스로 섰다. | 27 | 5 |
| 38 | 514 | (노) 소공이 진으로 들어가자, 진晉은 소공을 건후乾侯에 머물도록 했다.<br>(진晉) 공족 양설씨羊舌氏와 기씨祁氏를 멸했다. | 28 | 6 |
| 39 | 513 | (노) 소공은 건후乾侯에서 다시 운鄆으로 들어갔다. 제경공이 모욕하자 다시 운을 떠나 건후로 돌아갔다. | 29 | 7 |
| 40 | 512 | (오) 살해당한 왕 요의 아들 엄여掩餘와 촉용燭庸 두 공자는 초나라로 달아났다. | 30 | 8 |
| 41 | 511 | (노) 계평자는 진晉에 가서 노소공의 입국을 막았다.<br>(오) 초나라를 공격하여 육六과 잠潛 두 읍을 빼앗았다. | 31 | 9 |
| 42 | 510 | (노) 소공은 건후乾侯에서 죽었다. 소공의 아우 송宋을 세웠다.<br>(조) 평공平公의 아우 통通이 양공襄公을 살해하고 스스로 섰다. | 32 | 10 |

| 齊 | 晉 | 楚 | 宋 | 鄭 | 曺 | 衛 | 陳 | 蔡 | 吳 | 秦 |
|---|---|---|---|---|---|---|---|---|---|---|
| 29 | 7 | 10 | 13 | 11 | 5 | 16 | 15 | 2 | 8 | 18 |
| 30 | 8 | 11 | 14 | 12 | 6 | 17 | 16 | 昭侯 1 | 9 | 19 |
| 31 | 9 | 12 | 15 | 13 | 7 | 18 | 17 | 2 | 10 | 20 |
| 32 | 10 | 13 | 景公 1 | 14 | 8 | 19 | 18 | 3 | 11 | 21 |
| 33 | 11 | 昭王 1 | 2 | 15 | 9 | 20 | 19 | 4 | 12 | 22 |
| 34 | 12 | 2 | 3 | 16 | 聲公 1 | 21 | 20 | 5 | 闔閭 1 | 23 |
| 35 | 13 | 3 | 4 | 獻公 1 | 2 | 22 | 21 | 6 | 2 | 24 |
| 36 | 14 | 4 | 5 | 2 | 3 | 23 | 22 | 7 | 3 | 25 |
| 37 | 定公 1 | 5 | 6 | 3 | 4 | 24 | 23 | 8 | 4 | 26 |
| 38 | 2 | 6 | 7 | 4 | 5 | 25 | 24 | 9 | 5 | 27 |

| 나이 | 서기전 | 사건 | 魯 | 周 |
|---|---|---|---|---|
| 43 | 509 | (노) 소공의 유해를 건후에서 노성魯城으로 가져와 장례를 치렀다.<br>(초) 낭와囊瓦가 오나라를 공격했다가 예장豫章 싸움에서 패했다.<br>(채) 소후는 초나라에 조회했다. 여우 갖옷을 낭와가 탐냈으나 채후는 거절했다. 낭와는 채후를 귀국시키지 않고 3년간 억류했다. | 定公<br>1 | 11 |
| 44 | 508 | | 2 | 12 |
| 45 | 507 | (채) 소후는 귀국하자 진晉에 가서 초나라를 정벌해 주기를 청했다. | 3 | 13 |
| 46 | 506 | (오) 오나라는 채나라의 도움을 받아 초나라를 정벌하여, 도성 영을 함락했다. 오자서는 초평왕 무덤에서 모욕했다.<br>(조) 성공聲公의 아우 노露가 은공을 시해하고 스스로 섰다. | 4 | 14 |
| 47 | 505 | (노) 계평자가 죽었다. 양호는 계환자를 붙잡아 가두었다가 풀어주었다.<br>(초) 신포서가 진秦에 가서 울며 통곡하자, 진秦은 초나라에 구원군을 보냈다. 오군이 물러가자 초소왕은 돌아왔다. | 5 | 15 |
| 48 | 504 | (주) 왕자 조朝가 난을 일으키자 주왕周王은 진晉으로 달아났다. | 6 | 16 |
| 49 | 503 | (노) 제나라는 노나라 운鄆 땅을 빼앗아 양호의 읍으로 주었다.<br>(주) 진晉은 군사를 동원하여 주왕을 입국시켰다. | 7 | 17 |
| 50 | 502 | (노) 양호陽虎가 삼환씨들을 멸하려고 하자 삼환씨들이 힘을 합해 양호에 대항했다. 양호는 양관陽關으로 달아났다. | 8 | 18 |

| 齊 | 晉 | 楚 | 宋 | 鄭 | 曹 | 衛 | 陳 | 蔡 | 吳 | 秦 |
|---|---|---|---|---|---|---|---|---|---|---|
| 39 | 3 | 7 | 8 | 5 | 隱公<br>1 | 26 | 25 | 10 | 6 | 28 |
| 40 | 4 | 8 | 9 | 6 | 2 | 27 | 26 | 11 | 7 | 29 |
| 41 | 5 | 9 | 10 | 7 | 3 | 28 | 27 | 12 | 8 | 30 |
| 42 | 6 | 10 | 11 | 8 | 4 | 29 | 28 | 13 | 9 | 31 |
| 43 | 7 | 11 | 12 | 9 | 靖公<br>1 | 30 | 懷公<br>1 | 14 | 10 | 32 |
| 44 | 8 | 12 | 13 | 10 | 2 | 31 | 2 | 15 | 11 | 33 |
| 45 | 9 | 13 | 14 | 11 | 3 | 32 | 3 | 16 | 12 | 34 |
| 46 | 10 | 14 | 15 | 12 | 4 | 33 | 4 | 17 | 13 | 35 |

| 나이 | 서기전 | 사건 | 魯 | 周 |
|---|---|---|---|---|
| 51 | 501 | (노) 삼환씨는 양호를 공격했다. 양호는 제나라로 도망쳤다. 제나라는 노나라로 송환했으나 도중에 탈출하여 진晉으로 달아나 조앙趙鞅의 가신이 되었다. | 9 | 19 |
| 52 | 500 | ▶ 공자는 노정공과 함께 협곡夾谷에 따라가 정공을 위협하려는 제경공을 꾸짖었다. 제경공은 사과하고 운鄆과 문양汶陽 등의 땅을 돌려주었다. | 10 | 20 |
| 53 | 499 | (조) 국인이 조숙 진탁振鐸의 꿈을 꾸었다. | 11 | 21 |
| 54 | 498 | (노) 삼환의 읍성을 헐었는데, 맹손씨는 성成을 헐지 않았다. | 12 | 22 |
| 55 | 497 | (진) 조간자趙簡子 앙鞅이 범씨와 중항씨를 공격했다. | 13 | 23 |
| 56 | 496 | ▶ 공자는 노나라 대사구大司寇가 되었다. 노나라를 떠나 위衛나라로 들어갔다.<br>(진晉) 조앙은 조가朝歌에서 범씨와 중항씨를 포위했다.<br>(조) 조백이 공손강公孫彊을 기용하자, 꿈꾼 자의 아들이 도망쳤다.<br>(위) 태자 괴외蒯聵가 탈출해 진晉으로 달아났다.<br>(오) 월나라를 쳐서 취리檇李에서 싸웠는데, 오왕 합려는 부상을 입고 죽었다. 아들 부차가 오왕 자리에 올랐다. | 14 | 24 |
| 57 | 495 | ▶ 공자는 진陳나라로 가려다가 광匡과 포蒲 땅에서 곤란을 당하고 다시 위衛나라 수도 복양濮陽으로 돌아왔다.<br>▶ 공자가 조曹나라에 잠깐 머물다가 송나라에 들렀는데, 환퇴가 공자를 해치려고 했다.<br>▶ 공자는 환퇴를 피해 미복으로 갈아입고 정나라로 갔으나, 정나라 사람들에게 상갓집 개와 같다는 소리를 들었다.<br>▶ 공자는 다시 정나라를 떠나 진陳나라로 가서 사성정자司城貞子의 집에 머물렀다. | 15 | 25 |

| 齊 | 晉 | 楚 | 宋 | 鄭 | 曹 | 衛 | 陳 | 蔡 | 吳 | 秦 |
|---|---|---|---|---|---|---|---|---|---|---|
| 47 | 11 | 15 | 16 | 13 | 伯陽<br>1 | 34 | 湣公<br>1 | 18 | 14 | 36 |
| 48 | 12 | 16 | 17 | 聲公<br>1 | 2 | 35 | 2 | 19 | 15 | 惠公<br>1 |
| 49 | 13 | 17 | 18 | 2 | 3 | 36 | 3 | 20 | 16 | 2 |
| 50 | 14 | 18 | 19 | 3 | 4 | 37 | 4 | 21 | 17 | 3 |
| 51 | 15 | 19 | 20 | 4 | 5 | 38 | 5 | 22 | 18 | 4 |
| 52 | 16 | 20 | 21 | 5 | 6 | 39 | 6 | 23 | 19 | 5 |
| 53 | 17 | 21 | 22 | 6 | 7 | 40 | 7 | 24 | 夫差<br>1 | 6 |

| 나이 | 서기전 | 사건 | 魯 | 周 |
|---|---|---|---|---|
| 58 | 494 | ▶ 오나라에서 공자에게 사람을 보내 회계산에서 얻은 뼈에 대해 물었다.<br>(제) 제나라와 위衛나라가 범씨를 도와 진晉을 쳤다.<br>(초) 제후들을 거느리고 채나라를 포위했다. 오나라와의 원한 때문이다.<br>(오) 월나라를 쳐서 부초夫椒에서 이겼다. 월왕은 오왕에게 항복하고 오나라로 들어가 오왕의 신하가 되었다. | 哀公 1 | 26 |
| 59 | 493 | ▶ 진陳나라를 떠나 포蒲 땅을 거쳐 위나라로 갔다.<br>▶ 위나라를 떠나 진晉나라로 가려다 황하를 건너지 않고 위나라로 돌아왔다.<br>(제) 범씨와 중항씨에게 곡식을 수송했다.<br>(진晉) 정나라가 범씨와 중항씨를 구원하러 왔지만, 철鐵에서 무찔렀다.<br>(위) 여름, 영공이 죽고 태자 괴외蒯聵의 아들 첩輒이 섰다. 진晉태자 괴외를 척戚 땅으로 들였다.<br>(채) 초나라를 두려워하여 오나라 주래州來로 옮겼다. 역사에서 이를 하채下蔡라 하고, 그대로 지명이 되었다. | 2 | 27 |
| 60 | 492 | ▶ 위나라를 떠나 진陳나라에 머물렀다.<br>▶ 계환자의 유언에 따라, 후계자 계강자는 공자의 제자 염구를 불렀다. 염구는 노나라로 돌아갔다.<br>(노) 가을, 계환자가 아들 계강자에게 공자를 부르라고 유언했다. | 3 | 28 |
| 61 | 491 | ▶ 진陳나라를 떠나 초나라 채蔡 땅에 들렀다.<br>(제) 전기田乞가 범씨를 구원했다.<br>(진晉) 조앙이 한단邯鄲을 함락하고 백인栢人을 포위했다.<br>(채) 대부들이 함께 소후를 죽였다. | 4 | 29 |
| 62 | 490 | ▶ 초나라 섭읍葉邑으로 가서 섭공 제량諸梁을 만나고, 다시 채 땅으로 돌아왔다.<br>(진晉) 조앙이 범씨와 중항씨를 무찌르자, 중항씨는 제나라로 달아났다. 진나라는 마침내 4경이 득세하게 되었다. | 5 | 30 |

| 齊 | 晉 | 楚 | 宋 | 鄭 | 曹 | 衛 | 陳 | 蔡 | 吳 | 秦 |
|---|---|---|---|---|---|---|---|---|---|---|
| 54 | 18 | 22 | 23 | 7 | 8 | 41 | 8 | 25 | 2 | 7 |
| 55 | 19 | 23 | 24 | 8 | 9 | 42 | 9 | 26 | 3 | 8 |
| 56 | 20 | 24 | 25 | 9 | 10 | 出公<br>1 | 10 | 27 | 4 | 9 |
| 57 | 21 | 25 | 26 | 10 | 11 | 2 | 11 | 28 | 5 | 悼公<br>1 |
| 58 | 22 | 26 | 27 | 11 | 12 | 3 | 12 | 成侯<br>1 | 6 | 2 |

| 나이 | 서기전 | 사건 | 魯 | 周 |
|---|---|---|---|---|
| 63 | 489 | ▶ 채를 떠나 진陳나라로 가려다, 진과 채 사이에서 고통을 겪었다. 성보에 주둔한 초소왕에게 자공을 보내자 초소왕이 구원해 주었다.<br>▶ 공자는 계속 진나라에 머물렀다.<br>(제) 전기田乞는 속여서 양생陽生을 세우고, 안유자를 죽였다.<br>(초) 소왕은 진陳을 구원하여 성보城父에 주둔했는데, 성보에서 병으로 죽었다. 서형들이 모두 양보하여 아들 혜왕이 섰다. | 6 | 31 |
| 64 | 488 | (노) 오왕과 증繒에서 회합했다. 오나라는 100가지 요리를 요구했다. | 7 | 32 |
| 65 | 487 | (초) 자서子西는 옛 태자 건建의 아들 승勝을 오나라에 불러 백공白公으로 삼았다.<br>(송) 조曹나라가 송나라를 배신하자, 그들을 멸했다. | 8 | 33 |
| 66 | 486 | (진陳) 초나라를 배신하고 오나라와 화해하자, 초나라가 진을 쳤다. | 9 | 34 |
| 67 | 485 | ▶ 공자는 진陳에서 위衛나라로 갔다.<br>(제) 포자鮑子가 도공을 살해하자, 그 아들 임壬을 세우니, 간공簡公이다.<br>(진晉) 조앙을 시켜 제나라를 쳤다. | 10 | 35 |
| 68 | 484 | ▶ 공자는 노나라 정공 14년에 시작한 유랑생활을 끝내고 노나라로 돌아왔다. 13년간 제후국들을 주유했다.<br>(오) 오자서를 죽였다. 노나라와 더불어 애릉艾陵 전투에서 제나라를 무찔렀다. | 11 | 36 |
| 69 | 483 | ▶ 아들 리鯉가 50세의 나이로 죽었다.<br>(오) 탁고橐皐에서 노, 위와 회맹했다. | 12 | 37 |
| 70 | 482 | (오) 황지黃池에서 제후들을 모아 회합하고 진晉과 맹주의 자리를 놓고 다투었다. | 13 | 38 |

| 齊 | 晉 | 楚 | 宋 | 鄭 | 曹 | 衛 | 陳 | 蔡 | 吳 | 秦 |
|---|---|---|---|---|---|---|---|---|---|---|
| 孺子 | 23 | 27 | 28 | 12 | 13 | 4 | 13 | 2 | 7 | 3 |
| 悼公<br>1 | 24 | 惠王<br>1 | 29 | 13 | 14 | 5 | 14 | 3 | 8 | 4 |
| 2 | 25 | 2 | 30 | 14 | 15<br>亡 | 6 | 15 | 4 | 9 | 5 |
| 3 | 26 | 3 | 31 | 15 | | 7 | 16 | 5 | 10 | 6 |
| 4 | 27 | 4 | 32 | 16 | | 8 | 17 | 6 | 11 | 7 |
| 簡公<br>1 | 28 | 5 | 33 | 17 | | 9 | 18 | 7 | 12 | 8 |
| 2 | 29 | 6 | 34 | 18 | | 10 | 19 | 8 | 13 | 9 |
| 3 | 30 | 7 | 35 | 19 | | 11 | 20 | 9 | 14 | 10 |

| 나이 | 서기전 | 사건 | 魯 | 周 |
| --- | --- | --- | --- | --- |
| 71 | 481 | ▶ 제자 안회가 세상을 떠났다.<br>▶ 공자는 제나라에서 군주를 시해한 것을 계기로 정벌할 것을 청했으나, 애공은 거절했다.<br>(노) 사냥하여 기린을 잡았다. 공자는 《춘추》 집필을 끝냈다.<br>(제) 전상田常이 간공을 살해하고 그 아우 오驁를 세우니, 평공平公이다. 전상은 재상이 되어 국가 권력을 전담하니, 제나라는 마침내 전씨들의 세상이 되었다. | 14 | 39 |
| 72 | 480 | ▶ 제자 자로가 위衛나라에서 괴외에게 살해당했다.<br>(노) 자복경백子服景伯이 제나라에 사절로 가고 자공子貢이 보좌했으며, 제나라가 노나라에서 침탈한 땅을 돌려주도록 했다.<br>(위) 출공의 부친 괴외가 들어오자, 출공 첩輒은 도망쳤다. | 15 | 40 |
| 73 | 479 | ▶ 자로의 죽음에 상심한 공자는 자공을 만난 후 세상을 떠났다. 향년 73세이다.<br>(초) 백공 승은 영윤 자서를 죽이고 초혜왕을 공격했다. 섭공葉公이 백공을 공격하자 백공은 자살하고 혜왕은 다시 왕으로 복귀했다. | 16 | 41 |
|  | 478 | (초) 진陳을 멸하고 그 군주 민공을 죽였다. | 17 | 42 |

| 齊 | 晉 | 楚 | 宋 | 鄭 | 曹 | 衛 | 陳 | 蔡 | 吳 | 秦 |
|---|---|---|---|---|---|---|---|---|---|---|
| 4 | 31 | 8 | 36 | 20 | | 12 | 21 | 10 | 15 | 11 |
| 平公<br>1 | 32 | 9 | 37 | 21 | | 13 | 22 | 11 | 16 | 12 |
| 2 | 33 | 10 | 38 | 22 | | 莊公<br>1 | 23 | 12 | 17 | 13 |
| 3 | 34 | 11 | 39 | 23 | | 2 | 24<br>亡 | 13 | 18 | 14 |

사기 제48권 史記卷四十八

# 진섭세가 陳涉世家

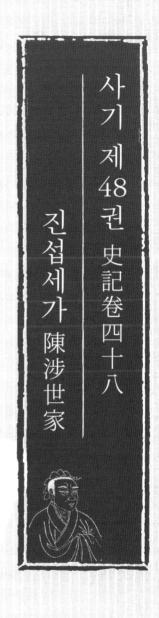

## 사기 제48권 진섭세가 제18

## 史記卷四十八 陳涉世家第十八

색은 살펴보니 진승陳勝은 왕으로 즉위한 지 수개월 만에 죽고 후사가 없었는데, 또한 '세가'라고 일컬은 것은 그가 파견한 왕후장상王侯將相이 마침내 진秦나라를 멸망시키는 데에 시작으로 여겼기 때문이다.

按 勝立數月而死 無後 亦稱系家者 以其所遣王侯將相竟滅秦 以其首事也

신주 진승陳勝(?~서기전 208)은 자字가 섭涉이다. 그래서 진섭이라고 불렸다. 진나라가 통일하던 시기의 남양군 양성陽城 사람이다. 양성은 지금의 하남성 방성현方城縣이다. 그는 북방으로 수자리 살러 가는 백성을 인솔하다가 도착하기로 한 날짜를 맞추지 못하자 봉기했는데, 이것이 통일제국 진나라가 멸망하는 계기가 되었다. 백성의 추대로 왕위에 올라 초나라의 부흥을 꾀하면서 국호를 '장초長楚'라고 지었다. 그를 따라 사방에서 봉기하는 사람들로 인해 진나라 제국은 멸망했으나, 즉위 6개월 만에 자신의 마차를 몰던 장가莊賈에게 피살되고 말았다. 사마천은 그의 봉기가 진나라 멸망의 단초가 되었기에 〈세가〉에 편입시켰다. 시호는 '은왕隱王'이다.

제1장

# 날품팔이 출신 진승

진승陳勝은 양성陽城① 사람이다. 자는 섭涉이다. 오광吳廣은 양하陽夏② 사람이다. 자는 숙叔이다. 진섭은 젊었을 때 일찍이 남에게 고용되어 농사를 지었다.③ 농사를 짓다가 멈추고 밭두둑에서 오랫동안 원망하고 한탄하면서 말했다.

"만약 부귀해지더라도 서로 잊지 말아요."

고용된 사람들이 웃으면서 응대해 말했다.

"너는 고용되어 경작하고 있는데 어떻게 부귀하게 되겠다는 말이냐?"

진섭이 크게 한숨을 쉬며 말했다.

"아! 제비와 참새 따위가 어찌 큰고니의 뜻을 알겠는가?④"

陳勝者 陽城①人也 字涉 吳廣者 陽夏②人也 字叔 陳涉少時 嘗與人傭耕③ 輟耕之壟上 悵恨久之曰 苟富貴 無相忘 庸者笑而應曰 若爲庸耕 何富貴也 陳涉太息曰 嗟乎 燕雀安知鴻鵠之志哉④

① 陽城양성

색은 위소는 영천군에 속한다고 했다. 〈지리지〉에서는 여남군에 속한다고 해서 서로 다르다. 살펴보니 군현의 이름이 시대에 따라 분할되었기 때문이다. 아마 양성陽城은 옛날 여남군에 속했는데, 지금은 여음군이 되었고 뒤에는 또 나뉘어 영천에 속했다. 위소는 이에 의거해서 설명한 것이다. 그러므로 같지 않다. 다른 것도 모두 이를 모방했다.

韋昭云屬潁川 地理志云屬汝南 不同者 按郡縣之名隨代分割 蓋陽城舊屬汝南(史遷云)今爲汝陰 後又分隸潁川 韋昭據以爲說 故其不同 他皆放此

정의 곧 하남군 양성현이다.

即河南陽城縣也

② 陽夏양하

색은 夏는 '고賈'로 발음한다. 위소가 말했다. "회양현이고 뒤에 진군陳郡에 속했다."

夏音賈 韋昭云 淮陽縣 後屬陳

정의 《괄지지》에서 말한다. "진주 태강현은 본래 한나라 때 양하현이다."

括地志云 陳州太康縣 本漢陽夏縣也

신주 夏는 여름이나 나라 이름일 때는 '하'로 읽고, 개오동나무를 뜻할 때는 '고'로 읽는다.

③ 傭耕용경

색은 《광아》에서 "용傭은 역役이다."라고 했다. 살펴보니 힘써 일해서 품삯을 받는 것을 일컫는다.

廣雅云 傭 役也 按 謂役力而受雇直也

④ 燕雀安知鴻鵠之志哉연작안지홍곡지지재

색은 《시자》에서 말한다. "큰고니 새끼는 날개로 날기 전에 온 천하를 가지려는 마음이 있다."고 한 것이 이것이다. 살펴보니 큰고니는 새로서 봉황과 같은 것이지 큰기러기와 황곡黃鵠을 말한 것이 아니다. 鵠의 발음은 '혹[戶酷反]'이다."

尸子云鴻鵠之鷇 羽翼未合 而有四海之心是也 按 鴻鵠是一鳥 若鳳皇然 非謂鴻鴈與黃鵠也 鵠音戶酷反

신주 소견이 좁은 사람은 큰 사람의 야망을 이해하지 못한다는 뜻이다. 오늘날 이 말을 쓰게 된 것은 여기서 비롯되었다. 鵠은 고니나 과녁을 뜻할 때는 '곡'으로 읽고, 크다는 뜻일 때는 '호'로 읽고, 학鶴의 뜻일 때는 '학'으로 읽는다.

진나라 2세 원년 7월, 여좌閭左① 의 적인適人들을 출발시켜 어양漁陽에 수자리 가게 했는데② 900명이 대택향大澤鄕③ 에서 주둔했다. 진승과 오광은 모두 인솔자로 둔장屯長④ 이 되었다. 때마침 큰비가 내려 길이 통하지 않았는데, 날짜를 계산해보니 기한을 맞출 수 없을 것 같았다. 기한을 어기면 법에 저촉되어 참형을 받는다. 진승과 오광이 이에 모의해서 말했다.

"지금 도망쳐도 죽고 큰 계획을 세워도 죽는다. 같은 죽음이라면 나라를 세워서 죽은 게 낫지 않은가?⑤"

二世元年七月 發閭左①適戍漁陽② 九百人屯大澤鄕③ 陳勝吳廣皆次當行 爲屯長④ 會天大雨 道不通 度已失期 失期 法皆斬 陳勝吳廣乃謀曰今亡亦死 擧大計亦死 等死 死國可乎⑤

① 閭左여좌

색은 여좌閭左는 마을 왼쪽에 사는 사람을 이른다. 진나라 때에는 요역을 면제받는 자는 좌左에 살았다. 지금 부역을 시키는데 모두 여좌閭左에 있다는 것은 모두를 징발한 것이다. 또 이르기를, 무릇 거처하는데 부강한 자는 오른쪽에 살고 빈약한 자는 왼쪽에 살았다고 한다. 진나라 요역 중 수자리가 많았는데 부자는 요역을 다하려고 빈약한 자들을 취해서 겸하게 했다.

閭左謂居閭里之左也 秦時復除者居閭左 今力役凡在閭左者盡發之也 又云 凡居以富強爲右 貧弱爲左 秦役戍多 富者役盡 兼取貧弱者也

신주 고대 중국에서는 25가家를 1려閭로 삼았다. 가난한 사람은 이문里門의 왼쪽에 살고, 부유한 자는 이문의 오른쪽에 살게 했다. 진대에 부유한 자들은 농민을 고용해서 농사를 지었는데, 소작농 등으로 구성된 가난한 백성들을 가리키는 말이 여좌이다. 진나라 때 법은 가혹하여 많은 농민이 죄인으로 몰려 각종 고역을 치렀는데, 이로 말미암아 진나라 2세 황제 때 농민봉기가 일어나는 계기가 되었다.

② 適戍漁陽적술어양

색은 適의 발음은 '적[直革反]' 또는 '책磔'이다. 옛《한서》에 따르면 칠과적七科適이 있었다. 술戍은 군사로 주둔해서 지키는 것이다. 〈지리지〉에 따르면 어양은 현 이름이고 어양군에 있다.

適音直革反 又音磔 故漢書有七科適 戍者 屯兵而守也 地理志漁陽縣名 在漁陽郡也

정의 《괄지지》에서 말한다. "어양 고성은 단주 밀운현 남쪽 18리에 있고 어수漁水 북쪽에 있다."

括地志云 漁陽故城在檀州密雲縣南十八里 在漁水之陽也

**신주** 칠과적에 대해 장수절은 《사기정의》에서 장안張晏의 말을 인용하여 이렇게 말했다. "죄지은 관리가 하나요, 망명자가 둘이요, 데릴사위가 셋이요, 상인이 넷이요, 목록에 등재된 자가 다섯이요, 부모가 시적자인 자가 여섯이요, 조부모가 시적자인 자가 일곱이니, 합이 7과이다." 적술適戍은 죄벌로 적출되어 변경에서 수자리를 사는 사람이다.

③ 大澤鄕대택향

**집해** 서광이 말했다. "패군 기현에 있다."

徐廣曰 在沛郡蘄縣

**신주** 춘추전국시대 초나라 마지막 수도인 수춘壽春 북쪽에 있었다. 초나라 장군 항연이 진나라 왕전王翦에게 패한 곳이다.

④ 屯長둔장

**신주** 진나라 때 변경지역 소부대의 장을 일컫는다. 《상군서》〈경내境內〉에서는 "군대의 계급으로 5인의 장長은 둔장, 100인의 장長은 장군이다."라고 했다.

⑤ 死國可乎사국가호

**색은** 국가를 도모하여 경영하고자 하는데 가령 이루지 못하고 패한다고 하더라도 오히려 수자리의 졸병이 되어 죽는 것보다 낫다고 한 것이다.

謂欲經營圖國 假使不成而敗 猶愈爲戍卒而死也

진승이 말했다.

"천하가 진나라 때문에 고통을 겪은 지 오래이다. 내가 들으니 2세 황제는 작은아들인데[①] 즉위했으니 부당했고, 즉위할 자는 곧 공자公子 부소扶蘇[②]가 마땅했다. 부소는 자주 허물을 간했기 때문에 (주상이) 나라 밖으로 내보내 군사를 이끌게 했다."는 말을 듣고 있다. 지금 어떤 이에게 듣자 부소는 죄가 없는데 2세가 죽였다고도 한다. 그러나 백성 대부분은 부소가 현명하다는 소리만 들었지 그가 죽었다는 것은 알지 못한다.[③]

항연項燕[④]은 초나라 장군이 되어 여러 번 공훈이 있었고 사졸들을 아꼈다. 그래서 초나라 사람들이 그를 가련하게 여겼는데, 어떤 이는 죽었다고 하고 어떤 이는 도망쳤다고 한다. 지금 진실로 우리가 공자 부소와 항연을 사칭해 천하에 부르짖는다면[⑤] 마땅히 응하는 자가 많을 것이다."

오광도 그럴 것이라고 했다.

陳勝曰 天下苦秦久矣 吾聞二世少子也[①] 不當立 當立者乃公子扶蘇 扶蘇[②]以數諫故 上使外將兵 今或聞無罪 二世殺之 百姓多聞其賢 未知其死也[③] 項燕[④]爲楚將 數有功 愛士卒 楚人憐之 或以爲死 或以爲亡 今誠以吾衆詐自稱公子扶蘇項燕 爲天下唱[⑤] 宜多應者 吳廣以爲然

① 吾聞二世少子也오문이세소자야

색은 요씨가 살펴보니 은사隱士가 장함章邯에게 편지를 보내 이르기를 "이사李斯는 2세를 위해 17명의 형을 폐하고 지금의 왕을 세웠다."라고 했다. 그러므로 2세는 진시황의 제18자인 것이다.

姚氏按 隱士遺章邯書云 李斯爲二世廢十七兄而立今王 則二世是始皇第十八子也

② 扶蘇부소

신주 부소(서기전 241~서기전 210)는 진시황제의 맏아들이다. 진시황의 '분서갱유' 같은 정책의 부당함을 간언했다가 몽염과 함께 흉노족과 맞닿은 국경 지방으로 추방당했다. 진시황이 죽은 후 조고 등이 거짓으로 조서를 꾸며 압박하자 자살했다.

③ 未知其死也미지기사야

색은 여순이 말했다. "부소는 자살했다. 그러므로 사람들이 그가 죽은 것을 알지 못했다." 혹자는 무슨 이유로 죽었는지 알지 못했다. 그래서 천하에서 원통하게 2세 황제에게 살해되었다고 여겼으니, 그 뜻을 얻었다. 지금 문장에 의거해서 해석하면, "곧 부소는 2세에게 죽임을 당했는데도 백성들이 알지 못했다. 그러므로 자신들이 그들을 사칭하려고 한다."라는 것이다.

如淳云扶蘇自殺 故人不知其死 或以爲不知何坐而死 故天下冤二世殺之 其意亦得 今宜依文而解 直是扶蘇爲二世所殺 而百姓未知 故欲詐自稱之也

④ 項燕항연

신주 항연(?~서기전 223)은 중국 전국시대 말기 초나라 장군이다. 그는 진秦나라 공세에 맞서 초나라 방어와 부흥을 위해 노력하다가 전사했다. 항량項梁의 아버지이자 항우項羽의 할아버지이다.

⑤ 唱창

색은 《한서》에는 '창倡'으로 되어 있다. 창倡은 앞선 것을 이른다. 《설문》에서는 '창倡은 수首이다.'라고 했다.

漢書作倡 倡謂先也 說文云 倡 首也

이에 점을 치러 갔다.[①] 점을 치는 자가 그의 속마음을 알아채고 말했다.
"그대들 일은 모두 이루어져 성공할 것입니다. 그러나 족하께서는 귀신에게 가서 점을 치십시오![②]"
진승과 오광은 (점치는 사람의 말을 오해해서) 기뻐하고 귀신을 생각하며[③] 말했다.
"이 말은 내가 먼저 무리들에게 위세를 보이라는 뜻이다."
이에 붉은 글씨로 비단에 '진승왕陳勝王'이라고 써서 사람이 설치한 그물에 걸려 있는 물고기 뱃속에 넣어 두었다.[④] 마침내 (병사가) 물고기를 사서 삶아 먹는데 물고기 뱃 속의 글씨를 보고 실로 괴이하게 여겼다.
또 몰래 간자間者를 시켜서[⑤] 오광이 머무는 곁의 총사叢祠 안에서[⑥] 밤중에 모닥불을 피우고[⑦] 여우 울음소리로 "대초大楚가 일어나면 진승陳勝이 왕이 된다."라고 부르짖게 했다. 마침내 모두가 밤에 놀라고 두려워했다. 아침에 군졸들이 왕왕 말하면서 모두 진승陳勝을 눈짓으로 가리켰다.
乃行[①]卜 卜者知其指意 曰 足下事皆成 有功 然足下卜之鬼乎[②] 陳勝吳

廣喜 念鬼[3]曰 此教我先威衆耳 乃丹書帛曰陳勝王 置人所罾魚腹中[4] 卒買魚烹食 得魚腹中書 固以怪之矣 又間令[5]吳廣之次所旁叢祠中[6] 夜篝火[7] 狐鳴呼曰大楚興 陳勝王 卒皆夜驚恐 旦日 卒中往往語 皆指目陳勝

① 行행

색은 행行은 선先이다. 일설에는 행行은 왕往이라고 했다.

行者 先也 一云行 往也

② 卜之鬼乎복지귀호

집해 소림이 말했다. "여우가 사당 안에서 울었다고 한 것이 이것이다." 신찬이 말했다. "귀신鬼神을 빌려 군중에게 위세로 삼은 것이다. 그러므로 진승과 오광이 '이것은 내가 먼저 무리에 위세를 보이라는 것이다.'라고 말했다."

蘇林曰 狐鳴祠中則是也 瓚曰 假託鬼神以威衆也 故勝廣曰 此教我威衆也

색은 배인은 주석에서 소림과 신찬의 뜻을 인용했는데, 마땅하다. 이기는 또 말했다. "점을 친 자가 경계시켜 '점을 친 일이 비록 성사되었더라도 마땅히 죽어 귀신이 된다.'라는 나쁜 뜻이니 그 말을 물리치라는 것인데, 진승은 그 뜻을 잃고 도리어 귀신에 의지해서 괴이한 일을 일으켰다." 그의 말 또한 본뜻을 얻은 것이다.

裴注引蘇林臣瓚義亦當矣 而李奇又云卜者戒曰所卜事雖成 當死爲鬼 惡指斥言之 而勝失其旨 反依鬼神起怪 蓋亦得本旨也

신주 점괘는 점차 변해 죽어서 귀신이 된다는 뜻이다.

③ 念鬼염귀

색은 염念은 생각이다. 생각으로 귀신의 일을 빌리려고 한 것일 뿐이다.

念 思也 思念欲假鬼神事耳

④ 罾魚腹中증어복중

집해 《한서음의》에서 말한다. "罾의 발음은 '증曾'이다." 문영이 말했다. "증罾은 그물이다."

漢書音義曰 罾音曾 文穎曰 罾 魚網也

⑤ 間令간령

색은 복건이 말했다. "間의 발음은 중간의 '간間'이다. 정씨는 '간間은 몰래 사람을 시켜 행하게 한 것을 이른다.'라고 했다. 공문상은 '몰래 틈새를 엿보고 무리가 알지 못하게 하려는 것이다.'라고 했다."

服虔云間音中間之間 鄭氏云間謂竊令人行也 孔文祥又云竊伺間隙 不欲令衆知之也

⑥ 吳廣之次所旁叢祠中오광지차소방총사중

집해 장안이 말했다. "총사叢祠는 수자리 가는 사람들이 머물렀던 곳이다. 총叢은 귀신이 의지하는 곳이다."

張晏曰 戍人所止處也 叢 鬼所憑焉

색은 차次는 군사들이 머무는 곳이다. 《묵자》에서 말한다. "나라를 세우면 반드시 나무의 무성한 것을 가려 총위叢位(지위의 표찰을 세움)로 삼았다." 고유의 《전국책》 주석에서 말한다. "총사는 신사神祠이다. 총叢은 나무이다."

次 師所次舍處也 墨子云建國必擇木之修茂者以爲叢位 高誘注戰國策云叢祠神祠也 叢 樹也

⑦ 夜篝火야구화

집해 서광이 말했다. "다른 판본에는 '대帶'로 되어 있다. 구篝는 바구니란 뜻이고 발음은 '구溝'이다."

徐廣曰 或作帶也 篝者 籠也 音溝

색은 篝의 발음은 구溝이다. 《한서》에는 '구搆'로 되어 있다. 곽박은 구篝를 바구니라고 했다.

篝音溝 漢書作搆 郭璞云 篝 籠也

오광은 평소 사람들을 아꼈으니 사졸들은 그에게 쓰임을 받으려는 자가 많았다. 관리 장위將尉①가 술에 취하자 오광은 일부러 도망가고 싶다고 여러 번 말해서 위尉를 분노케 했으며, 자신을 모욕하게 해서 그 무리가 격노하게 했다. 위는 마침내 오광을 매질했다. 위가 칼을 빼어 들자② 오광이 일어나서 그 칼을 빼앗아 위를 죽였다. 이때 진승도 도와서 함께 두 위를 죽이고 소속된 무리들을 영令으로 불러 말했다.

"그대들은 비를 만나서 모두 이미 기한을 어겼는데 기한을 어기면 참수당한다. 가령 참수하지 말라는 명이 있더라도③ 수자리를 살다가 죽는 자들이 열에 6~7명 된다. 장사壯士는 죽지 않으면 그만이지만 죽을 거라면 명예④를 크게 드날려야 할 뿐이다. 왕후장상王侯將相이 어찌 씨가 있겠는가?⑤"
속한 무리들이 모두 말했다.
"삼가 명을 따르겠습니다."
이에 (진섭과 오광은) 공자 부소와 항연을 사칭해 민중이 원하는 바를 따르기로 했다. 오른쪽 어깨를 걷고⑥ (국호를) 대초大楚라고 칭했다. 단壇을 만들어 맹세하고 장위將尉의 머리를 바쳐 제사를 지냈다.

吳廣素愛人 士卒多爲用者 將尉①醉 廣故數言欲亡 忿恚尉 令辱之 以激怒其衆 尉果笞廣 尉劍挺② 廣起 奪而殺尉 陳勝佐之 幷殺兩尉 召令徒屬曰 公等遇雨 皆已失期 失期當斬 藉弟令毋斬③ 而戍死者固十六七 且壯士不死即已 死即擧大名④耳 王侯將相寧有種乎⑤ 徒屬皆曰 敬受命 乃詐稱公子扶蘇項燕 從民欲也 袒右⑥ 稱大楚 爲壇而盟 祭以尉首

① 將尉장위

색은 관직이다. 《한구의》에서 말한다. "큰 현에는 2명인데, 그 위尉는 둔병 900명을 거느린다." 그러므로 장위라고 한다.

官也 漢舊儀 大縣二人 其尉將屯九百人 故云將尉也

② 挺정

집해 서광이 말했다. "정挺은 '탈脫'과 같다."

徐廣曰 挺猶脫也

색은 서광은 "정挺은 탈奪과 같다."라고 했다. 살펴보니 탈奪은 곧 '탈脫'이다. 《설문》에서 "정挺은 빼는 것이다."라고 했다. 살펴보니 위尉가 검을 뽑자 오광이 빼앗았으므로 위尉를 죽일 수 있었다.

徐廣云挺 奪也 按 奪即脫也 說文云挺 拔也 案 謂尉拔劍而廣因奪之 故得殺尉

③ 藉弟令毋斬자제령무참

집해 복건이 말했다. "자藉는 '가假'이다. 제弟는 '다음 차례'이다." 응소가 말했다. "자藉는 관리와 군사의 명적名藉이다. 지금 약속 날짜를 어겨 참수당해야 했는데, 관리의 명적에 따라 차제에 다행히 참수당하지 않을 지라도 수자리에서 죽는 자가 실로 10명 중에 6~7명이나 되었다. 이것이 그의 무리를 격노하게 했다." 소림이 말했다. "제弟는 '장차'라는 뜻이다."

服虔曰 藉 假也 弟 次弟也 應劭曰 藉 吏士名藉也 今失期當斬 就使藉弟幸得不斬 戍死者固十六七 此激怒其衆也 蘇林曰 弟 且也

색은 소림이 말했다. "자제藉第는 가차假借이다. 또 약속 날짜를 어겨 참수당해야 했지만 참수되지 않는다고 하더라도 수자리에서 죽는 자가 실로 10명 중에서 7~8명이다." 그리고 弟의 발음 중 하나는 '차제次第'의 '제第'라고 했다. 또 안사고는 "제弟는 단但이다."라고 했다. 유씨는 "藉의 발음은 '자[子夜反]'이다."라고 했다. 응소는 藉는 가장 통상적인 음으로 읽는다고 했고, "자藉는 관리와 군사의 명적이다."라고 했다. 각각의 말이 모두 일리 있지만, 소림의 설명이 가장 근사하다.

蘇林云藉第 假借 且令失期不斬 則戍死者固十七八 然弟一音次第 之第 又小顏云弟 但也 劉氏云藉音子夜反 應劭讀如字 云藉 吏士之名藉也 各以意言 蘇說爲近之也

④ 大名대명

색은 대명은 큰 명예를 말한다.

大名謂大名稱也

⑤ 王侯將相寧有種乎왕후장상영유종호

신주 왕후장상王侯將相이란 '왕과 제후와 장군과 재상'을 이른다. 영유종호寧有種乎는 반어법으로 사람은 태어날 때 신분이 정해지지 않았다는 뜻이다.

⑥ 袒右단우

신주 초나라 풍습에 '뜻을 같이 한다'는 표현으로 행하는 의식이다. 국인들은 왼쪽 어깨를, 죄인이나 하층민은 오른쪽 어깨를 드러냈다. 《사기》 〈여태후본기〉와 《한서》 〈고후기〉에서 여태후가 죽고 주발周勃이 여씨들을 주살하면서 군졸들에게 왼쪽 어깨를 드러내라고 한 것이 이런 경우이다.

진승이 스스로 서서 장군이 되었고, 오광은 도위都尉가 되었다. 대택향大澤鄕을 공격해 빼앗고 기蘄① 땅을 공격해 기를 함락했다.② 이에 부리符離③사람 갈영葛嬰을 시켜 군사를 거느리고 기 땅을 공략하게④ 하고 동쪽으로 향하게 했다. 질銍, 찬酇, 고苦, 자柘, 초譙⑤를 공격해서 모두 함락했다. 그리고 행군하면서 군사들을 수습했는데, 인근의 진陳⑥에 이르자 수레가 6~700대에 기마 1,000여 필과 병졸이 수만 명이 되었다.

陳勝自立爲將軍 吳廣爲都尉 攻大澤鄕 收而攻蘄[①] 蘄下[②] 乃令符離[③]人葛嬰將兵徇[④]蘄以東 攻銍酇苦柘譙[⑤]皆下之 行收兵 比至陳[⑥] 車六七百乘 騎千餘 卒數萬人

① 蘄기

색은 蘄의 발음은 '기機' 또는 '기祈'이다. 현 이름이다. 패군에 속한다.

音機 又音祈 縣名 屬沛郡

② 下하

색은 하下는 '항降'이다. 군사들이 다다르자 곧 항복한 것을 이른다.

下 降也 謂以兵臨而即降也

③ 符離부리

색은 위소가 말했다. "패군에 속한다."

韋昭云 屬沛郡

신주 기蘄 북쪽에 이웃하며 수수睢水를 끼고 있다.

④ 徇순

색은 이기가 말했다. "순徇은 빼앗는 것이다. 발음은 '순[辭峻反]'이다."

李奇云 徇 略也 音辭峻反

⑤ 銍酇苦柘譙질찬고자초

집해 서광이 말했다. "고苦와 자柘는 진군에 속하고, 나머지는 모두 패군에 있다."

徐廣曰 苦 柘屬陳 餘皆在沛也

⑥ 陳진

색은 〈지리지〉에 따르면 진현은 회양군에 속한다.

地理志陳縣屬淮陽

신주 〈진초지제월표〉에서는 진승과 오광이 봉기한 것은 2세 원년 7월이라고 한다. 진섭은 6개월 만인 12월에 죽었다.

진陳① 땅을 공격했는데 진의 군수와 현령은 없었고② 수승守丞(군수와 현령을 보조하는 관리)만 남아 초문譙門 안③에서 싸웠다. 이기지 못하고 수승守丞이 죽었다. 곧 성으로 들어가 진을 점거했다.

며칠 후 호령해서 삼로三老④와 호걸들을 불러 대사를 논의했다.⑤ 삼로와 호걸들이 모두 말했다.

"장군께서 몸소 갑옷을 입고 예리한 병기를 잡고 무도無道를 정벌하고 포악한 진나라를 처단하고 다시 초나라 사직을 세우려 하시니 공적은 마땅히 왕이 되셔야 합니다."

진섭은 이에 즉위하여 왕이 되어 국호를 '장초張楚'⑥라고 했다.

攻陳① 陳守令皆不在② 獨守丞與戰譙門中③ 弗勝 守丞死 乃入據陳 數日 號令召三老④豪傑與皆來會計事⑤ 三老豪傑皆曰 將軍身被堅執銳 伐無道 誅暴秦 復立楚國之社稷 功宜爲王 陳涉乃立爲王 號爲張楚⑥

① 陳진

정의 지금의 진주성이다. 본래 초나라 경양왕이 쌓았는데 옛날 진국성陳國城이다.

今陳州城也 本楚襄王築 古陳國城也

② 陳守令皆不在진수령개부재

색은 장안이 말했다. "군수와 현령이 모두 있지 않았다."라고 했는데, 이는 잘못이다. 살펴보니 〈지리지〉에서는 진秦나라 36개 군 중에서 진군陳郡이 없으니 진陳은 현에 그친다. 수령守令이라는 말의 수守는 관직이 아니라 아래의 수승守丞과 같은 것이다. '개皆' 자는 쓸데없이 붙은 글자이다.

張晏云郡守及令皆不在 非也 按 地理志云秦三十六郡竝無陳郡 則陳止是縣 言守令 則守非官也 與下守丞同也 則皆字是衍字

신주 사마정이 살펴본 〈지리지〉가 사실과 다를 수 있다. 진陳은 고대부터 진나라 수도이자 초나라가 잠시 수도로 삼았던 곳이다. 회북 일대에서 가장 번화했던 도시이다. 담기양의 《중국역사지도집》에도 진군陳郡과 진현陳縣이 보이는데, 군수와 현령이 모두 있었을 것이다. 따라서 군수 아래 직위인 수승이 역시 존재하고 있었던 것이다. 오늘날에도 이 일대에 대도시 회양淮陽이 자리하고 있다. 그러므로 본문과 장안의 견해는 잘못되지 않은 것으로 보인다. 군수와 현령이 도망갔다는 뜻일 것이다.

③ 譙門中초문중

색은 필경 진현陳縣의 성문을 이른 것인데, 일명 여초麗譙라고도 한다. 그래서 '초문 안'이라 했고, 위 문장에서는 '초현의 문'이라고 하지 않은 것이다. 초현을 지켰지만 이미 함락당해 끝났기 때문이다.

蓋謂陳縣之城門 一名麗譙 故曰譙門中 非上譙縣之門也 譙縣守已下訖故也

**신주** 진현의 '초문'이란 아마 초현으로 가는 동문을 가리킬 수 있다. 진승이 공격해 들어간 방향과도 일치한다. 또 초譙는 '감시대'를 뜻하기도 하는데, 성문에 높이 솟은 망루를 가리키는 말일 수도 있다.

④ 三老삼로

**신주** 삼로는 고대에 교화를 맡은 관리를 뜻한다. 《예기》〈예운〉에 "종축宗祝은 사당에 있고, 삼공三公은 조정에 있으며, 삼로三老는 학교에 있다.[宗祝在廟 三公在朝 三老在學]"는 구절이 있다. 진승 때보다 후대의 기록이지만 《한서》〈고제기上〉에 "백성 중에서 나이 50 이상인 자 중에 덕을 닦고 행실이 있는 자로 무리를 착하게 이끌 수 있는 자를 들어서 삼로를 설치했는데, 향에 한 명을 두었다.[舉民年五十以上 有脩行 能帥衆爲善置以爲三老 鄕一人]"라는 기록이 있다.

⑤ 計事계사

**신주** '계사'는 대사를 토의하는 것이다. 곧 전략을 모의하는 것이다. 고대에 관리들의 성적을 평가하는 것을 뜻하기도 한다.

⑥ 張楚장초

**색은** 살펴보니 이기가 말했다. "초나라를 장대하게 하고자 한 것이다. 그러므로 장초張楚라고 칭했다."

按李奇云 欲張大楚國 故稱張楚也

# 왕이 된 진승

이때 여러 군현에서 진나라 관리들에게 고통을 당한 자들은 모두 그 장리長吏를 형에 붙여 죽이고 진섭에게 호응했다. 이에 오숙吳叔①을 임시 왕으로 삼아 여러 장수를 감독하며 서쪽 형양滎陽을 공격하게 했다. 진陳나라 사람인 무신武臣②과 장이張耳와 진여陳餘③를 시켜 조나라 땅을 공략하게 했다. 그리고 여음汝陰 사람 등종鄧宗④을 시켜서 구강군九江郡⑤을 공략하게 했다. 이때 초나라 군사 수천 명이 모여들었는데 그 수를 헤아릴 수 없었다.

當此時 諸郡縣苦秦吏者 皆刑其長吏 殺之以應陳涉 乃以吳叔①爲假王 監諸將以西擊滎陽 令陳人武臣②張耳陳餘③徇趙地 令汝陰人鄧宗④徇九江郡⑤ 當此時 楚兵數千人爲聚者 不可勝數

① 吳叔오숙

**신주** 오광吳廣을 가리킨다. '숙叔'은 오광의 자字이다.

② 武臣무신

**신주** 무신(?~서기전 208)은 진승의 부장으로 스스로 즉위하여 조趙왕이 되었다. 오래지 않아 이량李良에게 살해되었다.

③ 張耳陳餘장이진여

신주 장이(?~서기전 202)와 진여(?~서기전 205)는 동향 사람으로 생사고락을 함께했다. 진섭의 휘하에 같이 있었고, 또 조趙왕 무신武臣을 도왔으나 뒤에 서로 불신하여 장이는 유방에게 귀의했다. 장이는 한신韓信과 함께 정형井陘에서 조趙를 격파하고 진여를 죽였다. 그 후 조왕이 되었다. 〈장이진여열전〉에 자세히 나온다.

④ 鄧宗등종

신주 등종(?~서기전 207)은 여음汝陰 사람이다. 진秦 2세 원년 수백 명의 무리로 진승에게 호응했다. 진승이 장군으로 임명하자 병사들을 거느리고 구강군을 빼앗았다. 그 후 진승의 군대와 합류하여 구강을 지켰다.

⑤ 九江郡구강군

신주 진시황제 26년에 설치한 36군 중 하나이다. 지금의 안휘성 회수 남쪽 땅인데, 강수江水가 아홉 갈래로 흐르는 데서 유래했다고 한다. 훗날 한나라에서 회남군으로 고쳤다.

갈영葛嬰①은 (전에) 동성東城②에 이르러 양강襄彊을 세워 초왕楚王으로 삼았다. 갈영은 뒤에 진승이 진왕陳王으로 이미 즉위했다는 소식을 듣고 이로 인해 양강을 살해하고 진陳으로 돌아와 보고 했다. 진왕陳王은 갈영을 주살했다. 진왕은 위나라 사람 주불周市③을 북진시켜 위魏나라 땅을 공략하게 했다. 오광은 형양을 포위했다.

이유李由는 삼천수④가 되어 형양을 지켰는데 오숙은 그곳을 함락하지 못했다. 진왕은 국가의 호걸들을 불러 함께 계획을 세우고 상채上蔡 사람 방군房君 채사蔡賜⑤를 상주국上柱國으로 삼았다.

葛嬰①至東城② 立襄彊爲楚王 嬰後聞陳王已立 因殺襄彊 還報 至陳 陳王誅殺葛嬰 陳王令魏人周市③北徇魏地 吳廣圍滎陽 李由爲三川守④守滎陽 吳叔弗能下 陳王徵國之豪傑與計 以上蔡人房君蔡賜⑤爲上柱國

① 葛嬰갈영

**신주** 갈영(?~서기전 209)은 진승 휘하의 명장이다. 일찍이 진陳 땅을 공격해서 빼앗았다. 그러나 자기 멋대로 초왕을 세웠다가 진승에게 죽임을 당했다.

② 東城동성

**색은** 〈지리지〉에 따르면 구강군에 속한다.

地理志屬九江

**정의** 《괄지지》에서 말한다. "동성 옛 성은 호주 정원현 동남쪽 50리에 있다."

括地志云 東城故城在濠州定遠縣東南五十里也

**신주** 회남군 수춘 동쪽이다. 〈진초지제월표〉에 따르면 양강이 초왕이 된 것은 2세 원년 8월이라고 한다. 9월에 양강은 갈영에게 죽임을 당했다.

③ 周市주불

**신주** 주불은 진승 휘하의 장령將領이다. 진秦의 장함이 진승을 격퇴한 후 위魏나라를 공격했다. 주불은 위나라 재상이 되어 제나라와 초나라에 원조를 요청하고 구원군과 함께 진군에 맞섰으나 결국 패하고 피살당했다.

④ 三川守삼천수

**색은** 삼천은 지금의 낙양이다. 땅에 이수伊水, 낙수洛水, 하수河水가 있어서 삼천이라고 한다. 진나라에서는 삼천군, 한나라에서는 하남군이었다. 이유李由는 이사李斯의 맏아들이다.

三川 今洛陽也 地有伊洛河 故曰三川 秦曰三川 漢曰河南郡 李由 李斯子也

⑤ 房君蔡賜방군채사

**집해** 《한서음의》에서 말한다. "방군은 관호官號이다. 성은 채蔡고, 이름은 사賜이다." 신찬이 말했다. "방읍군이다."

漢書音義曰 房君 官號也 姓蔡 名賜 瓚曰 房邑君也

**색은** 방房은 읍이다. 방읍의 작위(벼슬)로 방군房君이라고 부른다. 채사蔡賜는 그의 성명이다. 진작은 〈장이전〉을 살펴서 '상국방군相國房君'이라고 했는데, 잘못인 듯하다. 진섭은 처음에 초楚라고 칭하고 초나라를 따라 주국柱國의 관직을 두었다. 그러므로 채사蔡賜가 벼슬을 했다. 아마 그때는 초창기라 상국의 관직을 설치하지 못한 것이다.

房 邑也 爵之於房 號曰房君 蔡賜其姓名 晋灼按張耳傳 言相國房君者 蓋誤耳 涉始號楚 因楚有柱國之官 故以官蔡賜 蓋其時草創 亦未置相國之官也

**정의** 예주 오방현은 본래 방자국房子國이고, 봉해진 곳이다.

豫州吳房縣 本房子國 是所封也

**신주** 오방현은 상채上蔡 서쪽에 이웃하고 있다. 상채는 채나라가 처음 봉해진 곳이다.

---

주문周文[1]은 진陳나라 현인賢人으로 일찍이 항연項燕 장군의 부대에서 일진을 점치는[2] 사람이 되어 춘신군春申君을 섬겼는데, 스스로 군사를 훈련시킬 수 있다고 말했다. 진왕陳王은 장군의 인수를 주고 서쪽으로 진나라를 공격하게 했다. 행군하면서 군사를 모아 함곡관에 이르렀다. 수레가 1,000대에 병졸이 수십만 명이었으며 희戲에 이르러 주둔했다.[3]

진나라는 소부少府 장함章邯을 시켜서 여산의 죄수들과 남의 노예로 태어난 자[4]들을 면제시키고 모두 징발해서 초나라 대군을 쳐서 크게 무찔렀다.

周文[1] 陳之賢人也 嘗爲項燕軍視日[2] 事春申君 自言習兵 陳王與之將軍印 西擊秦 行收兵至關 車千乘 卒數十萬 至戲[3] 軍焉 秦令少府章邯免酈山徒人奴産子生[4] 悉發以擊楚大軍 盡敗之

---

① 周文주문

**집해** 문영이 말했다. "주장周章이다."

文穎曰 即周章

② 視日시일

집해 여순이 말했다. "시일視日은 일시의 길흉과 거동을 점치는 것이다. 사마계주司馬季主는 천문을 점치는 자가 되었다."

如淳曰 視日時吉凶擧動之占也 司馬季主爲日者

③ 戲희

정의 곧 경조京兆 동쪽 희정戲亭이다.

即京東戲亭也

신주 주문이 도착하여 패한 것을 〈진시황본기〉에서는 2세 2년 10월, 〈진초지제월표〉에서는 원년 9월이라고 한다. 당시 정월은 10월이다.

④ 人奴産子生인노산자생

집해 복건이 말했다. "집안사람이 낳은 노예이다."

服虔曰 家人之産奴也

색은 살펴보니 《한서》에는 '생生' 자가 없다. 안사고는 "오늘날 말하는 집에서 낳은 노예와 같다."라고 한다.

按 漢書無生字 小顏云猶今言家産奴也

주문은 패하고 함곡관을 탈주해서 조양曹陽[①]에서 2~3개월 머물렀다. 장함이 추격하여 이들을 무찔렀다. 주문은 또 달아나 민지澠池[②]에서 10여 일을 머물렀다. 장함이 추격하여 대파했다. 주문은 스스로 목을 베어 죽었고,[③] 초나라군은 마침내 전력을 잃었다.

周文敗 走出關 止次曹陽[①]二三月 章邯追敗之 復走次澠池[②]十餘日 章邯擊 大破之 周文自剄[③] 軍遂不戰

① 曹陽조양

색은 진작이 말했다. "정亭 이름이다. 홍농군 동쪽 12리에 있다." 안사고가 말했다. "조수曹水 북쪽이다. 그 물은 섬현 서남쪽 현두산에서 나와 북쪽으로 흘러 하수로 들어간다. 위무제 조조는 호양이라고 일컬었다."

晉灼云 亭名也 在弘農東十二里 小顔云曹水之陽也 其水出陝縣西南峴頭山 北流入河 魏武帝謂之好陽也

정의 《괄지지》에서 말한다. "조양 고정故亭은 또한 이름이 호양정인데, 섬주 도림현 동남쪽 14리에 있다. 최호는 '조양은 갱도 이름인데, 남쪽에서 나와 북쪽으로 하수에 통한다.'라고 했다. 살펴보니 위무제가 호양이라고 고쳤다."

括地志云 曹陽故亭亦名好陽亭 在陝州桃林縣東南十四里 崔浩云曹陽 阬名 自南出 北通於河 按 魏武帝改曰好陽也

② 澠池민지

정의 민지는 하남군 부현이 맞다.

澠池 河南府縣是也

신주 홍농군 중심부이며, 함곡관과 낙양의 중간쯤에 있다. '면지'라고도 읽는다.

③ 周文自剄주문자경

집해 서광이 말했다. "11월이다."

徐廣曰 十一月

색은 〈월왕구천세가〉에서 "구천句踐이 죄인에게 세 줄로 가게 하는데, 칼을 목에 대고 '감히 형벌을 피할 수 없다.[不敢逃刑]'라고 하여, 곧 스스로 목을 베게 한 것이다." 곽박郭璞의 《삼창》 주석에서는 '경剄은 찌르는 것'이라고 했다.

越系家句踐使罪人三行 屬劍於頸曰 不敢逃刑 乃自剄 郭璞注三蒼 以爲剄 刺也

신주 〈진시황본기〉에는 주문이 조양曹陽에서 죽었다고 한다. 〈진초지제월표〉에는 주문이 2세 2년 11월에 죽었다. 봉기한 지 5개월 만이다. 다음 달 진섭도 죽는다.

사마정이 인용한 〈월왕구천세가〉의 이야기는 《좌전》의 노나라 정공定公 14년(서기전 496)조에 자세히 나온다. 오나라 군사가 일체 동요하지 않자 월왕 구천은 죄인으로 세 부대를 만들어 오군吳軍 앞에 가서 차례로 "우리들은 군령을 범해서 군주의 행진 앞에서 민첩하지 못했다. 감히 형벌을 피할 수 없으니 기꺼이 죽겠다."라고 외치면서, 스스로 목을 베어 죽자 오군이 괴이하게 여겼는데, 이 틈을 타 공격하여 이겼다는 것이다.

무신武臣은 한단邯鄲[①]에 이르러 스스로 즉위하여 조왕趙王이 되었고, 진여陳餘를 대장군, 장이張耳와 소소召騷[②]를 좌우 승상으로 삼았다. 이에 진왕陳王은 노하여 무신 등의 가족을 포박해서 죽이려고 했다. 상주국 채사가 말했다.

"진나라가 망하지 않았는데 조왕趙王과 그의 장상들 가속을 죽이는 것은 또 하나의 진나라를 만들게 됩니다. 그들을 존립시키는 것만 못합니다."

진왕陳王은 이에 사신을 보내 조나라에 하례하고 무신 등의 가속을 궁중으로 옮겨 볼모로 잡았으며, 장이의 아들 장오張敖③를 성도군成都君④으로 봉했다. 조나라 군사들을 재촉해서⑤ 빨리⑥ 함곡관으로 들어가게 했다.

武臣到邯鄲① 自立爲趙王 陳餘爲大將軍 張耳召騷②爲左右丞相 陳王怒 捕繫武臣等家室 欲誅之 柱國曰 秦未亡而誅趙王將相家屬 此生一秦也 不如因而立之 陳王乃遣使者賀趙 而徙繫武臣等家屬宮中 而封耳子張敖③爲成都君④ 趣⑤趙兵亟⑥入關

① 邯鄲한단

신주 전국시대 조나라의 도읍이었으나 진이 통일하면서 한단군이 되었다. 〈진초지제월표〉에 따르면 무신이 조왕이 된 때는 2세 원년 8월이다.

② 邵騷소소

신주 소소(?~서기전 208)는 진말 진승,오광의 봉기 때 조왕 무신의 좌승상이 되었다. 무신의 부장 이량李良이 무신을 살해하고 진나라에 투항하자 장이, 진여와 함께 조나라 공자 조헐趙歇을 조왕趙王으로 모셨다.

③ 張敖장오

신주 장오(?~서기전 182)는 아버지 장이張耳가 유방에게 귀의해서 후에 한왕漢王 유방의 딸 노원공주魯元公主와 결혼하여 부마駙馬가 된다.

④ 成都君성도군

정의 성도는 촉군의 현인데 진섭이 먼 곳으로 봉한 것이다.

成都 蜀郡縣 涉遙封之

⑤ 趣촉

색은 위 '趣'의 발음은 '촉促'이다. 촉促은 재촉하는 것을 이른다.

上音促 促謂催促也

신주 趣는 취지 또는 달려가다는 뜻일 때는 '취', 재촉하다는 뜻일 때는 '촉', 벼슬이름일 때는 '추'라고 발음한다.

⑥ 亟극

색은 亟의 발음은 '극棘'이다. 극亟은 급急이다.

亟音棘 亟 急也

조왕이 장상들과 함께 모의해서 말했다.
"왕께서 (조나라) 왕이 된 것은 초왕楚王(진승)의 본뜻이 아닙니다. 초나라가 진나라를 처단한 후에 반드시 군사로 조나라를 칠 것입니다. 계책으로는 군사를 서쪽으로 보내지 말고 사신을 북쪽으로 보내 연나라 땅을 공략해 스스로 영토를 넓히는 것만 못합니다. 조나라는 남쪽은 대하大河에 의지하고 북쪽은 연燕과 대代가 있습니다. 그래서 초나라가 비록 진나라를 이긴다고 해도 감히 조나라를 제재하지는 못합니다. 만약 초나라가 진나라를 이기지 못하면 반드시 조나라를 중요하게 여길 것입니다. 그리고 조나라는 진나라의 피폐해진 틈을 타면 뜻을 천하에 이룰 수 있습니다."

조왕은 그럴 것이라고 여겼다. 이로 인해 군사를 서쪽으로 보내지 않고 곧 옛날 상곡上谷의 졸사卒史였던 한광韓廣①에게 군사를 인솔하고 북쪽 연나라 땅을 공략하게 했다.

연나라의 옛 귀인貴人과 호걸들이 한광에게 일러 말했다.

"초나라가 이미 왕을 세우고 조나라도 이미 왕을 세웠소. 연나라는 비록 소국이지만 또한 만승萬乘의 국가였소.② 원컨대 장군께서 연왕이 되어 주시오."

한광이 말했다.

"제 어머니께서 조趙나라에 계시니 안 됩니다."

연나라 사람이 말했다.

"조나라는 지금 서쪽으로는 진나라를 걱정하고 남쪽으로는 초나라를 걱정합니다. 그 힘으로 우리나라의 자립을 막을 수는 없을 것입니다. 또 초나라가 강하지만 감히 조왕趙王과 장상의 가족들을 해치지 못했습니다. 조나라 왕이 홀로 어떻게 감히 장군의 가족을 해치겠습니까?"

한광은 그렇게 여기고, 이에 스스로 즉위하여 연왕이 되었다. 수개월이 지나자 조나라는 연왕의 어머니와 가족들을 받들어 연나라로 돌려보냈다.

趙王將相相與謀曰 王王趙 非楚意也 楚已誅秦 必加兵於趙 計莫如毋西兵 使使北徇燕地以自廣也 趙南據大河 北有燕代 楚雖勝秦 不敢制趙 若楚不勝秦 必重趙 趙乘秦之獘 可以得志於天下 趙王以爲然 因不

西兵 而遣故上谷卒史韓廣[1]將兵北徇燕地 燕故貴人豪傑謂韓廣曰 楚已立王 趙又已立王 燕雖小 亦萬乘之國[2]也 願將軍立爲燕王 韓廣曰 廣母在趙 不可 燕人曰 趙方西憂秦 南憂楚 其力不能禁我 且以楚之彊 不敢害趙王將相之家 趙獨安敢害將軍之家 韓廣以爲然 乃自立爲燕王 居數月 趙奉燕王母及家屬歸之燕

① 韓廣한광

**신주** 한광(? ~서기전 206)은 진승의 군대 장령이었다. 무신武臣을 따라 조나라를 공격하고 무신을 왕으로 모셨다. 서기전 209년 무신의 명령으로 연燕 땅을 공격하고 스스로 연왕이 되었다. 서기전 206년 항우가 진秦을 멸하고 논공행상을 할 때 연나라를 나누어 요동국을 만든다. 참전했던 연나라 장수 장도臧荼가 연왕燕王에 봉해지면서 한광은 요동왕遼東王으로 봉해졌으나, 이에 불복하다가 장도에게 살해당했다. 〈진초지제월표〉에 따르면 한광이 연왕이 된 것은 2세 원년 9월인데 이때 항량項梁과 유방劉邦이 봉기한다.

② 萬乘之國만승지국

**신주** 《맹자》〈양혜왕 상〉에서 상은 땅이 1,000리인 천자의 나라를 만승지국萬乘之國, 땅이 100리인 제후의 나라를 천승지국千乘之國이라고 칭했다. 병거兵車 만승萬乘의 나라는 천자의 나라라는 뜻인데, 여기서는 연나라가 크다는 뜻으로 사용했다. 연나라도 왕을 칭했으니 그렇게 일컬은 것이다. 〈진초지제월표〉에서는 한광이 연왕이 된 것은 2세 원년 9월이라고 한다.

이 당시 장수들 중 각지를 공략하는 자들은 수를 헤아릴 수 없었다. 주불周市은 북쪽 지방을 공략해 적狄①까지 이르렀다. 적 땅 사람 전담田儋②은 적 현령을 살해하고 자립하여 제왕齊王이 되어 제나라 군사로 주불에게 반격했다. 주불은 군사가 뿔뿔히 흩어지자 군사를 돌려 위魏나라 땅에 이르렀으며, 위魏나라의 후예인 옛 영릉군甯陵君③ 구咎④를 세워서 위왕魏王으로 삼으려고 했다.

이때 구咎는 진왕陳王의 처소에 있었으므로 위나라로 갈 수 없었다. 위나라 땅이 안정되자 위나라 사람들은 모두 주불을 세워서 위왕으로 삼고자 했다. 주불은 승낙하지 않았다. 사신은 다섯 번이나 왕복했다. 그러자 진왕陳王은 이에 영릉군 구를 세워 위왕으로 삼도록 위나라로 보냈다. 주불은 마침내 재상이 되었다.

當此之時 諸將之徇地者 不可勝數 周市北徇地至狄① 狄人田儋②殺狄令 自立爲齊王 以齊反擊周市 市軍散 還至魏地 欲立魏後故甯陵③君咎④爲魏王 時咎在陳王所 不得之魏 魏地已定 欲相與立周市爲魏王 周市不肯 使者五反 陳王乃立甯陵君咎爲魏王 遣之國 周市卒爲相

① 狄적

집해 서광이 말했다. "지금의 임제이다."

徐廣曰 今之臨濟

② 田儋전담

신주 전담(?~서기전 208)은 적현 사람으로 제나라 왕족이다. 전담의 사촌 동생 전영田榮과 전영의 동생 전횡田橫도 모두 봉기에 가담했다. 〈전담열전〉에는 제나라 후예들의 이야기가 있다. 〈진초지제월표〉에서는 전담이 제왕이 된 것은 2세 2년 10월(당시 정월)이라고 한다.

③ 甯陵영릉

색은 진작이 말했다. "지금 양국梁國에 있다." 살펴보니 지금 양국에 영릉현이 있는데, 이곳이다. 글자가 바뀌어 달라진 것이다.

晉灼云 今在梁國也 按 今梁國有寧陵縣是也 字轉異耳

정의 《괄지지》에서 말한다. "송주 영릉현성은 옛 영릉성이다."

括地志云 宋州寧陵縣城 古甯陵城也

④ 咎구

집해 응소가 말했다. "위魏나라 공자들중 한 명인데 이름은 '구咎'이다. 6국의 후예로 즉위하여 당黨을 세우고자 했다."

應劭曰 魏之諸公子 名咎 欲立六國後以樹黨

신주 위왕 구(? ~서기전 208)는 위표魏豹의 형이다. 위나라 공자 출신으로 저릉군宁陵君으로 봉해졌다가 진나라가 6국을 통일한 후 서민으로 전락했다. 진승이 죽은 후 장함의 공격에 항복하고 자살했다. 〈진초지제월표〉에는 위구가 왕이 된 것은 2세 원년 9월이고, 4개월 만에 위나라로 갔다. 고 되어 있다.

장군 전장田臧 등이 서로 더불어 모의해 말했다.

"주장周章(주문)의 군대가 이미 (진나라 장함에게) 파괴되었으니 진나라 군사는 아침저녁으로 쳐들어올 것이오. 우리 군은 형양성을 포위했지만 함락시키지 못했으니, 진나라 군사가 이르게 되면 반드시 대패할 것이오. 약간의 군사를 남겨서① 형양을 지키게 하고 모든 정예병이 진나라 군사를 맞이해 싸우는 것만 못하오. 지금의 임시 왕은 교만하고 군사를 장악할 줄 모르며 함께 할 계획도 없으니, 죽이지 않으면 일이 실패할까 두렵소."

이로 인해 서로 왕의 명령이라고 위조하여 오숙吳叔(오광)을 죽이고 그의 머리를 진왕陳王에게 바쳤다.

將軍田臧等相與謀曰 周章軍已破矣 秦兵旦暮至 我圍滎陽城弗能下 秦軍至 必大敗 不如少遺①兵 足以守(滎)[滎]陽 悉精兵迎秦軍 今假王驕 不知兵權 不可與計 非誅之 事恐敗 因相與矯王令以誅吳叔 獻其首於陳王

① 遺유

색은 살펴보니 유遺는 '남김'이다.

按 遺謂留餘也

진왕陳王은 사신을 보내 전장에게 초나라 영윤令尹[①] 의 인장을 하사하고 상장上將에 임명했다. 전장은 이에 이귀李歸 등 여러 장수에게 시켜서 형양성을 지키게 하고, 자신은 정예병을 거느리고 서쪽의 오창敖倉[②] 으로 가서 진秦나라 군대를 맞아 싸웠다. 전장은 전사하고 군대는 격파당했다. 장함은 군사를 전진시켜 이귀 등을 공격해 형양성 아래서 격파했는데 이귀 등도 죽었다.

양성陽城 사람 등열鄧說[③] 은 군사를 거느리고 담郯[④]에 있었는데, 장함의 별장이 공격해 깨뜨렸다. 등열의 군대는 흩어져서 진陳으로 달아났다.

질銍 땅 사람 오서伍徐[⑤]는 군사를 거느리고 허許[⑥]에 있었다. 장함이 공격해 격파하자, 오서의 군대는 모두 흩어져 진陳으로 달아났다. 진왕陳王은 등열을 처단했다.

陳王使使賜田臧楚令尹[①]印 使爲上將 田臧乃使諸將李歸等守滎陽城 自以精兵西迎秦軍於敖倉[②] 與戰 田臧死 軍破 章邯進兵擊李歸等滎陽下 破之 李歸等死 陽城人鄧說[③]將兵居郯[④] 章邯別將擊破之 鄧說軍散走陳 銍人伍徐[⑤]將兵居許[⑥] 章邯擊破之 伍徐軍皆散走陳 陳王誅鄧說

① 令尹영윤

**신주** 초나라의 관명으로 타국의 재상宰相에 해당하는 직위이다.

② 敖倉오창

**신주** 곡식창고이다. 진나라가 오산敖山의 정상에 창고를 설치하고 오창敖倉이라고 불렀다. 한漢, 위魏 때에도 창고를 설치했는데, 지금의 하남성 형양滎陽 서북쪽에 위치했다.

③ 陽城人鄧說양성인등열

색은 〈지리지〉에 따르면 양성현은 영천군에 속한다. 說은 '열悅'로 발음하는데, 무릇 사람의 이름에 쓰면 모두 '열'로 발음한다.

地理志陽城縣屬潁川 說音悅 凡人名皆音悅

④ 郯담

색은 郯의 발음은 '담談'이다. 안사고는 동해군에 속한 현 이름이라고 했는데, 그릇되었다. 살펴보니 장함章邯의 군대는 이때 동해에 이르지 못했으니, 담郯은 별도의 지명이다. 혹자는 아마 '담郯'은 마땅히 '겹郟'이 되어야 한다면서 겹은 겹욕郟鄏의 땅이라고 했다. 혹자는 아래에 동해의 담郯이 있기 때문에 잘못된 것으로 보았다.

音談 小顏云東海之縣名 非也 按 章邯軍此時未至東海 此郯別是地名 或恐郯當作郟 郟是郟鄏之地 或見下有東海郯 故誤

정의 해주에 속했으니 아마 '담郯'은 마땅히 '겹郟'이 되어야 한다. 발음은 '급[紀洽反]'이다. 겹郟은 곧 춘추시대 겹郟 땅으로 초나라 사람 겹오郟敖를 장사지낸 곳인데 지금 여주 겹성현이 이곳이다. 등열은 양성陽城 사람이고, 양성은 하남부 현으로 겹성현과 서로 가까웠으며, 또 진陳으로 달아났다고 했다. 아마 '겹郟' 자가 잘못되어 '담郯'이 된 것일 뿐이다.

屬海州 疑郯當作郟 音紀洽反 郟即春秋時郟地 楚郟敖葬之 今汝州郟城縣是 鄧悅是陽城人 陽城河南府縣 與郟城縣相近 又走陳 蓋郟字誤作郯耳

⑤ 銍人伍徐질인오서

집해 서광이 말했다. "다른 판본에는 '봉逢'으로 되어 있다."

徐廣曰 一作逢

색은 〈지리지〉에 따르면, 질銍은 현 이름이고 패군에 속한다." 오서伍徐는《한서》에서 '오봉伍逢'으로 되어 있다.

地理志銍 縣名 屬沛 伍徐 漢書作伍逢也

⑥ 許허

정의 《괄지지》에서 말한다. "허주 허창현은 본래 한나라 허현이다. 〈지리지〉에 따르면 허현 옛 나라는 강성姜姓으로, 사악四岳의 후예이며, 대숙大叔이 봉해진 곳이다. 24군주 만에 초나라가 멸했으며 한나라에서 현으로 삼았다. 위문제 조비曹丕가 즉위하여 허許를 허창許昌으로 고쳤다.

括地志云 許州許昌縣 本漢許縣 地理志云許縣故國 姜姓 四岳之後 大叔所封 二十四君 爲楚所滅 漢以爲縣 魏文帝即位 改許曰許昌也

신주 초나라가 허나라를 멸했다는 것은 그릇된 기사로 보인다.《좌전》노나라 정공 6년이자 정나라 헌공 10년에 따르면 따르면 정나라는 초나라가 오나라에 패전한 틈을 타서 허許나라를 멸했다고 한다.

# 진승이 죽다

진왕陳王이 처음 즉위했을 때, 능陵[1] 사람 진가秦嘉와 질銍[2] 사람 동설董緤, 부리符離 사람 주계석朱雞石, 취려取慮[3] 사람 정포鄭布, 서徐 사람 정질丁疾 등은 모두 저마다 일어나 군사를 거느리고 동해군東海郡[4] 태수 경慶을 담郯에서 포위했다.[5] 진왕陳王이 듣고 이에 무평군武平君 반畔[6]을 장군으로 삼아 담성 아래서 포위군을 감독하게 했다.

진가秦嘉는 명을 따르지 않고 자신이 스스로 서서 대사마大司馬가 되었으며, 무평군에게 소속되는 것을 싫어했다. 그래서 군리軍吏에게 고하여 말했다.

"무평군은 나이가 젊고 군사 지식이 없으니 그 명령을 듣지 말라."

이로 인해 진왕의 명령이라고 속여 무평군 반畔을 시해했다.

陳王初立時 陵[1]人秦嘉銍[2]人董緤符離人朱雞石取慮[3]人鄭布徐人丁疾等皆特起 將兵圍東海[4]守慶於郯[5] 陳王聞 乃使武平君畔[6]爲將軍 監郯下軍 秦嘉不受命 嘉自立爲大司馬 惡屬武平君 告軍吏曰 武平君年少 不知兵事 勿聽 因矯以王命殺武平君畔

① 陵릉

집해 〈지리지〉에 따르면 사수국에 능현이 있다.

地理志泗水國有陵縣也

② 銍질

신주 진나라 통일시대에 사수군 소속으로 기蘄 서북쪽에 이웃해 있다.

③ 取慮취려

색은 〈지리지〉에 따르면 현 이름이고 임회군에 속한다. '추려秋閭'라는 두 음으로도 읽는다. 取는 '쥬[子臾反]'로도 발음한다.

地理志縣名 屬臨淮 音秋閭二音 取又音子臾反

신주 임회군은 진나라 통일시대에 사수군에 속했다.

④ 東海동해

정의 지금의 해주이다.

今海州

⑤ 守慶於郯수경어담

신주 《사기지의》에서는 진秦나라에 동해군이 없었으니, 이 기사의 담郯에서 동해군수를 포위했다는 말에 의문을 품고 있다. 한나라 동해군은 원래 낭야군琅邪郡을 나눠 설치한 것이다. 이 근처에는 큰 도시로 담郯과 거莒가 있는데, 담이 군의 치소였을 가능성이 높다. 더구나 《한서》 〈지리지〉 응소의 주석에 '진나라 담군郯郡'이라고 했다. 진나라에서 낭야를 담으로 고쳤는지 알 순 없지만, 당시 실상을 반영한 기사임에 틀림없다. 그러므로 담은 낭야군 치소이고, 군수가 있었음이 분명하다. 〈진섭세가〉는 '낭야'를 '동해'로 쓴 것으로 보인다.

⑥ 畔반

집해 장안이 말했다. "반畔은 사람 이름이다."

張晏曰 畔 名也

장함이 이미 오서 군을 격파하고 진陳을 공격했다. 주국柱國① 방군房君(채사)이 전사했다. 장함은 다시 군사를 진격시켜서 진陳의 서쪽에 있던 장하張賀의 군대를 공격했다. 진왕陳王도 출진해서 독려하여 싸우게 했다. 초나라 군은 패하고 장하는 전사했다.

납월,② 진왕陳王은 여음汝陰까지 갔다가 돌아와 하성보下城父까지 이르렀다.③ 이때 그의 수레를 모는 장가莊賈가 진왕을 살해하고 진나라에 항복했다. 진승陳勝을 탕碭④에 장사지내고 시호를 은왕隱王⑤이라고 했다.

章邯已破伍徐 擊陳 柱國①房君死 章邯又進兵擊陳西張賀軍 陳王出監戰 軍破 張賀死 臘月② 陳王之汝陰 還至下城父③ 其御莊賈殺以降秦 陳勝葬碭④ 謚曰隱王⑤

① 柱國주국

신주 전국시대 초楚나라, 조趙나라에서 설치했던 관직으로 원래는 국도國都를 지키는 관직이다. 영윤令尹, 상국相國의 다음가는 자리로서 상주국上柱國이라고 했다. 후에 무관武官의 최고위직으로 적군을 전복시키거나 적장敵將을 죽인 전공戰功을 세운 자를 상주국으로 삼았다.

② 臘月납월

집해 장안이 말했다. "진나라 납월은 하나라 9월이다." 신찬이 말했다. "북두칠성의 자루가 축 방향을 가리킨 달이다."

張晏曰 秦之臘月 夏之九月 瓚曰 建丑之月也

색은 신찬이 말했다. "건축월, 즉 12월이다." 안유진이 말했다. "《사기》〈진초지제월표〉를 살펴보니 '2세황제 2년 10월에 갈영이 죽임을 당했고 11월에 주문이 죽었으며, 12월에 진섭이 죽었다.'라고 한 것이 이것이다." 종름의 《형초기》에서 말한다. "납절은 12월에 있다. 그러므로 이로 인해 납월이라고 이른다."

臣瓚云 建丑之月也 顏游秦云 按史記表 二世二年十月 誅葛嬰 十一月 周文死 十二月 陳涉死是也 宗懍荊楚記云 臘節在十二月 故因是謂之臘月也

신주 당시 진나라는 10월을 정월로 삼았다. 그러기 때문에 나중에 한나라 달력에 맞추어 12월이 아니라 '납월'이라고 기록한 것이다.

③ 汝陰 還至下城父여음 환지하성보

색은 살펴보니 옛날 견해는, 진왕陳王이 여음에서 돌아와 성보현에 이르렀을 때, 그로 인해 항복했으므로 '환지하성보還至下城父'라고 했다. 또 고씨는 《후한서》〈군국지〉를 살펴서 산승현에 하성보취가 있는데, 성보현 동쪽에 있다고 했다. 下는 통상적인 발음으로 읽는다. 그 설명이 뜻을 얻었다고 할 것이다.

按 舊以陳王從汝陰還至城父縣 因降之 故云還至下城父 又顧氏按郡國志 山乘

縣有下城父聚 在城父縣東 下讀如字 其說爲得之

④ 碭탕

정의 碭은 '당唐'으로 발음한다. 지금 송주 탕산현이 이곳이다.
音唐 今宋州碭山縣是

신주 진나라는 통일 후 옛 송宋, 조曹, 위魏의 일부를 합쳐서 탕군을 설치했다. 탕현은 옛 송나라 수도 상구商丘 동쪽이고, 또 하나의 수도는 팽성彭城 서쪽이다. 탕현이 탕군의 치소였는지는 의문이다. 탕碭에는 '거치다' 또는 '지나다'라는 뜻도 있는데 사방에서 거쳐 지나가는 길목이기 때문이다. 훗날 한나라에서는 양梁으로 고쳤는데, 탕碭과 같은 뜻이다. 또 탕군을 나누어 제음군齊陰郡, 산양군山陽郡, 진류군陳留郡을 설치했다. 옛 송나라 땅이었으므로 당나라에서는 '송주'라고 명명했다.

⑤ 隱王은왕

신주 《일주서》〈시법〉에 따르면 덕행이 밝지 못하고 부질없이 임금의 자리만 엿보는 자의 시호를 '은隱'이라고 한다.

진왕陳王의 옛 연인涓人이었던 장군 여신呂臣[①]은 창두군倉頭軍[②]을 조직해 신양新陽[③]에서 일어나 진陳을 공격해 항복시켜 장가를 죽이고 다시 진陳 땅을 초나라로 삼았다.[④]
陳王故涓人將軍呂臣[①]爲倉頭軍[②] 起新陽[③] 攻陳下之 殺莊賈 復以陳爲楚[④]

① 涓人將軍呂臣연인장군여신

집해 응소가 말했다. "연인涓人은 알자와 같다. 장군의 성은 여呂고, 이름은 신臣이다." 진작이 말했다. "《여씨춘추》에서는 '형荊의 주국柱國 장백莊伯이 알자를 시켜 수레를 대기시키고, 연인涓人을 시켜 관冠을 취했다.'라고 한다."

應劭曰 涓人 如謁者 將軍姓呂名臣也 晉灼曰 呂氏春秋 荊柱國莊伯令謁者駕令涓人取冠

색은 涓의 발음은 '견[公玄反]'이다. 복건이 말했다. "급給과 연涓은 통하는데, 지금의 알자와 같다."

涓音公玄反 服虔云 給涓通也 如今謁者

② 倉頭軍창두군

색은 위소가 말했다. "군사들이 모두 푸른색 모자를 써서 나타냈다."

韋昭云 軍皆著青帽

③ 新陽신양

집해 서광이 말했다. "여남군에 있다."

徐廣曰 在汝南也

정의 《괄지지》에서 말한다. "신양 고성은 예주 진양현 서남쪽 42리에 있는데 한나라 신양현 성이다. 응소는 '신수 북쪽에 있다.'라고 했다."

括地志云 新陽故城在豫州眞陽縣西南四十二里 漢新陽縣城 應劭云在新水之陽也

신주 신양은 진陳나라 동남쪽 성보 서남쪽에 있다. 성보는 공자와 초소왕楚昭王의 설화가 서린 곳이며, 춘추시대 초나라 동북단 거점이었다.

④ 以陳爲楚이진위초

색은 爲는 가장 통상적인 발음으로 읽는다. 또 진陳나라 땅이 초나라가 된 것을 이른다.

爲 如字讀 謂又以陳地爲楚國

처음 진왕陳王이 진陳에 들어갔을 때 질銍 사람 송유宋留를 시켜 군사를 거느리게 해서 남양南陽①을 평정하고 무관武關으로 들어가게 했다. 송유는 이미 남양을 빼앗았는데, 진왕陳王이 죽고 남양은 다시 진나라의 공격으로 진나라가 되었다는 소식을 들었다. 송유는 무관으로 들어갈 수 없게 되었다. 그래서 동진해서 신채新蔡②에 이르렀다가 엉겁결에 진나라 군사를 만나자 자신의 군대를 들어 진나라에 항복했다. 진나라 군은 송유宋留를 함양까지 압송하고 그를 거열형車裂刑에 처해 조리돌렸다.③

初 陳王至陳 令銍人宋留將兵定南陽 入武關 留已徇南陽① 聞陳王死 南陽復爲秦 宋留不能入武關 乃東至新蔡② 遇秦軍 宋留以軍降秦 秦傳留至咸陽 車裂留以徇③

① 南陽남양

신주 전국시대 초나라 북부와 한韓나라 남부 사이에 있었다. 서북단에서는 관중關中에서 발원한 단수丹水가 무관으로 흘러들어 한수漢水에 합쳐진다. 동쪽에서 관중으로 가기 위해서는 공략해야 할 지점의 하나이다.

② 新蔡신채

**신주** 춘추시대의 채蔡는 여수汝水 중류의 상채上蔡에 있다가 초나라의 압박으로 하류로 옮겼으니, 이를 신채新蔡라고 한다. 진나라 통일 후에는 진陳과 더불어 모두 영천군 소속이었을 것으로 비정된다.

③ 車裂留以徇거열유이순

**신주** '거열車裂'은 오마분시五馬分尸라고도 한다. 형을 받는 사람의 머리와 사지를 다섯 수레에 묶고 채찍질로 말을 각 방향으로 달리게 해서 죄인의 사지를 찢어 죽이는 형벌이다. 순徇은 '조리돌림'의 의미로 쓰였다. 사방에 돌려가며 전시한 것이다.

진가秦嘉① 등은 진왕陳王의 군대가 패주했다는 소식을 듣고 곧 경구景駒를 세워 초왕楚王으로 삼았다. 군사를 이끌고 방여方與② 로 가서 정도定陶③ 근처에서 진나라 군대를 공격하려고 했다. 또 공손경公孫慶을 제왕齊王에게 사신으로 가게 해 힘을 합쳐 함께 진격하려고 했다. 제왕齊王(전담)이 말했다.

"들으니 진왕陳王이 싸움에 패배하여 그 생사를 알지 못한다고 하는데, 초나라에서는 어찌 왕을 세울 것을 청하지 않는 것이오?"

공손경이 말했다.

"제나라는 초나라에 청하지 않고 왕을 세웠는데 초나라가 무엇 때문에 제나라에 청해서 왕을 세워야 합니까? 또 초나라에서 먼저 할 일은 마땅히 천하를 호령하는 것입니다."

전담은 공손경을 살해했다.

秦嘉[①]等聞陳王軍破出走 乃立景駒爲楚王 引兵之方與[②] 欲擊秦軍定陶[③]下 使公孫慶使齊王 欲與幷力俱進 齊王曰 聞陳王戰敗 不知其死生 楚安得不請而立王 公孫慶曰 齊不請楚而立王 楚何故請齊而立王 且楚首事 當令於天下 田儋誅殺公孫慶

① 秦嘉진가

집해 서광이 말했다. "정월에 진가는 상장군이 되었다."

徐廣曰 正月 嘉爲上將軍

② 方與방여

정의 방여房預의 두 발음이다. 방여는 연주의 현이다.

房預二音 方與 兗州縣也

③ 定陶정도

정의 지금의 조주이다.

今曹州也

진나라 좌우교左右校[1]는 다시 진陳을 공격해 함락시켰다. 여장군은 달아났다가 병력을 수습해 다시 모았다. 파鄱의 도적[2]이었던 당양군當陽君 경포黥布의 군사들도 합류했고, 다시 진나라의 좌우교를 공격하여 청파靑波[3]에서 격파하고 다시 진陳을 초나라로 삼았다. 항량項梁이 초회왕楚懷王의 후손 심心을 옹립해서 초왕楚王으로 삼은 것도 이 무렵이다.

秦左右校[1]復攻陳 下之 呂將軍走 收兵復聚 鄱盜[2]當陽君黥布之兵相收 復擊秦左右校 破之靑波[3] 復以陳爲楚 會項梁立懷王孫心爲楚王

① 左右校좌우교

색은 살펴보니 곧 좌우교위군이다.

按 即左右校尉軍也

② 鄱盜파도

집해 鄱의 발음은 '파婆'이다. 영포英布는 강수에서 거처하며 도적무리가 되었다. 진승이 일어나자 그는 파군番君 오예吳芮에게 돌아갔다. 그러므로 이를 일러 '파도鄱盜'라고 한 것이다.

鄱音婆 英布居江中爲群盜 陳勝之起 布歸番君吳芮 故謂之鄱盜者也

③ 靑波청파

집해 《한서음의》에서 말한다. "지명이다."

漢書音義曰 地名也

진승陳勝이 왕위에 있었던 것은 대략 6개월이다. 이미 왕이 되자 진陳을 도읍으로 삼았다. 그의 옛 벗들로 일찍이 함께 고용되어 농사를 짓던 자가 진왕이라는 이야기를 듣고 진陳으로 찾아가 궁문을 두드리며 말했다.

"진섭을 만나고 싶은데요."

궁문의 관리가 포박하려고 했다. 그 사람이 스스로 수차 변론했지만① 풀어주고 그대로 방치하고 통과시키려고 하지 않았다.

陳勝王凡六月 已爲王 王陳 其故人嘗與庸耕者聞之 之陳 扣宮門曰 吾欲見涉 宮門令欲縛之 自辯數① 乃置 不肯爲通

① 自辯數자변수

집해 진작이 말했다. "수數는 발음이다. 친구들의 숫자라고 했는데, 이는 거리가 멀다."

晉灼曰 數音 朋友數 斯疏矣

색은 한 발음은 '수[疏主反]'이다. 스스로 변명하여 설득시킨 것을 일컫는데 여러 차례 진섭과 더불어 친구로 있을 때 옛일의 경험을 말한 것이다. 또 '삭朔'으로도 읽는다. '삭數'은 스스로 변론하러 가서 자주 진섭과 연고가 있었음을 이른 것이다. 이때의 삭數은 '붕우삭朋友數'의 '삭數'과 같다.

一音疏主反 謂自辯說 數與涉有故舊事驗也 又音朔 數謂自辯往數與涉有故 此數猶朋友數之數也

진왕陳王이 외출하자 길을 막고 서서 '진섭'이라고 큰 소리로 불렀다. 진왕陳王이 이를 듣고 불러서 수레에 태우고 함께 돌아왔다. 궁에 들어와 궁전과 휘장을 보고 객이 말했다.

"굉장한데! 진섭이 왕이 되었구나.① 궁궐이 엄청 깊고 큰걸.②"

초나라 사람들은 많다는 것을 과夥라고 했다. 그러므로 천하의 사람들은 이 이야기를 전해 듣고 '많은 진섭이 왕이 되었구나.[夥涉爲王]'③ 라고 해서 (각지에 난립했던 왕을 가볍게 불렀던 것은) 진섭으로 말미암아 시작되었다.

陳王出 遮道而呼涉 陳王聞之 乃召見 載與俱歸 入宮 見殿屋帷帳 客曰 夥頤 涉之爲王①沈沈者② 楚人謂多爲夥 故天下傳之 夥涉爲王③由陳涉始

① 夥頤涉之爲王과이섭지위왕

색은 복건이 말했다. "초나라 사람은 '많다는 것[多]'을 과夥라고 했다." 살펴보니 또 이르기를 '이頤'는 어조사라고 했다. 진섭이 왕이 되었는데 궁전과 휘장의 물건들이 대단히 많은 데 놀라 대단하게 여긴 것을 이른다. 그러므로 '과이夥頤'라고 칭했다.

服虔云 楚人謂多爲夥 按 又言頤者 助聲之辭也 謂涉爲王 宮殿帷帳庶物夥多 驚而偉之 故稱夥頤也

② 沈沈者침침자

집해 응소가 말했다. "침침沈沈은 궁실이 깊고 깊은 모습이다. 沈의 발음은 '잠[長含反]'이다."

應劭曰 沈沈 宮室深邃之貌也 沈音長含反

색은 응소는 침침沈沈을 궁실의 깊고 깊은 모습이라고 생각했다. 그러므로 발음을 '잠[長含反]'이라고 했다. 유백장은 '침침'을 '담담談談'과 같다고 했다. 그리고 옛사람들이 '침침'이라 말하는 것은 세속에서 '담담한談談漢'이라고 말한 것과 같다고 했는데, 이것이 옳다.

應劭以爲沈沈 宮室深邃貌 故音長含反 而劉伯莊以沈沈猶談談 謂故人呼爲沈沈者 猶俗云談談漢是

③ 夥涉爲王과섭위왕

신주 하루아침에 천하를 호령하는 왕이 되었음을 일컫거나 매우 호사스럽게 변한 것을 비유하는 말이다.

객이 출입하는데 더욱더 이야기를 풀어내면서 진왕陳王의 옛 실상을 말했다. 누군가 진왕에게 말했다.

"객이 우둔하고 무지해서 귀담아듣지 못한 소리만 하고 진왕의 옛 상정을 마구 지껄여 왕의 위신을 떨어뜨리고 있습니다."

진왕은 그를 참수했다. 그 때문에 진왕의 옛 친구들은 모두 스스로 추스르고 떠났다. 이런 일로 진왕과 친한 자가 없어져 버렸다.① 진왕은 주방朱房을 중정中正으로 삼고, 호무胡武를 사과司過로 삼아 군신들의 사찰을 주관하게 했다.② (주방과 호무는) 여러 장수들이 지방을 공략하고 진陳으로 돌아와서 명령에 따르지 않는 자들을 구속하고 죄를 주었는데, 가혹하게 살피는 것을 충성으로 여겼다.

그들 중 불선한 자들은 하급 관리에게 맡기지 않고 번번이 (주방과 호무가) 스스로 치죄했다.[3]
진왕이 이런 이들을 믿고 쓰니 여러 장수들이 이 때문에 친하게 붙지 않았다. 이것이 그가 실패한 이유이다.
客出入愈益發舒 言陳王故情 或說陳王曰 客愚無知 顓妄言 輕威 陳王斬之 諸陳王故人皆自引去 由是無親陳王者[1] 陳王以朱房爲中正 胡武爲司過 主司群臣[2] 諸將徇地 至 令之不是者 繫而罪之 以苛察爲忠 其所不善者 弗下吏 輒自治之[3] 陳王信用之 諸將以其故不親附 此其所以敗也

① 由是無親陳王者유시무친진왕자

색은 고씨顧氏는 《공총자》를 인용해 말했다. "진승이 왕이 되자 아내의 부형父兄이 갔는데, 진승은 보통 손님으로 대접했다. 아내의 아비가 노하여 이르기를 '강한 것을 믿고 어른에게 교만한 자는 오래 가지 못한다.' 라고 하면서 이야기를 나누지 않고 떠나갔다." 이것이 그러한 유형이다.
顧氏引孔叢子云 陳勝爲王 妻之父兄往焉 勝以衆賓待之 妻父怒云 怙强而傲長者 不能久焉 不辭而去 是其事類也

② 朱房爲中正~主司群臣주방위중정~주사군신

신주 법치와 감찰을 담당하는 중정과 사과를 통해 아랫사람을 혹독하게 다스려 실패한 것을 나타내고자 한 것이다.

③ 輒自治之첩자치지

색은 주방과 호무 등이 평소에 불선한 자는 즉시 스스로 심문하고 하급 관리에게 보내지 않은 것을 이른다.

謂朱房 胡武等 以素所不善者 即自驗問 不往下吏

진승陳勝은 비록 이미 죽었지만, 그가 임명하거나 파견한 왕후장상들이 마침내 진나라를 멸망시켰다. 이는 진섭陳涉이 우두머리가 되어 제일 먼저 대사를 주창한 데서 연유한 것이다. (한나라) 고조高祖 때 진섭을 위해 묘지를 지키는 30가옥을 탕碭에 설치했고① 지금까지 희생물을 바쳐 제사를 드리고 있다.

陳勝雖已死 其所置遣侯王將相竟亡秦 由涉首事也 高祖時爲陳涉置守冢三十家碭① 至今血食

① 置守冢三十家碭치수총삼십가탕

신주 《사기지의》에서 말한다. "《사기》 〈고조본기〉와 《한서》 〈고조본기〉에서는 모두 '묘지를 지키는 10가를 주었다.'라고 하니, 이 기록은 잘못이다."

# 진나라 멸망은 진승에서 비롯되다

저선생①이 말했다.

지형의 험난함은 나라의 견고한 수비가 되고, 군비나 형법은 나라의 통치를 선하게 한다. 그러나 그것만으로는 아직 믿기에 충분하지 않다. 선왕先王들은 인의를 (국가 통치의) 근본으로 삼았고, 견고한 요새나 형법제도를 지엽으로 삼았던 것은 참으로 당연한 일이 아니겠는가? 나는 가생賈生이 일컬은 말을 들었노라.

진나라 효공孝公②은 효산과 함곡관③의 견고함에 의거하여 옹주雍州④ 땅을 차지했고, 군주와 신하들은 굳게 지켜 주나라 왕실을 엿보았다. 천하를 석권함에 있어 집안(진나라)을 통틀어 보듬고 사해四海를 주머니에 넣어 묶어서, 아울러 팔황八荒(팔방)을 삼키려는 마음이었다.

이때 상군商君(상앙)이 도와서 안으로는 법도를 세우고 농사와 방직에 힘쓰며 지켜서 전쟁에 대비하고, 밖으로는 연횡책連衡策을 사용해 제후들끼리 다투게 했다. 이에 진나라 사람은 팔짱을 끼고서도 서하西河의 밖을 취했다.

褚先生①曰 地形險阻 所以爲固也 兵革刑法 所以爲治也 猶未足恃也

夫先王以仁義爲本 而以固塞文法爲枝葉 豈不然哉 吾聞賈生之稱曰 秦孝公②據殽函③之固 擁雍州④之地 君臣固守 以窺周室 有席卷天下 包擧宇内 囊括四海之意 幷呑八荒之心 當是時也 商君佐之 内立法度 務耕織 修守戰之備 外連衡而鬥諸侯 於是秦人拱手而取西河之外

① 褚先生저선생

집해 서광이 말했다. "다른 판본에는 '태사공太史公'으로 되어 있다." 살펴보니 《반고주사》에서는 "태사 사마천은 가의의 〈과진론〉 상하 편을 취해서 〈진시황본기〉와 〈진섭세가〉 아래에 찬문贊文했다."라고 한다. 그런즉, '저선생'이란 말은 잘못된 것이다.

徐廣曰 一作太史公 駰案 班固奏事云太史遷取賈誼過秦上下篇以爲秦始皇本紀 陳涉世家下贊文 然則言褚先生者 非也

색은 서광과 배인이 의거해서 살펴본 별본과 《반표주사》에서는 모두 함께 태사공이 지었다고 한다. 지금 이것에 의거하면, 곧 저선생은 《사기》를 기술하면서 이 찬문贊文의 앞머리에 '지형험조地形險阻' 등 여러 구절을 더했다. 그런 연후에 비로소 가생賈生(가의)의 말을 일컫고, 그로 인해 태사공의 목록을 고쳐서 스스로 자신의 위호를 제목으로 쓴 것이다. 이 아래의 뜻은 이미 〈진시황본기〉의 끝머리에 보인다.

徐廣與裴駰據所見別本及班彪奏事 皆云合作太史公 今據此是褚先生述史記加此贊首地形險阻數句 然後始稱賈生之言 因即改太史公之目 而自題己位號也 已下義竝已見始皇之本紀訖

신주 사마천은 가의賈誼의 〈과진론〉을 이곳에 실어서 〈진섭세가〉의 평을 대신했다.

② 秦孝公진효공

**신주** 여기서는 진효공부터 시작했다. 그러나 실제 진나라가 내부 정비를 끝내고 강성하여 밖으로 뻗어 나간 것은 효공의 전임 헌공獻公부터이다. 이는 〈진본기〉 등의 기록으로도 알 수 있다.

③ 殽函효함

**집해** 위소가 말했다. "효殽는 이효二殽를 일컫는다. 함函은 함곡관이다."
韋昭曰 殽謂二殽 函 函谷關也

④ 雍州옹주

**신주** 고대 구주九州의 하나로 여겨진다. 진秦이 위치한 관중關中을 말한다.

> 효공이 죽고 나서 혜문왕과 무왕과 소왕昭王은 유업의 혜택을 입어 유책에 따라 남쪽으로 한중漢中을 취하고, 서쪽으로 파촉巴蜀을 빼앗았으며, 동쪽으로는 기름진 땅을 분할해서 요해要害의 군郡을 거두어들였다. 제후들은 두려워서 모여 맹세하고 진나라를 약화시킬 모의를 했다. 진귀한 그릇이나 중요한 보물과 비옥한 땅들을 아끼지 않고 천하의 선비들을 이르게 하여, 합종合從하고 교분을 맺어 서로 함께 하나가 되었다.
> 이때 제나라에는 맹상군孟嘗君이 있었고, 조나라에는 평원군平原君이 있었고, 초나라에는 춘신군春申君이 있었고, 위魏나라에는

신릉군信陵君이 있었다. 이 네 군은 모두 총명하고 지혜롭고 충직했으며 신의가 있었다. 또 관대하고 후덕하며 사람을 아껴서 어진 이를 높이고 사인士人을 중요하게 여겼다. 그래서 합종을 약속하여 연달아 저울질하고 한韓, 위魏, 연燕, 조趙, 송宋, 위衛, 중산中山의 군사들을 합치기도 했다.①

孝公既没 惠文王武王昭王蒙故業 因遺策 南取漢中 西擧巴蜀 東割膏腴之地 收要害之郡 諸侯恐懼 會盟而謀弱秦 不愛珍器重宝肥饒之地 以致天下之士 合從締交 相與爲一 當此之時 齊有孟嘗 趙有平原 楚有春申 魏有信陵 此四君者 皆明知而忠信 寛厚而愛人 尊賢而重士 約從連衡 兼韓魏燕趙宋衛中山之衆①

① 兼韓魏燕趙宋衛中山之衆겸한위연조송위중산지중

**신주** 합종은 네 공자가 나오기 전부터 있었던 일이다. 네 공자는 산동 각국이 이미 기울어진 시기에 등장했으므로 합종책의 말미만 밟았다고 할 수 있다. 또 송宋, 위衛, 중산中山은 합종책의 대상이 아니었다. 이들 네 공자 시절 말기에 송나라와 중산은 이미 없어졌고, 위나라는 복양濮陽만 소유하여 존재가 미미했다. 오히려 제나라와 초나라를 더해야 한다.

이에 6국의 인재로 영월甯越, 서상徐尙, 소진蘇秦, 두혁杜赫의 무리가 책략을 짜고, 제명齊明, 주취周冣,① 진진陳軫, 소활邵滑,② 누완樓緩, 적경翟景, 소려蘇厲, 악의樂毅의 무리들이 그들의 뜻을 통했다. 또 오기吳起, 손빈孫臏, 대타帶他, 아량兒良, 왕료王廖, 전기田忌, 염파廉頗, 조사趙奢의 무리는 그들의 병사를 통제했다.

일찍이 열 배의 땅과 100만의 군사③로 함곡관을 바라보며 진나라를 공격했다.④

진나라 사람이 관문을 열고 적을 맞자 아홉 나라⑤ 군사들은 도망치고 감히 진격하지 못했다. 진나라는 화살 하나 화살촉 하나도 잃지 않았는데 천하의 제후들은 이미 지쳐 있었다.

이에 합종의 약속은 흩어지고 깨지니 다투어 땅을 떼어 나라에 뇌물로 바쳤다. 진나라는 해마다 남은 힘으로 그 피폐함을 제압하여 도망하는 군사를 추격하고 패배한 자를 좇으니, 죽어 엎어진 시체가 100만이요, 흐르는 피에 방패⑥가 떠다닐 정도였다. 이에 유리한 형세를 타고 천하를 분할하여 산하를 찢어 나누니, 강한 나라는 복종을 청하고 약소국은 조회하려고 들어왔다.

於是六國之士有甯越徐尙蘇秦杜赫之屬爲之謀 齊明周冣①陳軫邵②滑樓緩翟景蘇厲樂毅之徒通其意 吳起孫臏帶他兒良王廖田忌廉頗趙奢之倫制其兵 嘗以什倍之地 百萬之師③ 仰關而攻秦④ 秦人開關而延敵九國⑤之師遁逃而不敢進 秦無亡矢遺鏃之費 而天下固已困矣 於是從散約敗 爭割地而賂秦 秦歲餘力而制其獘 追亡逐北 伏尸百萬 流血漂櫓⑥ 因利乘便 宰割天下 分裂山河 彊國請服 弱國入朝

① 取취

정의 발음은 '취聚'이다.

音聚

② 卲소

정의 소卲는 '소昭'로 되어 있다.

卲 作昭

③ 以什倍之地 百萬之師이십배지지 백만지사

신주 6국을 합한 면적과 6국의 연합군을 가리키는 말이다. 하지만 약간 과장된 표현이다. 합종책으로 제일 먼저 진秦나라를 공격한 시기는 초나라 회왕懷王 11년 무렵이다. 그런데 실제 병력은 10만 남짓이었고, 가세한 나라도 조나라와 한나라 정도였다. 이후 진나라는 상앙변법商鞅變法을 통해 국력을 길러 변방 국가에서 중원 전체를 위협하는 강국으로 성장했다. 연燕, 조趙, 위魏, 한韓, 제齊, 초楚 6국은 남북으로 연합하는 소진蘇秦의 합종合縱으로 진나라에 대응했다. 이에 대해 진나라는 장의張儀의 연횡連橫으로 맞섰다. 말하자면 이들 여섯 나라와 횡으로 동맹을 맺어 화친한 것이다. 합종책은 각국의 이해관계가 뒤섞여 있는 반면, 연횡은 진나라가 주도했다. 그 결과 군사력 증강과 외교전략의 우위에 있던 진나라가 통일을 이룰 수 있었다. 장평대전 때 각국이 조나라를 구원하지 않은 것이 합종의 한계를 드러낸 대표적 사례이다. 이후에는 진나라에 맞서 결전을 치를 만한 나라가 없어졌다.

④ 仰關而攻秦앙관이공진

색은 '앙仰' 자는 또한 '앙卬' 자로 되어 있다. 둘 다 앙仰으로 발음한다. 진나라는 지형이 높다. 그래서 모든 나라가 함곡의 관문을 향해 우러러보면서 진나라를 공격하는 것을 말한다. '고叩' 자로 쓰여 있는 것은 틀렸다.

仰字亦作卬 竝音仰 謂秦地形高 故竝仰向關門而攻秦 有作叩字 非也

⑤ 九國구국

색은 9국이란 6국 외에도 송宋, 위衛, 중산中山이 있다.

九國者 謂六國之外 更有宋衛中山

⑥ 櫓로

색은 《설문》에서 말한다. "로櫓는 큰 방패이다."

說文云 櫓 大楯也

그 시혜는 효문왕孝文王과 장양왕莊襄王에 이르렀지만, 국가를 누린 기간이 짧아 국가에 별일이 없었다.[1] 이어 진시황에 이르러서 6세六世의 선왕들이 남긴 공적에 분발하여 긴 계책을 펼치며 천하를 통제했다. 동주東周와 서주西周를 삼키고[2] 제후들을 없앴으며, 지존의 자리를 밟고서 육합六合을 제압하여 통합했다. 그리고 짧고 긴[3] 채찍을 잡고서 천하를 매질하니 그 위엄이 사해四海를 떨게 했다.

남쪽으로는 백월百越[4]의 땅을 빼앗아 계림桂林과 상군象郡으로 삼았다. 백월百越의 군주는 머리를 숙이고 목에 줄을 매고 와서 낮은 벼슬아치에게 목숨을 맡겼다. 또 몽염蒙恬을 시켜 북쪽에 장성長城을 쌓아[⑤] 국경을 수비하게 하고 흉노를 700리나 물리쳤다. 호인胡人들은 감히 남쪽으로 내려와 말을 기르지 못했으며, 사졸들 또한 감히 활을 당겨서[⑥] 원한을 갚으려 하지 못했다.

施及孝文王莊襄王 享國之日淺 國家無事[①] 及至始皇 奮六世之餘烈 振長策而御宇內 呑二周[②]而亡諸侯 履至尊而制六合 執敲朴[③]以鞭笞天下 威振四海 南取百越[④]之地 以爲桂林象郡 百越之君俛首係頸 委命下吏 乃使蒙恬北築長城[⑤]而守藩籬 卻匈奴七百餘里 胡人不敢南下而牧馬 士亦不敢貫弓[⑥]而報怨

① 享國之日淺 國家無事향국지일천 국가무사

**신주** 효문왕孝文王은 재위 1년 만에 죽었으며, 장양왕莊襄王은 재위 3년 만에 죽었다. 통치 기간이 짧았기 때문에 큰 업적을 쌓지 못했다는 뜻이다.

② 二周이주

**신주** 두 주나라는 동주東周와 서주西周를 가리킨다. 그러나 동주와 서주를 없앤 것은 진시황이 아니라 이전의 소양왕과 장양왕 때의 일이다.

③ 敲朴고박

**색은** 신찬이 말했다. "짧은 것은 고敲이고, 긴 것은 박朴이다."

臣瓚云 短曰敲 長曰朴

④ 백월百越

신주 백월은 고대 중국 장강長江 이남의 절강성浙江省 부근에서 베트남 지역에 이르는 월족越族을 총칭하는 말이다. 오랜 역사를 가진 민족으로 분파가 많은 데서 생겨난 말로 여겨진다.

⑤ 乃使蒙恬北築長城내사몽명축장성

신주 진나라는 몽염 장군을 시켜서 북쪽에 장성을 쌓았다. 대일항전기 때의 일본인 학자 이나바 이와키치稲葉岩吉가 진나라에서 쌓은 만리장성이 황해도 수안遂安까지 이르렀다고 왜곡했다. 거기에 동조해서 현재 중국에서는 평양까지 이르렀다고 세계에 퍼뜨리고 있다. 장성을 쌓은 몽염은 물론 진시황도 연산산맥燕山山脈 동쪽 땅이 자국령이란 생각 자체가 없었다. 그런데 20세기 들어서 진나라가 한반도 서북부까지 장성을 쌓았다는 제국주의 역사관이 아직도 해체되지 않고 있다. 이는 한, 중, 일 역사학계의 수치라고 하지 않을 수 없다. 북한 학계만 진시황의 만리장성이 한반도에 들어오지 않았음을 정설로 삼고 있는 형편이다.

⑥ 貫弓관궁

색은 貫의 발음은 '완[烏還反]'이다. 또 가장 통상적인 발음으로 읽는다. 관貫은 활을 들어 올리는 것을 말한다.

貫音烏還反 又如字 貫謂上弦也

이에 선왕先王의 도道를 폐기하고 제자백가의 서적을 불살라① 백성을 어리석게 만들었다. 이름 있는 성들을 허물고 호족과 준걸들을 죽였으며 천하의 병기들을 거두어 함양에 모아서 창끝과 화살촉②을 녹여 금인金人 12개를 만들어③ 천하의 백성을 약하게 했다.

그런 뒤에 화산華山을 기반으로 성을 쌓자, 황하黃河는 해자가 되었다. 억장億丈이나 되는 성에 웅거하며 깊이를 헤아리지 못할 골짜기를 굽어보면서 굳건히 지켰다. 훌륭한 장수와 굳센 쇠뇌로 요해처要害處를 지키고 신임하는 신하와 정예로운 병사들에게 예리한 병기를 들고 늘어서게 하여 누가 무엇을 하는지④ 검문하니 천하가 이미 안정되었다. 시황은 마음속으로 관중關中의 견고함은 금성천리金城千里⑤인지라 자손들이 제왕의 자리에서 만세토록 대업을 이룰 것이라고 스스로 생각했다.

於是廢先王之道 燔百家之言① 以愚黔首 墮名城 殺豪俊 収天下之兵聚之咸陽 銷鋒鍉② 鑄以爲金人十二③ 以弱天下之民 然後踐華爲城 因河爲池 據億丈之城 臨不測之谿以爲固 良將勁弩 守要害之處 信臣精卒陳利兵而誰何④ 天下已定 始皇之心 自以爲關中之固 金城千里⑤ 子孫帝王萬世之業也

① 燔百家之言번백가지언

신주 분서갱유焚書坑儒를 말한다.

② 鍉적

집해 서광이 말했다. "어떤 판본에는 '적鏑'으로 되어 있다."

徐廣曰 一作鏑

③ 金人十二금인십이

색은 각각의 무게가 1,000석이고 앉은 높이는 두 길인데 호號를 '옹중翁仲'이라고 했다.

各重千石 坐高二丈 號曰翁仲

신주 각지의 쇠붙이를 걷어 모아 금인을 만든 것은 무기를 만들 수 없도록 함으로써 봉기를 일으킬 수 없게 한 하나의 조치였다. 이 금인들은 이후 숱한 사연들을 만든다.

④ 誰何수하

색은 발음은 '하呵'이다. 또한 '하何' 자다. 지금 밤 시각에 순검할 때 누구냐고 묻는 것과 같은 뜻이다.

音呵 亦何字 猶今巡更問何誰

⑤ 金城千里금성천리

신주 쇠로 만든 것처럼 성이 견고하고 길게 뻗어 있다는 뜻인데, 적이 침범할 수 없을 정도로 탄탄한 성을 비유한 말이다.

시황은 이미 죽었으나 남은 위세는 풍속을 다른 곳까지 떨쳤다. 그러나 진섭은 아주 가난한 집안의 아들이며① 남에게 품팔이하는 사람이었고,② 이리저리 옮겨 다니는 무리였다. 그의 재능은 평범한 사람에도 미치지 못했고, 공자孔子나 묵적墨翟처럼 현명하거나 도주陶朱나 의돈猗頓③처럼 부유한 것도 아니었다.
행렬의 대오에서 밟고 일어나 천백仟佰④ 가운데서 숙인 고개를 들어 우러렀다. 피로하여 흩어진 병졸들을 인솔하고 수백 명 무리를 거느리고 몸을 돌려서 진秦나라를 공격했다. 나무를 베어서 병기로 삼고 장대를 높이 들어 깃발로 삼았다. 천하에서 구름같이 모여들어 메아리처럼 응하고 식량을 싸서 그림자처럼 따랐다. 산동山東의 호걸들도 마침내 함께 일어나 진나라 족속들을 멸망시켰다.

始皇旣沒 餘威振於殊俗 然而陳涉甕牖繩樞①之子 甿隸之人② 而遷徙之徒也 材能不及中人 非有仲尼墨翟之賢 陶朱猗頓③之富也 躡足行伍之間 俛仰仟佰④之中 率罷散之卒 將數百之衆 轉而攻秦 斬木爲兵 揭竿爲旗 天下雲會響應 嬴糧而景從 山東豪俊遂竝起而亡秦族矣

① 甕牖繩樞옹유승추

**신주** 옹기로 창문을 내고 문고리를 끈으로 대신할 정도로 가난한 집을 이른다.

② 甿隸之人맹예지인

**집해** 서광이 말했다. "농사짓는 백성을 맹甿이라고 한다. 甿의 발음은

'맹[亡更反]'이다."

徐廣曰 田民曰甿 音亡更反

**신주** 맹예지인甿隸之人은 떠돌며 품을 파는 노예와 같이 사는 사람을 일컫는다.

③ 陶朱猗頓도주의돈

**신주** 도주陶走는 춘추시대의 월나라 범려范蠡이다. 그는 사방의 물자가 교환되는 곳에서 물건을 싸게 구입해서 쌓아 두었다가 시세의 흐름을 보고 팔아서 이익을 남겨 큰 부자가 되었다. 의돈猗頓은 노나라 사람인데 범려에게 기술을 배워 가축 사육과 제염업으로 부호가 되었다.

④ 仟佰천백

**색은** 천백仟佰은 1,000명이나 100명의 우두머리를 이른다. 발음은 천백千百이다. 《한서》에는 '천맥阡陌'으로 되어 있다. 여순은 "당시에 모두 피하고 굴종한 자들이 천맥 안에 있었다."라고 한다. 陌의 발음은 '맥貊'이다.

仟佰謂千人百人之長也 音千百 漢書作阡陌 如淳云時皆僻屈在阡陌之中 陌音貊

**신주** 陌은 숫자 백을 뜻할 때는 '백', 밭두둑이나 경계를 뜻할 때는 '맥'으로 읽는다.

또 (진나라) 천하는 작지도 약하지도 않았고, 옹주의 땅과 효산과 함곡관의 견고함은 평상시와 같았다. 진섭의 지위는 제齊, 초楚, 연燕, 조趙, 한韓, 위魏, 송宋, 위衛, 중산中山의 군주보다 높은 것이 아니다. 호미와 곰방매로 만든 창과 창자루①는 갈고리창이나 긴 창보다 날카로운 것이 아니다. 수자리 가던 무리는 아홉 나라의 군사들에게 대적할 만한 것이 아니다. 원대한 생각으로 깊은 계략을 세우고, 군대를 운행하며 병력을 쓰는 방법도 과거②의 모사들에 미칠 것이 아니다.

그러나 성공과 실패는 변화에 따라 다르며 공업功業도 서로 반대된다. 일찍이 시험 삼아 산동의 나라들과 진섭의 길이를 헤아리고 크기를 재어보고③ 권세를 비교하고 힘을 재게 한다면 같은 시대라고 이야기할 수도 없을 것이다.④

且天下非小弱也 雍州之地 殽函之固自若也 陳涉之位 非尊於齊楚燕趙韓魏宋衛中山之君也 鉏耰棘矜① 非銛於句戟長鎩也 適戍之衆 非儔於九國之師也 深謀遠慮 行軍用兵之道 非及鄉時②之士也 然而成敗異變 功業相反也 嘗試使山東之國與陳涉度長絜大③ 比權量力 則不可同年而語矣④

① 鉏耰棘矜서우극긍

색은 서우鉏耰는 호미자루를 가리킨다. 《논어》에서 "씨앗 덮는 일을 멈추지 않았다."라고 한 말이 이것이다. 극棘은 창이다. 긍矜은 창자루다. 발음은 '근勤'이다.

鉏耰謂鉏木也 論語曰耰而不輟是也 棘 戟也 矜 戟柄也 音勤

② 鄕時향시

색은 鄕의 발음은 '향[香亮反]'이다. 향시鄕時는 '과거'와 같다. 맹상군, 신릉군, 소진, 진진陳軫에 비견되는 자를 이른다.

鄕音香亮反 鄕時猶往時也 蓋謂孟嘗 信陵 蘇秦 陳軫之比也

③ 度長絜大도장혈대

색은 絜의 발음은 '혈[下結反]'이다. 결속해서 크고 작은 것을 아는 것과 같다는 것을 이른다.

絜音下結反 謂如結束知其大小也

④ 然而成敗異變~則不可同年而語矣연이성패이변~칙불가동년이어의

신주 이는 앞뒤의 말을 연결하는 것이다. 당시 진섭의 세력은 전국시대 6국에 비해 모자랐지만 진나라를 멸망시켰는데, 이는 시대가 달랐기 때문이라는 것이다. 그래서 같은 시대로 이야기하면 안 된다는 말이다.

그러나 진나라는 소소한 땅을 가지고 만승萬乘 천자의 권세에 이르렀고 팔주八州를 억누르고 함께 도열해서 조회케 함이[1] 100여 년이나 되었다. 그런 연후에 천하를 집으로 삼고 효산과 함곡관을 궁전으로 삼았다.

한 사내가 난을 일으키자 천자의 사당[七廟]이 무너졌고 (황제) 자신은 남의 손에 죽고 천하의 웃음거리가 된 것은 무엇 때문인가? 인의를 베풀지 않았고[2] 공격하고 수비하는 형세가 달랐기 때문이다.

然而秦以區區之地 致萬乘之權 抑八州而朝同列[①] 百歲餘年矣 然後以六合爲家 殽函爲宮 一夫作難而七廟墮 身死人手 爲天下笑者 何也 仁義不施[②] 而攻守之勢異也

① 抑八州而朝同列억팔주이조동렬

색은 진나라가 강성해서 팔주八州를 억제하여 자신에게 조회하게 한다는 것을 이른다. 《한서》에는 '초팔주招八州'로 되어 있는데, 또한 통한다.
謂秦強而抑八州使朝己也 漢書作招八州 亦通也

② 仁義不施인의불시

색은 施는 '소[式豉反]'로 발음한다. 진나라는 호랑이와 이리의 나라로서 그 인의를 천하에 베풀지 않았기 때문에 망했다는 말이다.
式豉反 言秦虎狼之國 其仁義不施及於天下 故亡也

색은술찬 사마정이 펼쳐서 밝히다.
천하는 흉흉하여 해내에 주인이 없었다. 사슴을 잡는 데 이기기를 다투었다.[①] 오합지졸 백성은 어느 곳을 쳐다볼까?[②] 진승은 처음으로 거사하여 그 이름을 장초張楚라고 했다. 귀신의 기괴함에 의지하고 큰고니를 자처했다. 갈영은 동쪽에서 함락하고 주문은 서쪽에서 막았다. 처음에는 주방과 친했고 또 호무에게 사찰을 맡겼다. 대단하다고 말한 벗은 죽임을 당했고, 사람들은 마음으로 함께하지 않았다. 장가는 어찌된 사람이기에 성보에서 반역했는가?
天下匈匈 海內乏主 掎鹿爭捷[①] 瞻烏爰處[②] 陳勝首事 厥號張楚 鬼怪是憑 鴻鵠

自許 葛嬰東下 周文西拒 始親朱房 又任胡武 夥頤見殺 腹心不與 莊賈何人 反噬城父

① 掎鹿爭捷기록쟁첩

신주 《좌전》 양공襄公 14년 조에서 "비유하자면 사슴을 잡는 데 진晉나라 사람은 그 뿔을 잡고, 이민족들은 그 발을 비트는 격이다.[譬如捕鹿 晉人角之諸戎掎之]"라고 했는데, 사슴을 잡으려고 서로 다툰다는 말이다.

② 瞻烏爰處첨오원처

신주 《시경》〈소아小雅〉'정월正月'에는 "저 까마귀를 보아라 어느 지붕에 앉을까[瞻烏爰止 于誰之屋]"라는 구절이 있는데, 주나라 유왕幽王 때 한 대부大夫가 유왕의 학정虐政을 풍자한 노래이다. 《시경》'사간斯干'에는 "여기서 편안히 거하고 저기서 편안히 처하며, 여기서 즐거이 웃고 저기서 즐거이 말하네.[爰居爰處 爰笑爰語]"라는 구절이 있는데, 집을 낙성하고 난 뒤의 즐거움을 표현한 말이다. 이 두 구절에서 각각 '첨오瞻烏'와 '원처爰處'를 따서 만든 구절로 보인다. 첨오는 나라가 망하면 살 곳이 없다는 뜻이고, 원처는 집을 낙성해 즐겁게 거주한다는 뜻이다.

# [지도 2] 진섭세가(서기전 209년 7월~12월)

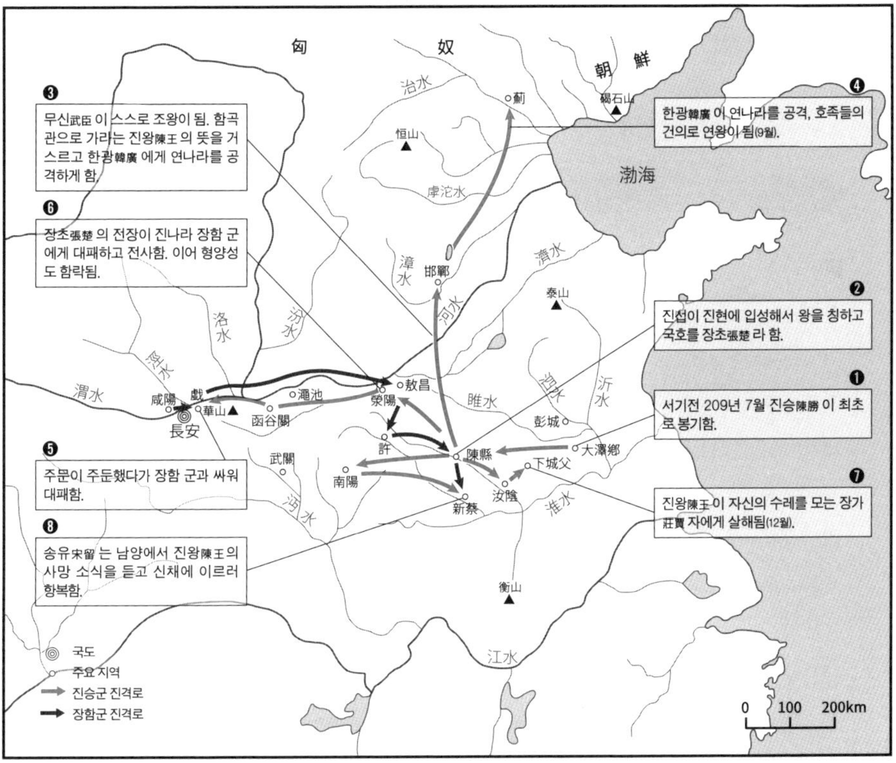

匈
奴
朝
鮮
碣石山
薊
治水
恒山
渤海
虖沱水
漳水
邯鄲
濟水
泰山
河水
洛水
汾水
涇水
渭水
咸陽
戲
長安
華山
函谷關
澠池
滎陽
敖昌
睢水
泗水
沂水
彭城
大澤鄉
陳縣
下城父
許
武關
南陽
汝陰
新蔡
淮水
沔水
衡山
江水
❶ 서기전 209년 7월 진승陳勝 이 최초로 봉기함.
❷ 진섭이 진현에 입성해서 왕을 칭하고 국호를 장초張楚 라 함.
❸ 무신武臣 이 스스로 조왕이 됨. 함곡관으로 가라는 진왕陳王 의 뜻을 거스르고 한광韓廣 에게 연나라를 공격하게 함.
❹ 한광韓廣 이 연나라를 공격, 호족들의 건의로 연왕이 됨(9월).
❺ 주문이 주둔했다가 장함 군과 싸워 대패함.
❻ 장초張楚 의 전장이 진나라 장함 군에게 대패하고 전사함. 이어 형양성도 함락됨.
❼ 진왕陳王 이 자신의 수레를 모는 장가莊賈 자에게 살해됨(12월).
❽ 송유宋留 는 남양에서 진왕陳王 의 사망 소식을 듣고 신채에 이르러 항복함.
국도
주요 지역
진승군 진격로
장함군 진격로
0 100 200km

# 찾아보기

## 인명

### ㄱ



### ㄴ



### ㅁ



### ㅂ



### ㅅ



### ㅇ

## ㅈ



## ㅊ



## ㅎ

## 지명

## ㅊ



## ㅌ



## ㅍ



## ㅎ

## 기타

## 《신주 사마천 사기》〈세가〉를 만든 사람들

### 한가람역사문화연구소 사기연구실

이덕일(한가람역사문화연구소 소장, 문학박사)

김명옥(문학박사)

송기섭(문학박사)

이시율(고대사 및 역사고전 연구가)

정 암(지리학박사)

최원태(고대사 연구가)

한가람역사문화연구소는 1998년 창립된 이래 한국 사학계에 만연한 중화사대주의 사관과 일제식민 사관을 극복하고 한국의 주체적인 역사관을 세우려 노력하고 있는 학술연구소이다. 독립운동가들의 역사관 계승 작업을 꾸준히 진행하는 한편 《사기》 본문 및 '삼가주석'에 한국 고대사의 진실을 말해주는 수많은 기술이 있음을 알고 연구에 몰두했다. 지난 10여 년간 '《사기》 원전 및 삼가주석 강독(강사 이덕일)'을 진행하는 한편 사기연구실 소속 학자들과 《사기》에 담긴 한중고대사의 진실을 찾기 위한 연구 및 답사도 계속했다. 《신주 사마천 사기》는 원전 강독을 기초로 여러 연구자들이 그간 토론하고 연구한 결과의 집대성이라고 할 수 있다. 한가람역사문화연구소는 《신주 사마천 사기》 출간을 시작으로 역사를 바로세우기 위해 토대가 되는 문헌사료의 번역 및 주석 추가 작업을 꾸준히 이어갈 계획이다.

### 한문 번역 교정

박종민 유정님 오선이 김효동 이주은 김현석

## 《사기》를 지은 사람들

### **본문_** 사마천

사마천은 자가 자장子長으로 하양(지금 섬서성 한성시) 출신이다. 한 무제 때 태사공을 역임하다가 이릉 사건에 연루되어 궁형을 당했다. 기전체 사서이자 중국 25사의 첫머리인 《사기》를 집필해 역사서 저술의 신기원을 이룩했다. 후세 사람들이 태사공 또는 사천이라고 높여 불렀다. 《사기》는 한족의 시각으로 바라본 최초의 중국 민족사라고 할 수 있는데 여기서 사마천은 동이족의 역사를 삭제하거나 한족의 역사로 바꾸기도 했다.

### **삼가주석_** 배인·사마정·장수절

《집해》 편찬자 배인은 자가 용구龍駒이며 남북조시대 남조 송(420~479)의 하동 문희(현 산서성 문희현) 출신이다. 진수의 《삼국지》에 주석을 단 배송지의 아들로 《사기집해》 80권을 편찬했다.

《색은》 편찬자 사마정은 자가 자정子正으로 당나라 하내(지금 하남성 심양) 출신인데 굉문관 학사를 역임했다. 사마천이 삼황을 삭제한 것을 문제로 여겨서 〈삼황본기〉를 추가했으며 위소, 두예, 초주 등 여러 주석자의 주석을 폭넓게 모으고 자신의 견해를 덧붙여 《사기색은》 30권을 편찬했다.

《정의》 편찬자 장수절은 당나라의 저명한 학자로, 개원 24년(736) 《사기정의》 서문에 "30여 년 동안 학문을 섭렵했다"고 썼을 정도로 《사기》 연구에 몰두했다. 그가 편찬한 《사기정의》에는 특히 당나라 위왕 이태 등이 편찬한 《괄지지》를 폭넓게 인용한 것을 비롯해서 역사지리에 관한 내용이 풍부하다.